AXEL CORTI

DER SCHALLDÄMPFER

Die besten Texte aus den Jahren 1970 – 1993

WILHELM HEYNE VERLAG
MÜNCHEN

HEYNE SACHBUCH
Nr. 19/460

Umwelthinweis:
Dieses Buch wurde auf
chlor- und säurefreiem Papier gedruckt.

Eine Zusammenstellung aus
Der Schalldämpfer I
Der Schalldämpfer II

2. Auflage

Copyright © 1994, 1995 by Verlag Kremayr & Scheriau, Wien
Wilhelm Heyne Verlag GmbH & Co. KG, München
Printed in Germany 1997
Umschlagillustration: Bilderdienst Süddeutscher Verlag/defd-Foto,
München
Umschlaggestaltung: Atelier Ingrid Schütz, München
Satz: Buch-Werkstatt GmbH, Bad Aibling
Druck und Bindung: Presse-Druck Augsburg

ISBN 3-453-11539-2

Inhalt

Warst du der Rabbi Hillel? 7
Das gelbe Zimmer 11
Weltverbesserer 15
So kam die Vorschrift unter die Leute 20
Keine Prätention – aber Regeln 25
Eine süße Qual 29
Abgeordneter, privatisiert 34
Unser Mann macht sich angenehm 39
Auch im Bild 43
Ein Magazin ruft an 48
Fritz Kortner ist tot 53
Er verkauft Zeitungen 57
Der Alte aus Beirut 62
Die Messer, die ins Leben schneiden 67
Wir sind ja nicht in Indien 72
Ich muß auch leben 76
Notwendige Rationalisierung 81
Molkepulver aus Wasserburg 86
Der Stier zögerte nur wenig 90
Die österreichische Lösung 95
Landleben 99
Der Geist geht zu Fuß 104
Solche Hühner waren das 108
Vom Walfang und der Politik 113
Angebot und Nachfrage 118

Das IKAB	123
Was nicht im Polizeibericht stand	128
Auch ein Transparentohr bleibt ein Schlitzohr	133
Heute ist der Drehtag mit der Blondine	137
Die Aproposzettel	142
Die Dame ist aus Plastik	146
Verkäuflich ist ein alter Kraftwagen	151
Wunder in Rot und Rund	155
Muskelkleinkunst	160
Die Ehre, die Ehre	165
Menschen auf Reisen	169
Das Telephon ist eine indiskrete Maschin'	174
Zum Beispiel Oberhofgärtneraspirant	178
Sozusagen	183
Vor der Telephonzelle	188
Wenn der Schauspieler zur Probe kommt	193
Alarm	198
Das P funktioniert wieder	204
Himbeercreme	209
Begegnung in der Werkshalle	214
Beim Schneckensuchen	219
Das stille Zimmer	224
Verschlußsache, kalt	229
Literaturwettbewerb	234
Dem Künstler steht die Freiheit zu	239
Dank für Eberhard Fechner	244
Niemandsländer	249

Warst du der Rabbi Hillel?

Rabbi Hillel, dem grossen, weithin gerühmten, dem weisen Rabbi Hillel, der verehrt wurde von seinen Schülern und Anhängern und der doch ein ganz bescheidener, stiller Mann geblieben war zeit seines Lebens, dem Rabbi Hillel gelang es, wie die Chassidischen Legenden berichten, für einen kurzen Augenblick aus dem Jenseits zurückzukommen. So stark waren seine spirituellen Kräfte, so tief war seine Frömmigkeit, daß ihm solches – ja – erlaubt wurde.

Er lag auf seinem Sterbebett. Auch die großen, weisen, ganz verinnerlichten, heiligmäßigen Lehrer sterben eines Tages. Seine Schüler, seine Anhänger rings aus dem ganzen Land waren gekommen, um Abschied zu nehmen. Sie standen stumm betend um sein Bett und sahen, wie das Gesicht des Rabbi Hillel heller und heller, strahlend wie ein Licht wurde. Sein Atem wurde klein und immer kleiner, aber von innen her leuchtete der Rabbi, daß das Zimmer strahlte und gleißte und geradezu funkelte.

Auf einmal schlug der Rabbi die Augen auf und begann zu sprechen. Nicht laut, aber ganz und gar verständlich. Er sagte:

»Es ist alles ganz anders, das darf ich euch sagen. Ich habe gehört, was Gott in der strengen Prüfung fragt. ›Wer warst du?‹ fragt er. ›Wer hast du dich bemüht zu sein?‹ Und wenn die Geprüften anheben, ihre guten Vorsätze und ihre Absichten und ihre Mühe darzulegen, dann sagt der Vater von uns allen:

›Nein – du mußtest nicht Abraham sein. Und nicht Moses. Du mußtest kein Heiliger sein. Sondern: Warst du der Rabbi Hillel? Bist du der gewesen – der Rabbi Hillel? So geht die Frage in der anderen, in der wirklichen Welt!‹«

Und als er das gesagt hatte, löschte das Licht des Rabbi Hillel ganz still, in einem wunderbaren Schein aus.

So geht die Legende der Chassidim.

Sie ist nicht schlau zu kommentieren. Nicht zu bewehrweisen. Sie trennt das Wichtige vom Unwichtigen. Sie liefert kein Rezept. Sie verlangt mir etwas ab. Ich muß mir klarwerden über etwas. Ich muß wohl damit anfangen.

Es gibt jetzt gar kein »apropos ...« Die Moral von der Geschicht' *ist* die Geschicht'.

Vor ein paar Wochen kam ich mit jemandem ins Gespräch, der ganz genau wußte, daß er zu Weihnachten nicht zu Hause sein würde, nicht unter einem eigenen Weihnachtsbaum zu sitzen käme, nicht die liebevolle Wärme eines Familienweihnachtsfestes erleben würde – und auch nicht die anstrengende Freundlichkeit für einen Abend, die das mißverstandene Fest, »das die Familien zusammenführt«, ja auch sein kann.

Das war eine Krankenschwester. Und die nötigte durch dieses Bewußtsein einem nun nicht etwa ab, das Lied »Hoch klingt das Lied von der braven Frau« – respektive vom braven Mann – anzustimmen. Die freute sich, in diesen Tagen ihrer Arbeit nachgehen zu können – mit Nachtdienst, mit Tagdienst –, aber sie freute sich nicht angestrengt oder wichtigtuerisch. Sie wußte, daß sie etwas Sinnvolles tun würde – und drum hatte sie ja wohl auch den Beruf ergriffen –, aber es war für sie selbstverständlich. Sie erzählte von den Ärzten, die, wenn sie Frau und gar Kinder haben, freilich manchmal etwas betroffen sind, wenn sie Dienst tun; aber andererseits wissen auch sie, daß die Notwendigkeit, die Erkenntnis der Notwendigkeit, das ganz besondere *Klima* auch in einem Krankenhaus zu Weihnachten den Sinn dessen, was man zu tun hat, noch sinnvoller werden lassen. Nicht größer. Ohne Sentimentalität, sondern einfach wissend: Wer jetzt von den Patienten nicht heimgehen konnte, der brauchte wirklich Hilfe. Wer jetzt Schmerzen hatte, hatte sie womöglich doppelt. Über wen jetzt die Trauer herfiel, der mußte aufgefangen werden. Von einem Arzt. Von einer Schwester oder Pflegerin. Und die Widmung, die der Patient erfahren konnte, war manchmal gelassener, war manchmal tapferer, geduldiger.

Und es sei nicht selten, so die Krankenschwester, daß neben dem Jammer und der begreiflichen Traurigkeit von Kranken, gerade von diesen eine große Kraft ausgehe. Natürlich sei der Geruch eines Tannenzweiges eine zärtliche Verbindung zurück in das, was an der Kindheit gut und beglückend gewesen war. Aber auf einmal Weihnachten, dieses un-vernünftige, ganz aus der reinen Verstandeswelt ausbrechende Fest, so einfach, so ganz auf sich gestellt zu erleben: das kann auch, wenn alle Sentimentalität notwendigerweise ganz von selbst abfällt – Sentimentalität, dieses Gefühl der Mörder, Sentimentalität, dieser Ersatz für wirkliches Gefühl, für wirkliche Empfindung –, das kann auf einmal etwas Neues in einem entstehen lassen. Daß dieses Weihnachten ja bloß der Beginn war. Bloß der Anfang. Aus dem durch lange Zeit hindurch etwas zu entstehen hatte. Das allerdings zu Unrecht in die Hände der Exegeten und der Dogmatiker, zu Unrecht in die Hälse der Ganzgenauwisser und Gehorsamforderer, zu Unrecht in die Pfoten der Händler und der Verfechter des offenen oder verkaufsfreien Samstags gefallen war.

Ja, das habe sie von Patienten erlebt, die auf einmal die Ruhe hatten, die aufgezwungene, aber auch die plötzlich daseiende Pause, über mehr als die Heilung der akuten Krankheit nachzudenken. Und die in diesem Weihnachten und die in dieser Gemeinschaft mit den Pflegenden, womöglich mit Heilungsversuchen Beschäftigten eine neue Dimension erlebten.

Ist das nicht so? Weihnachten verlangt nicht, daß man ein Heiliger wird. Aber da gibt es die Chance, einen Gedanken dahin zu schicken, wie man der Rabbi Hillel wird. Man selbst.

»Wir wissens ja oft nicht, die wir im Schweren sind bis über die Knie, bis an die Brust, bis ans Kinn«, sagt Rainer

Maria Rilke. »Aber sind wir denn im Leichten froh, sind wir nicht fast verlegen im Leichten? Unser Herz ist tief, aber wenn wir nicht hineingedrückt werden, gehen wir nie bis auf den Grund. Und doch, man muß auf dem Grund gewesen sein. Darum handelt sichs.«

26. Dezember 1993

Das gelbe Zimmer

»Man muss wohl vor dem anderen Menschen so weit zurücktreten, daß der eigene Schatten nicht mehr ins Bild fällt. Erst dann kann man dieses Bild liebevoll betrachten.«

Solche Sachen weiß der Heimito von Doderer.

Erst dann ... wenn der eigene Schatten nicht mehr ins Bild fällt. Erst dann hat es Sinn, den anderen anzusehen. Den, mit dem ich Umgang haben will. So weit zurücktreten, bis der eigene Schatten nimmer zu sehen ist. Die eigene Belastung. Das Vorurteil. Die Verdunkelung auf dem Gesicht des anderen. So weit zurücktreten, daß der sein Recht verliert, der eigene Schatten.

Selten genug, aber manchmal eben doch, finden Sie sich und finde auch ich mich in größerer Menschenansammlung wieder. Mehrere Rudel von Plauderern, zusammengekommen meist nur zu diesem einen Zweck, sich einander mitzuteilen über ein balanciertes Glas hinweg. Zu befragen. Also hörst du zu. Also gibst du, ist es denn notwendig, Auskunft. Manchmal geht das ganz leicht. Kann aber auch etwas schwieriger werden. Du mußt dich verantworten, warum du nicht mit deiner kleinen Möglichkeit jeweils à jour bist.

»Warum sprechen Sie nicht über die Lucona?« »Warum haben Sie nicht über den Golfkrieg ...?« Habe ich doch. So? Gestern aber nicht. Vielleicht gestern nicht. »Warum nicht Lainz, da müßte man doch einmal wirklich ...«

Stimmt. Müßte man. Aber die Möglichkeiten, vor allem die vielleicht vorhandene kleine Wirkung so einer winzigen Sendung erschöpfte sich und verpuffte in einen dürftigen Gestank, wenn prompt und vorausberechenbar die jeweilige Zeitung zwei Tage später wiedergekaut würde. Manchmal muß man sich das Darüberherkauen verkneifen. Manchmal mag man sich auch gar nicht berufen, mag sich inkompetent fühlen, zu allem und zu jedem etwas abzusondern. Manchmal ist es auch schlicht überflüssig, noch einmal auf einen einzuhacken, der ohnehin durch jede Mangel gedreht wird. Und wenn du auch ahnst, daß da noch viel Dreck an mancherlei Bein und Fuß klebt und mehr als einer da noch etwas versenkt haben mag von seinem gierigen Lebensersatz – was sollen solche wabernden Vermutungen, hochgezogenen Augenbrauen, verweisenden Zeigefinger?

Nix sollen sie. Auch der Lärm der Straßenbahn an der Ecke Soundso, auch die in sinnlosen Intervallen schaltende und blinkende Verkehrsampel an dieser ganz bestimmten Kreuzung: das sind, darf ich das ganz bescheiden in eigener Sache sagen, nicht die Themen dieser Kleinigkeit hier. Dann wäre das ja ein Beschwerdebriefkasten, ein kommunaler. Das aber soll's nicht sein.

Keine journalistische Arbeit ist hier je geplant. Vielleicht manchmal das halblaute, auch spielerische Nachdenken über etwas, das nicht allzu wichtig genommen werden sollte. Nicht zu heiß gegessen. Nicht zu laut verhandelt. Und wenn auch – noch einmal – Heimito von Doderer für sich erkannt hatte, ein Journalist sein ein Mensch, der immer Wichtiges zu tun habe – und daher nie zum Wichtigen komme –, kann hier doch, trotz fehlender journalistischer Vorhaben, kein Anspruch auf Wichtigkeit erhoben werden.

Nein.

Aber so was, was mir neulich passierte, aber so was ist es allerdings wert, entzückt berichtet zu werden.

Also: Menschenstrudel, durcheinanderquirlende Glasbalancierer, Nasse-Brötchen-Geber. Und da stand ich vorgestern neben einem Menschen – was für eine Nase hatte der, was für einen gut geschnittenen Kopf, was für eine elegante, aber eben doch leicht besorgte Körperhaltung, ein manchmal lachendes, offenes Gesicht ... aber täusch dich nicht, ein bissel wie in einem Gebüsch stand der und lugte da heraus. Schützte sich. Und zwar auch so:

Ruderte ein Trüppchen gesprächslüsterner Blondinen auf den Menschen zu, holte im Ankommen schon tief Luft, aber eigentlich bloß, um eine ungenaue Frage abzuschießen, den Herrn betreffend, den sie auskundschaften wollten. Der aber stellte seinerseits, kaum hatte er sich durchaus wohlerzogen vorgestellt, stellte eine so klare und dabei so einfache Frage, daß die Welt einen kleinen Herzschlag still wurde – und dann machte es »Boinng«! Und dann aber …!

Er fragte nicht mehr, aber auch nicht weniger als das da: »Haben Sie auch ein gelbes Zimmer?«

Die Damen stutzten. Alles wurde noch blonder an ihnen. Sie schnappten nach Antwortluft. Sie waren in ihren unvernünftigen Fragen angehalten – denn hier war ihnen selbst eine Frage gestellt worden. Eine Frage nach privatem Wohlbefinden, womöglich. Die Frage nach einem gelben Zimmer. Und: Sie holten aus. Sie kreisten das Thema langsam ein. Sie wandten sich sehr bald schon mehr einander zu, bekräftigten das tatsächliche Wohlsein, das von der Farbe Gelb ausgehen könne, Sonne im Zimmer, Frühling im Zimmer. Sie erwogen auch, warum sie eigentlich *kein* gelbes Zimmer hätten, denn sie hätten ja allerhand Zimmer, und die meisten seien viel zu üppig angeräumt … Sie besprachen das, was sie von der Wirkung von Farben auf Menschen zu wissen glaubten, und vergaßen nicht, ihre Ehemänner tadelnd zu erwähnen, die in dunklen Räumen ihren Geschäften nachzusteigen pflegten.

Das gelbe Zimmer?

Das Gespräch zog seine Mäander. Der freundliche Frager stand in seinem Gebüsch, warf ab und zu ein Wort ein, sparsam, versteht sich, »Zitronengelb ja!« sagte er etwa. »Dottergelb eher nein!« Und hatte ja da auch recht, denn wer will schon als Fliege in einem eierspeisfarbenen Zimmer herumkriechen, nicht wahr?

Das gelbe Zimmer verursachte zwitschernde Unruhe. Man war sich gar nicht einig, *wie* gelb. Aber man fand sich in der Freude, daß Gelb ins Zimmer gehöre. Wie schön und, nicht wahr, wie eigenartig, daß ein Mann, ein so kultivierter Mann wie dieser hier, sich so mitfühlend nach einem etwa vorhandenen gelben Zimmer zu erkundigen vermochte. Oder rücksichtsvoll das Fehlen eines gelben Zimmers beleuchtete, eine gelbe Lampe hochhielt sozusagen – und dadurch allerhand in Gang brachte.

Das Gespräch drehte seine kleinen Strudel etwa zwölf Minuten. Es war eine Freude. Und für den Gutgeschnittenen so gar nicht anstrengend. Das gelbe Zimmer tat seinen Dienst ganz von alleine.

Er genoß den Abend. Er sah hinter dem Gelb allerhand Menschen. Er freute sich. Gar nicht zynisch. Sehr liebenswürdig allerhand Menschen zu einem zwölfminütigen, gelben Glück verhelfend. Er wollte bloß nicht unfreiwillig dazugehören. Überzeugungen können in weit schlechtere Gesellschaft bringen als Laster. Raunte er mir zu. Er war es, der solche Dodererzitate wußte.

Man kann, zitierte er, mit ausgezeichneten Männern das Saufen und mit Hundsgesichtern eine Weltanschauung gemeinsam haben.

17. März 1991

Weltverbesserer

Bevor du dich daranmachst, die Welt zu verbessern, gehe dreimal durch dein eigenes Haus ...

Sagen die Chinesen einander. Sagen sie seit vielen hundert Jahren. Immer schon, steht zu vermuten. Weil ja auch immer schon die Welt zur Verbesserung anstand. Weil ja an der Welt immer viel, sehr viel verbesserungswürdig erschien und weil auch dementsprechend viel Volk in Sachen Weltverbesserung auf der Straße war. Und ist. Also haben die alten Chinesen recht? Natürlich haben sie recht. Bevor du dich daranmachst, die Welt zu verbessern, gehe dreimal durch dein eigenes Haus.

Neulich hat mir ein Jüngling erzählt – eigentlich noch ein Kind, aber schon mit dem Anspruch, Jungmann oder Jüngling zu sein –, hat mir erzählt, er sei in der Schule mit einem Rezept versehen worden, wie man auf jeden Fall einen guten Aufsatz zu gestalten habe. Erstens sieht das Rezept vor – und es wurde vom Lehrer ganz offen als Rezept bezeichnet, als Kochanleitung für kluge Abhandlungen –, erstens solle man nicht und niemals an Zitaten aus der Welt der großen Literatur sparen. Zu Beginn, mittendrin und am Ende dann auch noch mal. Außerdem: das Ende, der Schluß eines klug Aufgesetzten, dieses Ende solle entweder mit einem Fragezeichen versehen werden. Und damit solle Unruhe verbreitet werden, solle ein Widerhaken zurückbleiben, solle das nicht als so sicher und absolut schlau erscheinen, was aufs Papier gesetzt worden sei – oder eben: das Zitat. Noch mal als Schluß. Als Summe. Als »Na, was sagen Sie jetzt?«

Solche Sachen lernen die Buben heute schon in der Schule. Jetzt stelle man sich die einmal in den Redaktionsstuben unserer Zeitungen, stelle man sich die einmal hinter den Rednerpulten unserer Landtage, unserer Hohen

Häuser vor ... Mit allen Wassern gewaschen, ausgekocht nach allen Rezepten!

Dreimal. Nicht einmal jagen einen die Chinesen durchs Haus, durchs eigene. Aber das ist natürlich tückisch. Denn das erstemal kann man sich ja an den abgestoßenen Ecken vorbeischwindeln, die längst gegipst, geformt, geweißelt gehören. Das zweitemal geht das schon nicht mehr so leicht, weil man das Argument der Eile, der großen Eile, die man ja habe und die einem die Erforschung der Fehler im eigenen Haus nur oberflächlich gestatte, beim zweitenmal nimmer hat. Und vor allem dann nicht, wenn man weiß, daß man noch ein drittes Mal vorbeikommen wird – und wenn dann das abgestoßene Eck in der eigenen Stube immer noch rauh seine Zähne bleckt – wie will man dann die abgestoßenen Ecken der ganzen Welt mit flammendem Zeigefinger kennzeichnen, wie denn wohl?

Die Weltverbesserer, die in diesen Tagen auf allen Kanzeln stehen, aus allen Regierungszentren tönen, aus vielerlei Lautsprechern quaken und das neue Jahr wie verspätete Barbarazweige nach möglichst fetten, saftigen Knospen abtasten – die Weltverbesserer stehen *vor* den Speisekammern, lassen die Türen fein zu und geschlossen – aber sie erzählen uns nun, wie's da drin aussähe. Auch hier aussehen könnte, wenn wir nur ... und im Falle, daß wir etwa ... Die erzählen uns von den guten Dingen. Anstatt daß sie ihre Taschen ausleeren würden und herzeigen und hergeben und auf den Tisch breiten, was es da an Besserem, an Verbessertem gäbe. Es gibt Vorder-Speisekammertür-Redner, Erzähler: Leute, die nie ein Stück Irgendwas in der Hand halten, und sei's nur ein Stück Holz, sondern die nur übers Holz zu reden imstande sind. Und dann gibt's eben diese wenigen, anderen, Rauhen, Unbarmherzigen, die leeren die Taschen aus, und da kommen nicht bloß Worte heraus, sondern Tatsachen, sondern Handlungen, sondern Erfahrungen, sondern Risiken, sondern Konsequenzen ...

Die Unverbindlichkeit des Weltverbesserns, oder richtiger: die Unverbindlichkeit der *Behauptung*, die Welt verbessern zu wollen (bloß: man könne natürlich nur Anstöße geben, Denkanstöße, Modelle, Verbesserungsvorschläge, den Lauf der Welt betreffend) – diese Unverbindlichkeit lenkt immer von der Person des Weltverbesserers ab, solange es mühsam ist, solange es brenzlig sein könnte, solange das Risiko tickt. Ist aber die Welt erst einmal in einem handtuchgroßen Stück Vorgarten verbessert, dann erscheint der Weltverbesserer, durchschneidet das Band, eröffnet die verbesserte Welt und legt auch gleich den Grundstein für sein eigenes Denkmal.

Der Weltverbesserer zitiert. Er sagt nichts selber. Er kennt die Adressen, wo er anfragen, wo er aufschlagen kann. Er hat immer gelesen, was der letzte, der gängigste, manchmal auch der sektiererischste Prophet zu Papier gebracht hat. Der Weltverbesserer verachtet den, der die Propheten nicht kennt. Er legt großen Wert auf die Feststellung, daß dieser eben zitierte Prophet natürlich nicht jedermanns Sache sei, aber es gebe eben doch die gewissen Gruppen der Wissenden, der Informierten, die wüßten: Da geht's lang, das ist der Weg.

Der Weltverbesserer beruft sich auf. Fragt man ihn nach dem Weg, so wird der Weltverbesserer erzählen, was er neulich mit Soundso gemeinsam, der ganz ähnlicher Ansicht sei, im Vortrage von Professor X zum Thema Y gehört habe. Das Thema betraf zwar nicht direkt den Weg, nach dem man den Weltverbesserer gefragt hatte, aber der Weltverbesserer wird dem Fragenden mit leisem Vorwurf und in maßvoll klagendem Ton auseinanderzusetzen versuchen, daß die Frage nach dem Weg, daß schon diese Frage eigentlich unwichtig, nebensächlich, also: falsch gewesen sei. Wege könne man vergessen, nach Wegen müsse man nicht fragen, alles sei im Fluß, sagt der Weltverbesserer, und also solle man nach Strömen fragen, nach Strömungen möglicherweise, und da wiederum ... Schon kramt der Weltverbesserer in seiner Tasche und fördert ein Papier zutage, das er jüngst bei einer Tagung bekommen habe und auf dem zu lesen stehe ...

Aber, wendet man ein, man wolle ja nur von A nach B, man frage nur nach diesem einfachen Weg, nach diesem bißchen Geographie, nach mehr sei der Sinn gar nicht gestanden ...

Da schnappt der Weltverbesserer nach Luft. Also, wenn es so banal zugehe, dann solle man ihn doch auslassen. Er habe nicht Zeit für so was. Das seien Banalitäten. Von A nach B ... da könne man doch jeden Menschen fragen. Jeden!

Bloß nicht ihn. Das impliziert der Weltverbesserer. Und wissen Sie, warum? Er kennt ihn nicht. Er kennt den Weg ganz einfach nicht. Drum hält er die Speisekammer geschlossen ... Er hat keinen Schlüssel!

Aber er tut so, als hätte er einen.

Manche Weltverbesserer sagen überhaupt nur auf jede Frage, darüber müsse geredet werden. Das sei eine gute Frage – sagen sie auch noch –, und darüber sei zu reden. Habe geredet zu werden.

Und dann berufen sie eine Kommission ein. Keine kleine. Eine, die gleich mehrere Nachschlagewerke ersetzt. Und haben wieder nur: die Adressen gewußt. Aber: Die Kommission tagt, wird noch eine Weile tagen. Entweder hat dann die Welt vergessen, was zu verbessern anstand, und die Frage kann abgelegt werden. Oder die Kommission nimmt den, der sie einberufen hatte, zur Seite und zuckt mit den Achseln. Mehrere Rudel von Kommissionsmitgliedsachseln gehen in die Höhe. Und wieder runter.

Dieses Achselzucken steht natürlich auf 267 Seiten Kommissionsbericht. Na, hören Sie! Da wird doch gearbeitet ...

Aber: Sie wissen es nicht, sie wissen es nicht.

Und dann kann der Weltverbesserer natürlich immer noch eines tun – immer vorausgesetzt, er ist ein großer, hochberühmter Weltverbesserer (für kleine Verbesserer gilt das nicht so ohne weiteres!!):

Er kann das Wort der alten Chinesen nehmen und es leise und insgeheim einfach anders lesen. Die Chinesen schreiben doch irgendwie von oben nach unten. Davon hat man gehört. Und da liest sich das eben: Bevor du dich daranmachst, die Welt zu verbessern, gehe dreimal durch dein eigenes Haus.

Man kann's ja auch anders lesen wollen. Umdrehen oder so. Von unten nach oben. Oder ein bissel durcheinander ...

Dann hieße das: Bevor du dich daranmachst, dein Haus zu verbessern, fahr dreimal durch die Welt. Dreimal. Durch die ganze Welt ...

2. Januar 1983

So kam die Vorschrift
unter die Leute

Ostern also.

Wieder einmal ein Leitartikeltag. Ein Kommentatorentag. Ein Drüberredentag. Ein Ehschonwissentag. Schnell noch in die Schreibmaschine gerumpelt, wie närrisch doch das Volk sei, das sich, des jungen Grüns wegen, der Frühlingssehnsucht wegen, des Prestiges wegen, dem Herdentrieb zufolge, auf die Überlandgasse wagt, dahinrollt respektive nichtrollt bis zur Endstation und so weiter; rasch das noch hineingeklopft, um dann seinerseits in irgendwelche imaginäre Entspannung zu rauschen, auf Schleichwegen vielleicht, aber doch.

Der große Austauschdienst der Leitartikel rotiert. Wer letztes Jahr hier, mag dieses Jahr durchaus dort und nächstes dann da drüben pinseln. Austauschbar Grundsätzliches, die jeweiligen Aktualitäten, die Bezüge zum Diesseits sind austauschbar. Namen, schließlich. Der Rest ist Blut, Bomben, Messer, Erpressung. Oder wie hieß es gestern in einer Wochenzeitung, auf der Seite, auf der alles noch einmal übersichtlich zusammengefaßt wird, damit man sich womöglich das ganze Blatt da spart, wo's politisch zugeht?!

Es hieß: »Die Krisen der Woche«. Folgte eine Spalte.

Die Prediger predigen. Die Leute reisen. Die Wirte bewirten.

Die Zöllner zollen etwas weniger, lächeln etwas mehr. Respektive: stöhnen auch. Bei uns stöhnen sie. Mit Recht. In Berlin, wo man eben wieder in eine Richtung reisen darf, lächeln sie. Dort, wo man hinreisen darf. Wo man nicht herreisen darf, allerdings nicht, davon war nicht die Rede. Beim Hinreisen lächeln sie. Wurden, um es genauer zu sagen, wurden angewiesen, sich besonders freundlich zu verhalten. Sind also freundlich. Besonders. Weil angewiesen. Würden nur beim Ausreisen sehr unfreundlich werden und auch noch mehr. Beim Ausreisen ihrer Landsleute, versteht sich, nicht beim Ausreisen der Gäste. Auch da: besonders freundlich!

Es bedarf also einer besonderen, einer in diesem Fall sogar staatspolitisch höchst wichtigen und allzu begreifbaren Anweisung, um einer gewissen Freundlichkeit den Weg zu bahnen. Auf den muffigen, würdigen, gelangweilten, kalten, sauren, hämischen, alles durchschauenden Herren, aus ihren versulzten, erstarrten, versteiften Gesichtern wird also nun über Anordnung der Behörde Lächeln geschürzt, Geduld ausgebreitet. Toleranz versprüht. Einer, der gefragt wird, antwortet. Antwortet sogar gleich und in einem Ton, den Menschen auch sonst gerne hören und anwenden. Einer, der was zu sagen hat, sagt's wie ein Mensch, darf's wie ein Mensch sagen, denn es wurde ihm ja erlaubt, mehr noch; er wurde in seiner Sicherheit bestärkt. Freundlichkeit wurde schriftlich erlassen. Wer freundlich ist, muß deswegen nicht notwendigerweise unsicher wirken. Kamerad, dreimal kurz gelacht, ha ha ha, rühren, weitermachen!

Vorschrift also.

Vorschrift als menschliches Minimum. Vorschrift als das, was gerade eben noch machbar, ertragbar, tolerierbar ist.

Vorschrift für das Allerselbstverständlichste, nicht wahr?!

Vorschrift für die unterste Grenze. Vorschrift für ein Verhalten, ein Gebaren, ein Geradeebennoch, jenseits dessen eigentlich schon die Störung beginnt. Das Gestörtsein, wie heißt das doch, zwischenmenschlicher Beziehungen, nein? Ein Verhalten, jenseits dessen eigentlich schon Erregung öffentlichen Ärgernisses stünde, wäre dieser Begriff freilich vom Recht ein wenig anders gefaßt und umschrieben – und vor allem anwendbar auch auf den Gesetzgeber, die öffentliche Hand, den Ordnungsträger, wie immer man sie nun auch staffeln will, alle Macht, die ja bekanntlich vom Volke ausgeht. Der Begriff des öffentlichen Ärgernisses wegen fehlenden menschenwürdigen Gebarens ist für *sie* nicht erfunden. Für sie nicht.

Ja, und da wir uns ja nicht ins allzu Vage verlieren wollen, ins Bebrüten längst gekochter Eier, so drehen wir die Kurbel eine Umdrehung, ein einziges Zahnrad weiter – und merken mit gelindem Erschrecken, daß die Vorschrift und die strikte, genaue, rigorose Einhaltung derselben allemal eigentlich dem Unsinn näher stehen als dem Sinn. Der Erpressung näher als dem mitteleuropäischen Gebaren. Der Drohung näher als der Vernunft.

Die Vorschrift ist das, was irgendwann einmal irgendwo aufgestellt wurde, von offenbar höheren Mächten, so hohen, daß man mit ihnen nicht zu sprechen, sie zeitgerecht zu beraten nicht imstande war. Die Vorschrift stammt von den Mächtigen. Man weiß nicht, wer die Mächtigen sind, da man ja selber die Macht im Staate darstellt und das auch täglich hört. Dennoch muß es ganz bigge Bosse geben, die fern von aller Realität und Welt an ihren Hebeln sitzen und die Vorschriften programmieren.

Eines Tages gerät die Vorschrift unter die Leute. Jeweils ein Schüppel bekommt eine gewisse, nur ihm zugemessene, eigene, spezielle Vorschrift. Die Polizei bekommt eine. Die Zöllner haben eine. Die Beamten der Paketpost. Die Herren von der kontrollierenden Luftfahrtüberwachung, kurz Flugsicherung genannt. Ich nehme an, auch die Vaterlandsverteidiger haben eine. Die Gepäckträger hätscheln die ihre, denn sie gilt eigentlich nur für ihre Kunden und ist vornehmlich von denen zu beachten.

Die Telephonistinnen, heißt es, hätten eine. Nachtwächter werden angehalten, die ihre genau zu kennen und zu beachten sowie im Ernstfalle Gebrauch von Absatz drei, römisch VII zu machen, widrigenfalls ...

Die Kontrollore haben natürlich nicht nur eine eigene, sondern viele, denn Kontrollore sind ihrerseits lebendige Vorschriften, haben solche, die sie zu kontrollieren, aber auch eigene, die zu beachten sie verpflichtet sind und über deren Beachtung wiederum andere, höhere Kontrollore wachen, die wiederum eine weitere, mächtigere Kontrolle über sich hoch droben nur noch ahnen können, so sehr schaudert ihnen, wenn sie an die Macht denken, die da irgendwo zwischen den Wolken hängen muß oder pendelt. Wer will das so genau wissen?

Die Eisenbahn, die Straßenbahn, die Untergrundbahn, so man eine hat, die Seilbahn und die Zahnradbahn, selbst Sonderzüge höchster, präsidentenähnlicher Halbgötter haben Vorschriften. Und müssen diese undsoweiter. Auf das allergenaueste. Auch ich habe vermutlich eine, und wenn ich sie mir einmal genauer ansähe, dann würde ich schön klappern.

Womit, kann jeder sich ausmalen, wie er will.

Und diese heiligen Girlanden, diese Wolken, die unsere Felder beträufeln, diese Mächte, die das Räderwerk des menschlichen Zusammenlebens ölen, in Gang halten, vorwärtstreiben womöglich sollen, dieses Gedruckte, dieses Nachzulesende, dieses von den Höchsten herabgetrenzte, dieses Maß aller Dinge, dieses Joch, unter dem wir alle freudig einhersürmeln, siehe da: wie blöde dies doch alles zu sein scheint, erweist sich spätestens eines schönen, ganz bestimmten, von uns allen schon erlebten Tages.

Dann nämlich, wenn wackeren Männern der Kragen platzt. Wenn sie aus irgendeinem Grunde glauben, kurz gezogen zu werden oder aber den kürzeren gezogen zu haben, wie immer man das nun ansehen oder deuten mag.

Peng, da furchen sich ihre Stirnen. Da umwölken sich ihre Brauen. Da blitzen allerlei Blitze des Unmuts sowie der finsteren Entschlossenheit hervor, wo immer so was hervorblitzen kann.

Und mit nervichter Faust schnappen sie sich die Vorschrift, entrollen sie ein letztes Mal und ...

Ja, denken *Sie!!!*

Nein, sie zerfetzen sie nicht, zerknüllen sie nicht, zerbröseln sie nicht, werfen sie nicht in alle Winde, schlagen sie nicht den Mächtigen um die Ohren, bespucken sie nicht und verhöhnen sie nicht, die liabe, guate Vorschrift.

Sie wenden sie an!

Und das ist das Schlimmste, was sie im Köcher haben! Die ärgste aller Obstruktionen!

Wenn's ganz herb zugeht, wenn wirklich unangenehm vorgegangen werden soll, dann wird nach Vorschrift gearbeitet. Allüberall.

Na ja – und so schaut's dann auch aus.

2. April 1972

Keine Prätention – aber Regeln

Im Dezember bin ich ihm einmal eine Stunde und eine halbe nachgegangen. Es war leicht, ihm zu folgen. Nein, er schlenderte nicht ziellos durch die Straßen; er hatte immer ein Ziel, eins oder mehrere. Aber er war so groß, so unwahrscheinlich groß. Er schaffte es, völlig entspannt, mit leicht hängenden Schultern zu gehen und sich dabei doch vollkommen gerade zu halten. Es gab keinen Menschen, der so entspannt gerade ging. Über zwei Meter, o ja, und im Winter, damals, einen sehr schönen, sehr benützten, absolut etwas zu kleinen Hut auf dem Kopf. Der saß immer ein wenig schief, dieser Hut, ganz leicht bloß, es war wie das entspannte Geradegehen. Bloß kein Muß, kein Krampf, das wäre ihm auch gar nicht möglich gewesen. Er wäre verwundert stehengeblieben und hätte ein spöttisches Lächeln, ein verblüfftes Kopfschütteln, sich selbst betreffend, zustande gebracht. Er war in einen sehr schmal geschnittenen langen Mantel geknöpft. Aber da stand immer etwas offen an dem Mantel. Da hing der Zipfel eines Seidenschals oben über den Kragen. Er war vollkommen, aber mit den kleinen Fehlern, die Nonchalance, die Vollkommenheit erst ausmachen.

Da ging er, bot einen Arm, ganz und gar unzeitgemäß, einer viel jüngeren Dame, die er getroffen hatte, denn es lag etwas Schnee, der war in der Nacht gefallen und hatte sich zu dünnem Eis entwickelt. Der sehr große Mann da vorne sprach, lachte auch einmal, man konnte ihn gut hören, quer durch die Gassen hin. Denn er hatte die Eigenart seiner Familie, immer etwas lauter zu sprechen, als es nötig gewesen wäre, mit Vokalen, die irgendwie riefen – ja, er *rief* seine Sätze. Ein leises Rufen, aber doch, immerhin; gemurmelt war nichts in seiner Sprache. Und er hörte zu. Der Dame, die er vor dem Ausrutschen fürsorglich bewahren wollte, obwohl ihm doch mit seinen fast achtzig Jahren solche Fürsorge mindestens ebenso zugestanden wäre. Derlei hätte er aber verwundert, kaum amüsiert, abgelehnt. Man stützt. Man wurde nicht gestützt.

Waren das Weihnachtseinkäufe? Der Gedanke ließ mich nicht los – und die Erinnerung an all die näselnden, elegant tuenden, leise kopfwackelnden Schnitzler-Darsteller, die man so im Lauf der Zeit gesehen hatte. Mit dem übergroßen, dem diskret rufenden Herrn hätte man sie zusammenbringen müssen, um ihnen vor Augen und vor Ohren zu führen, wie derlei Herren sich zu sein erlaubten. Seien es nun Aristokraten oder auch nicht.

Keine Prätention. Aber Regeln.

Er hatte gelebt. Seine Vorfahren hatten sich schon lange, sehr lange diese Regeln abverlangt. Diese Menschen, die in allerhand Sprachen miteinander umgingen, weil das eben so war. Diese Väter und Mütter, die ihn, den Achtjährigen, als Kind aus dem Pferdeschlitten in den tiefen Schnee – nein, nicht gerade »geworfen« hatten, so erzählte er, aber doch ihm zum Tiefschnee verholfen hatten. Ihm und seinem Bruder, fast so groß, so schmal, so langbeinig wie er. Da saßen sie denn mit acht Jahren oder so im Schnee, der Wind warf neuen über sie, wehte ihnen in den Kragen, die Glocken des elterlichen Schlittens verklangen da vorne, hinter den Lärchen. Man war zum Bahnhof gefahren, anderthalb Stunden, um den Vater abzuholen. So weit waren damals die Wege. Die Ziegelsteine unter den Felldecken waren natürlich im Ofen angewärmt worden; so konnte man den beißenden Wind neben der Mutter und der Schwester überstehen. Gemessene Begrüßung des Vaters neben dem damals dampfenden Zug; Umarmungen der Söhne und des Vaters waren nicht vorgesehen. Der kleineren Schwester wurde womöglich ein Kuß auf die Stirn gedrückt. Womöglich. Wie auch der Mutter. Dann die Rückfahrt, hinter den schnaubenden, angestrengten Pferden. Und dann, wenn weit vorne unten das Haus, richtiger eigentlich: die Burg auftauchte, hinter einem Schleier aus wehendem Schnee und peitschenden Lärchenzweigen, dann plötzlich die Bekanntschaft mit dem Tiefschnee. Das sollte Sport bedeuten. Das bedeutete: Man mußte nicht überall unter Felldecken und auf heißen Ziegelsteinen ankommen. Tiefschnee sollte auch unfreiwillig erfahren werden. Nicht bloß zum Zweck der Erstellung eines Schneemanns, nein. Auch unfreiwillig. Die unerwarteten, unfreiwilligen Schwierigkeiten sollte man beizeiten zu überstehen, zu überwinden, anzugehen lernen.

Das tat er denn auch, zeit seines Lebens. 1938, als die lauten, dröhnenden, einmarschierenden Nachbarn sich mit den mindestens ebenso lauten, grölenden, enthemmten, außer sich geratenden Einheimischen verbanden zu etwas, das sie das Tausendjährige Reich zu nennen beliebten; 1938 ekelte ihn vor dieser Vereinigung. Er fand das gemachte Bett in seiner Heimat obszön – und verließ sie. Er konnte gar nicht weit genug weg sein. Und obwohl Menschen seiner Art, seiner Herkunft mit allerhand Privilegien umworben wurden, wiewohl er nichts zu fürchten gehabt hätte von den Machthabern, denen aus seiner Heimat, die sich mit den einmarschierenden so ekelhaft schnell verbunden hatten, konnte er damit nichts zu tun haben, nein. Und fuhr ab. Den zu kleinen Hut auf dem Kopf, ein paar alte, gewiß sehr schöne Koffer bei sich, fuhr er übers Meer, und begann da drüben neu. Um nach dem Krieg sehr bald zurückzukehren. So wie er die Melange der Ekelhaften verachtet hatte, 1938, so dachte er nun, irgend etwas in diesem Land tun zu sollen. Und wurde Beamter. Als sehr erwachsener Mann trat er in ein Ministerium ein, stellte seine Kenntnisse – und er hatte sich welche erworben in Südamerika, o doch –, stellte sich zur Verfügung. Und blieb das und blieb so. Beriet den Minister. Blieb aber im zweiten Glied. Stieg nicht schnell in der Hierarchie. Hielt sich im zweiten Glied. Ein Fremdartiger in der kameralistischen, der verwinkelten, knarrenden, auf doppelten Böden geschickt balancierenden Welt eines österreichischen Ministeriums.

Mit fünfzig oder mehr Jahren lernte er Cello zu spielen. Es war ihm ein Bedürfnis, so nannte er es, und er spielte. Regelmäßig. Im Quartett, auch allein, mit seinem Lehrer. Er hatte in Südamerika das Fliegen erlernt, und das wollte er hier nicht aufgeben. Nonchalant, man hätte es auch tollkühn nennen können, hielt er es mit dem Fliegen wie auch mit dem Autofahren – wie mit allem, was sein Leben betraf. Wie nebenbei. Ja, er flog auch wie nebenbei. Einmal in eine Drahtleitung, das bekam dem Flugzeug nicht, aber ihm konnte es nichts anhaben. Ein zu nebenbei angeworfener Propeller riß ihm zwei halbe Finger ab – der rechten Hand, Gott sei Dank, wie er rief. Denn rechts hält man ja »bloß« den Bogen des Cellos. Links muß man die Saiten greifen und ihre Töne bestimmen. So hatte alles sein Gutes.

Er hatte seine Gelassenheit um die der Engländer vermehrt, als er in Oxford studiert hatte. Er behielt sie bis ans Ende seines Lebens.

Als er begraben wurde, dicht an der Grenze seiner Heimat, hörte man die Schüsse der Panzer und das Gegröle der Flugzeuge aus Slowenien. »Ah ja?« Hätte er womöglich bloß gesagt. »Immer noch? Haben die nix gelernt?«

Auch sein Begräbnis bewahrte sich Gelassenheit. Man ließ sich nicht von Kanonenschüssen stören. Man hatte sich dem entzogen. Ein für allemal.

14. Juli 1991

Eine süsse Qual

Die alten Chinesen, die alten, versteht sich – von den neuen wird man sich hüten, derartiges zu berichten, kaum, daß wir ihnen unseren staatlichen Stahl verhökern dürfen –, die alten Chinesen, können aber auch die Japaner gewesen sein, aber ja, beweisen Sie erst mal das Gegenteil, ja? –, die alten also, Chinesenoderjapaner,

die hatten eine, neben vielen anderen, *eine* ganz besondere Sonderfolter.

Nein, nicht das Wassertröpfchen, langsam heruntertrenzend auf den kahlrasierten Kopf des Herrn Geständnisunwilligen, den nach dem Prinzip: Stetel Tlopfen höhlt die Bilne, dergestalt in Raserei versetzend und mählich durchlöchernd, bis er, völlig entnervt und perplex, gesteht, was er gar nicht weiß, und alles, alles sagt, was die alten Chinesen, oder auch Japaner, is eh klar, etwa von ihm wissen wollten.

Diese Folter meine ich nicht. Vielmehr die andere, im Handbuch der klassischen Foltern aus der Ming-Dynastie unter dem zart umschreibenden Begriff der »Zweihundertsiebenundzwanzigsten Übung, auch ein Falter muß eine Raupe sein, ehe er in den Morgen fliegt, Seide wächst langsam, schmückt aber die Geliebte unübertrefflich, die vier Jahreszeiten kommen und gehen, der Wartende reift, die Kirschen röten sich mählich«, so und nicht anders also in dem Folterhandbüchlein benannt und ebenda festgehalten.

Diese Sonderfolter der alten Chinesen ist heute die ganz gewöhnliche Tagesordnung überall da, wo einer hinter der Budel oder auch hinter einem Schreibtisch die Stellung hält, ha, da ganz besonders. Vor allem, wenn er sich ein kunstledergepolstertes Türchen leisten konnte, zwischen sein Leben und die Welt geklemmt. Oder aber auch nur in öffentlichen Häusern, sei's Kaffeesiederei,

sei's Garküche, ist diese Folter gang und gäbe und wird zur leisen Meisterschaft emporstilisiert.
Wie denn das? So denn das!
Na, das können Sie haben.
Doppelpunkt:
Es handelt sich ums Wartenlassen. Ums grausame, rücksichtslose, oft vollkommen sinnlose, jedenfalls aber selten begründbare Wartenlassen. Etwa so:
Einer sitzt im Kaffeehause, veranlaßt einen kleinen Braunen. Dieser, nach einigem Zögern, dann aber doch: kommt.
Einer trinkt der kleinen Braunen, der, da eben doch etwas verzögert erschienen, schon lauwarm zu werden beginnt, statt heiß zu sein, daß es zischt wie die allzu seltene Sünde.
Einer hat was zu besprechen. Suchte die Kaffeesiederei eigens zu diesem Zwecke auf. Ließ sich den Kaffee zur Unterstützung des konzentriert geführten Gespräches kommen. Führt also das Gespräch, hat den Kaffee, da lauwarm, längst geschluckt, hat also nix mehr zur Unterstützung seines Hirns. Das Gespräch hat sein Ziel erreicht, ist zu Ende. Der Partner, ohnedies vermutlich draußen irgendwo falsch geparkt oder sonst wie sein Gewissen belastet wissend, eilt, unter Hinterlassung einer Handvoll Scheidemünzen, hinaus, »kannstdubittefürmich ...« Ja, einer kann.
Und ruft den Kellner, besser: Ober, und bittet, zum Zahlvorgang schreiten zu dürfen.
»Sofort, komm' gleich«, sagt der Ober. Und legt sich, mit einem Tablett, vollgestellt mit vermutlich Lauwarmem, in die Kurve. Verschwindet hinter einem Pfeiler.
Pause. Drei Minuten.
Drüben versucht ein uralter Schnurrbartträger einer uralten Schnurrbartträgerin die Speisekarte vorzulesen. Die Schnurrbartträgerin ist unwillig, zetert, »aber so laß mich doch!!!«, will nicht essen, was der Alte zu bestellen vorschlägt. Das hat man davon, daß man vorliest, nämlich die Speisekarte.

Vier Minuten.

Der Ober kommt gelassen um den Pfeiler zurück, nunmehr das leere Tablett an die Hosennaht schlagend, wedelt in aller Ruhe einen Tisch eben so im Vorübergehen ab, enteilt küchenwärts.

Pause. Zweieinhalb Minuten.

Da liegt eine Zeitung. Aufgeschlagen. Einer liest, es werde ein Fremdenführer gesucht, männlich, für Hofburgschauräume (Kaiserappartements), als vollbeschäftigter Bundesvertragsbediensteter, Höchstalter 45 Jahre. Englisch- und Französischkenntnisse erforderlich, na freilich. Bewerbungen bei der Burghauptmannschaft.

Auch steht da: Suche junge Verkaufskraft (Anfängerin) für modernen Würstelstand.

Schließlich steht zu lesen: Tiermalerin. Porträtiert Ihren Hund künstlerisch *und* lebensecht. Tel. 021 01 51 und so weiter.

Dieses Land bietet wahrlich einen Querschnitt durch die menschlichen Leidenschaften. Denkt einer. Dieses Land ist eine Republik, daran besteht kein Zweifel mehr, seitdem fürs Kaiserappartement Fremdenführer unter 45 gesucht werden, männlich, vollbeschäftigt, denn alle wollen immer wieder nachsehen im Kaiserappartement, ob die Republik noch wach ist oder schon ins Bett gegangen, z'wegn dem Nachholbedarf. Die junge, die keusche Republik mit all ihren Schmalfilmkaisern.

Was aber, denkt einer, ist ein moderner Würstelstand?

Dreieinhalb Minuten.

Der Ober lehnt an der Kasse, lächelt verträumt, prüft seine Fingernägel.

»Herr Ober ...«

»Ja, sofort«, strahlt er zurück. Setzt sich in Bewegung, begibt sich zu einer Vitrine, in der, offenbar unter Kälte, ungeheuer hohe, schaumige, gatschige, Damengaumen ungeahnte Wonnen verschaffende Ersatzerlebnisse lagern, Kuchen von bedeutender Farbenfreudigkeit und Schlatzigkeit. Der Ober ergreift, vermutlich in Ausführung einer ebenfalls schon länger zurückliegenden Bestellung, eine Kuchenschaufel, klemmt das Schaumgatschgebirge resolut zwischen Schaufel und Daumen, drückt ebendiesen letzteren fest in das Gebirge. Flopp, landet das Klebrige auf dem Teller. Der Daumen wird nachdenklich abgelutscht und ist so wieder sauber für den restlichen Tag. Die Vitrine wird geschlossen, der Kuchenhügel scheppert auf den Tisch der maunzenden schnurrbärtigen Dame, während der schnurrbärtige Herr, der solche Kuchen offenbar vorzulesen verstand aus der Karte, noch gar nix hat und angeekelt auf all das Rosa und Weiß und Schokoladenbraun und Teiggelb blickt. Das haben sie nun davon, die beiden.

Vier Minuten.

Was aber ist ein moderner Würstelstand?

Denn der Kellner treibt sich zwar am Tisch vorbei, lächelt zwar, er komme bald, geht aber nur zu einem Zeitungsberg, ordnet den lässig, liest ein bißchen, kurz nur, versteht sich, findet vielleicht seinerseits, daß eine Anfängerin als Verkaufskraft für den modernen Würstelstand gesucht wird, wird sich aber, als Fachkraft des Gastgewerbes, gewiß nicht fragen, worin sich eine erfahrene Würstelstandverkäuferin so wesentlich von einer Anfängerin unterscheiden mag. Gilt es da, Pfefferoni so mühsam von Frankfurtern, oder Klobassen so hoffnungslos von Schokoladetaferln zu unterscheiden? Ist die Führung des senfklacksenden Löffels eine besser erlernbare solche? Oder will der Ober seinen Hund künstlerisch porträtieren lassen? Und lebensecht?

Er kann sich jedenfalls nicht entschließen, den Rufen, den unterdes schon erregten Rufen des einen in sinnvoller Weise Folge zu leisten, also: nicht nur freundlich zu nicken, vielmehr auch tatsächlich zu kommen. Es ist ein Spiel. Offenbar ist es ein Spiel geworden. Eine süße Qual, ein absichtliches Hinauszögern, ein Bis-an-die-Grenze-Treiben, des gerade noch Erträglichen nämlich. Ein Spiel deswegen, weil tatsächlich sinnlos. Ohne erkennbaren

Sinn jedenfalls. Nicht auf Überarbeitung, Beanspruchung, Tätigkeit dessen zurückzuführen, der da Lauwarmes gebracht hat oder bringen sollte, jedenfalls aber sein Geld bekommen für geleistete Dienste. Nein – noch ein bißchen ...

Er lehnt unweit der Kasse, er äugt, ob wo nicht Wasser fehlt, er späht nach neuen Gästen und deren Wünschen ... Noch – aah – noch ein ganz kleines bißchen, noch nicht – ich kann doch nicht sofort das Ritual einleiten, da bedarf es doch noch einiger kultischer Tänze ...

Der eine, seinen kleinen Braunen vor einer Stunde geordert habend, der eine sieht sich auf einen Altar geschnallt. Und will aber nicht. Und steht auf. Und geht aus dem Tempel. Und prellt die Zeche. Aus Rache. 21,70 inklusive.

10. Dezember 1972

Abgeordneter, privatisiert

Natürlich ist Privatisierung gut. Selbstverständlich muß der Schlendrian der todsicher abgefederten staatlichen und halbstaatlichen Schlafhaubenfabrikanten endlich einmal aufhören. Natürlich ist es erstklassig richtig, wenn es was zu verkaufen gilt, sich auf den Markt zu begeben. Aber nicht nur, was das Verkaufen angeht, sondern auch, was die Art, wie angeboten, wie Marketing betrieben wird, mit wie vielen Mitarbeitern – oder besser, mit wieviel weniger, aber nachdrücklicher arbeitenden Mitarbeitern – meine Ware erzeugt werden könnte. Privatisierung, kurzum.

Die Straßenbahn sollen sie privatisieren, heißt es. Nein, würde gar nicht teurer. Würde bloß effizienter geführt. Würde kundenfreundlicher gehandhabt. Wäre komfortabler. Wäre der Viertelstundenbummeltakt nimmer so lang und so unzuverlässig. Und solche Sachen meinen die Straßenbahnbenützer, knurrend an der Haltestelle, wartend und wartend. Immer kleiner werden sie vor lauter Warten, und wenn die Bahn dann endlich anbimmt, dann werden die Fahrgäste saurer und immer saurer, weil sie so langsam, so zögerlich, so stockend dahingrammelt.

»Privatisiert g'hert des Graffl!« murrt der Fahrgast.

Und hat er nicht recht?

Es ist sinnlos, alles von oben her verwalten und dirigieren zu wollen. Jeder soll sich, wie er meint, glücklich machen. Oder, wenn er sich's leisten kann, sich glücklich machen *lassen*. Doch. Soll er.

Zum Beispiel mein Freund Tim hat absolut vor, sich nicht mehr von einem demokratisch zu wählenden Abgeordneten vertreten zu lassen. Da wählt er ja höchsterdings die Partei, sagt mein Freund. Und die schnalzt ihm dann einen Herrn Abgeordneten hin, den er weder kennt noch auf Herz und Nieren überprüfen konnte, dem er überhaupt nicht sehr viel zutraut, außer dumpfem Gehorsam der von ihm tief gegrüßten und hochverehrten Partei gegenüber, die ihn ins Hohe Haus gehoben hat.

Das will Tim, der mein Freund ist, nicht mehr. Tim hat vor, für die Privatisierung des Abgeordneten einzutreten. Tim kann sich das leisten. Tim hat Vermögen. Auch ich habe, wie man sieht, einen reichen Freund.

Tim also meint, er werde sich, kaum wäre das Abgeordnetenwesen einmal wirklich privatisiert, einen Abgeordneten ... nein, nicht *kaufen!* Wo denken Sie hin? Er will sich einen anstellen. Auf privatwirtschaftlicher Basis, Werkvertrag über zunächst einmal eine Legislaturperiode. Da kann er sich den besten Mann – oder den, der ihm so vorkommt – aussuchen. Kann ihn testen. Kann ihn auf Fachkenntnisse, Fremdsprachenkenntnisse, sogar Deutschkenntnisse überprüfen lassen. Was versteht der Mann außer den Regeln der geschlossenen Abstimmung noch? Hat er Durchsetzungsvermögen? Hat er Intelligenz? Tim legt Wert auf Intelligenz, so altmodisch ist er. Gefinkelte Schlauheit und Kadavergehorsam liegen ihm nicht so sehr am Herzen. Tim würde so weit gehen, behauptet er, von seinem Abgeordneten eine Weltanschauung zu erwarten. Eine wirkliche! Jenseits des Parteiprogramms. Er wäre erpicht auf Widerpart, auf Auseinandersetzung, auf Kritik von seiten seines eigenen Abgeordneten. Mein Freund Tim würde sich nicht als Parteioberer gerieren – könnte er gar nicht, er *ist* ja bei gar keiner Partei. Er würde sich als privatwirtschaftlicher Freiberufler einfach einen Abgeordneten anstellen, denn einer muß ja im Hohen Haus die Dinge vertreten, die sonst keiner vertritt.

»Ich könnte ihn auch vermieten«, meint mein Freund ziemlich unverfroren. »Leasing oder so. Oder wir könnten uns zu mehreren einen anstellen; ich ganz allein könnte ja einen so hochqualifizierten Mann, wie er mir vorschwebt, gar nicht auslasten. Man könnte ihn also für mehrere Privatleute arbeiten lassen. Wir könnten gemeinsam ein Büro einrichten. Ein Abgeordneter muß für einen da sein.

Ich habe mich zweimal an den Abgeordneten wenden wollen, der für meinen Wahlkreis zuständig wäre. Beim ersten Mal war der überhaupt nie zu erreichen. Er war auf Studienreise. Aber nicht auf einer. Auf hintereinander *dreien*. Er studierte das öffentliche Verkehrswesen in Rio de Janeiro. Er war mit Gewerkschaftlern auf einem etwa drei Wochen dauernden Kongreß mit anschließender Besichtigungstour in Namibia. Und in Florida hatte er den Einfluß von Klimaanlagen auf Privatangestellte in der Schuhbranche zu studieren. Der Mann war ja daraufhin – das konnte man durchaus unterschreiben –, nach den fast zwei Monaten Bildungs- und Studienreisen, wirklich *informiert*. War er ja, der Mann. Nur, bis er dann wieder einmal zu sprechen gewesen wäre, hätte ich mein Problem anders gelöst gehabt.

Das zweite Mal traf ich ihn sofort. Also, ich meine, innerhalb von zwei Wochen. Und wir hatten das, was er ein ›gutes Gespräch‹ nannte. Die Fragen, die ich ihm stellte, nannte er ›gute Fragen‹. Zwei nannte er sogar ›ausgezeichnete Fragen ... die er unbedingt im Club zur Sprache und so weiter ...‹ *Eine* Frage notierte er sich, ja, tatsächlich, auf einem der vielen kleinen Zettel, die er zu diesem Zweck in allen Taschen hatte. Man hatte den Eindruck, er werde der Sache nachgehen. Und genau das sagte er auch. ›Ich werde der Sache nachgehen‹, sagte er. Und er sagte noch: ›Ich werde mich kundig machen. O ja, da muß ich mich kundig machen.‹ Das sollte heißen, daß er mir nicht glaubte und erst bei seinen Schlieferln nachfragen lassen wollte, ob man mir überhaupt zuhören könne. Und vor allem: ob ich ›wichtig‹ sei. Wichtig genug, um irgendein Quentchen Zeit an mich zu verschwenden. ›Ich werde mich kundig machen‹, so salbte es aus seinem Mäulchen.

Und dann passierte nichts. Als ich noch ein- oder zweimal anrief, sagte seine Sekretärin, er sei bei einer Sitzung.

Oder er sei ›bei Tisch‹. Das war eine beliebte Aussage. Oder Floskeln. Sie floskelte geübt vor sich hin. ›Der Herr Abgeordnete ist bei einer Sitzung und dann bei Tisch‹, das sagte sie beim letzten Anruf. Meinem Anruf. Denn er rief ja nie zurück. Außer mit einem schnatternden Autotelephon, in dem er mir wichtig mitteilte, er sei jetzt auf der Tauernstrecke, er nähere sich einem Tunnel, die Verbindung werde gleich abreißen, und er werde zu gegebener Zeit – ›wenn die Verbindung wieder guat is‹ – noch einmal anzurufen probieren.

Aus solchen Erlebnissen – denn er rief natürlich nie mehr an, wer ruft schon an, wenn er ›bei Tisch und bei einer Sitzung‹ ist –, aus solchen Erlebnissen wuchs mein Entschluß, die Privatisierung des Abgeordnetenunwesens anzugehen und mir einen eigenen Abgeordneten anzustellen.« Sagte Tim. Der mein Freund ist. »Der Mann kann mir nützlich sein. Der Mann wird Interesse haben, von mir weiter angestellt zu werden, denn ich werde ihn natürlich erstklassig bezahlen, wie sich das für einen erstklassigen Fachmann ja auch gehört. Der Mann wird im Parlament im richtigen Moment die richtige Rede halten. Er wird imstande sein, diese Rede auch selbst zu schreiben. Wenn es ein Manuskript braucht. Oder sie auch frei zu halten, wenn die Situation es erfordert. Mein Mann wird das können. Ich werde nicht schamrot werden müssen, daß er seinen Funktionärssprachersatz aus dem Munde quellen läßt. Ich werde mich nicht über die ständige Verwechslung von Dativ und Akkusativ kränken müssen. Der Mann wird einen Genetivnachweis schon in unserem ersten Gespräch erbracht haben – wie nebenbei. Der Mann wird fleißig sein. Der Mann wird sich rühren. Der Mann wird für *mich* da sein und nicht auf Studienreise zur Überprüfung des Trolleybussystems in Reykjavik.

Mein Mann nicht. Der wird informiert sein. Den wird keiner linken. Der läßt sich von niemandem zu Besichtigungstouren einladen. Es sei denn, ich schickte ihn.

Und, wie gesagt, der könnte – ja, was könnte der nicht alles. Wir ließen ihn ja. Wir ließen ihm die Initiative. Wir wüßten: Der Mann würde seinen Beruf gerne ausüben.

Ein privatisierter Abgeordneter. Angestellt. Vierzehn Monatsgehälter. Nein, keine Zulagen. Keine Aufwandsentschädigungen. Keine Repräsentationsspesen. Aber: viel besser bezahlt als ...«

So mein Freund Tim. Der Privatisierer.

Gekauft? Quatsch! Wer hätte denn je einen Abgeordneten kaufen können?

Sehen Sie!

4. Oktober 1992

Unser Mann macht sich angenehm

Unser Mann ist heute ziemlich früh aufgewacht. Dabei ist es gestern eigentlich recht spät geworden. Es gab allerhand durchzubesprechen. Unser Mann hatte zwei Anlässe zu besuchen, am mittleren Abend und am späteren dann auch noch. Mußte sich sehen lassen, konnte da nicht einfach wegbleiben. Spät in der Nacht doch noch in die Bar, in der man alle traf. Die Feinde aus dem eigenen Lager. Die Freunde aus dem gegnerischen Lager. Die Freunde aus dem eigenen. Die Feinde aus dem ...? Nein. Unser Mann hat keine Feinde. Er kann mit allen. Unser Mann ist besonders herzlich bemüht um jeden, der ihm an den Karren fahren könnte. Unser Mann würde das so definieren: »Ich bin Christ. Ich liebe meine Feinde. Ich halte die andere Wange hin.« Und er könnte noch mit einem heroisch gequälten Grinser hinzufügen: »Was nicht immer ganz leicht ist.«

Unser Mann macht sich angenehm. Es gibt Leute, die nennen ihn einen netten Narren. Ja, einen unzuverlässigen, inkonsequenten, g'schaftigen und in Wirklichkeit herzlich faulen Narren. Aber nett. Harmlos.

Es gibt Zeitgenossen, die nennen ihn einfach einen falschen Fuffziger. Wehleidig. Anerkennungssüchtig. Unsicher – zutiefst unsicher – und drum ein kläffender Angstbeißer. Ein Umarmer. Ein Aufdichzugeher. Ein Querdurchdenraumrufer. Ein Beteuerer. Er habe alles schon erledigt, er habe dich empfohlen, er habe deinen Namen fallengelassen an geeignetem Ort. Er hat das geregelt. Man könne sich auf ihn verlassen. Das habe die Vergangenheit doch bewiesen, oder etwa nicht?

Hast du ihm schon einmal gesagt, man müsse deinen Namen nicht fallenlassen an geeignetem Ort? Hast du ihm gesagt, du wolltest nicht vorgeschlagen werden? Er nennt das: »in Vorschlag gebracht ...«

Hast du ihn schon einmal gefragt, so richtig klar und in der höflichen Direttissima, mit naivem Augenaufschlag: »Was hast du schon erledigt? Was hast du für mich geregelt ...?« Ja? Und? Was hat er geantwortet?

Unser Mann reißt dann kurz die Augen auf, die, zugegeben, durch ewig schlaues Blinzeln, durch vertrauliches Zukneifen, durch vorsichtig verschleiertes, verkniffenes Querschauen wirklich des Aufgerissenwerdens bedürfen, damit sie ein bissel mehr Leben signalisieren können. Er reißt sie auf, seine durch allzuviel Schläue verklebten Augen. Er schnappt nach Luft. Er rudert mit den Armen und den nicht ganz angenehmen Händen. Er ist gekränkt. Er kann es so recht gar nicht fassen. Er ist nicht gewöhnt, daß man einen Zweifel ausspricht. Daß man so direkt fragt. Er hat es sich anders beigebracht. Er versucht so was hintenrum, seitlich herein, irgendwie bedeckt herauszubringen. Der andere soll nichts merken. Unser Mann fragt nicht. Unser Mann »bringt in Erfahrung«. Unser Mann »macht sich kundig« – und findet so ein Wort nicht einmal lächerlich. Aber wo denn! Unser Mann ist ein unaufhörlicher Kundschafter in eigener Sache. Unser Mann hat Listen. Unser Mann macht sich Notizen. Unser Mann hat es nie anders gelernt. Man muß munitioniert sein – auch das ein Begriff im Wortschatz unseres Mannes. Man muß sammeln. Man muß sich was merken. Man muß gerüstet sein. Der Tag kommt ...

Unser Mann ist herzlich. Er strahlt und kräuselt sein Mündchen. Na ja, es kommt kein rechtes Strahlen heraus. Er grinst. Wenn er sich herzlich zu geben versucht, bleckt er seine Zähne. Gierige Zähne. Nicht sehr schön. Er zieht die Lippen von diesen Zähnen. Er läßt sein Zahnfleisch leuchten. Die Zähne leuchten weniger. Das ganze Gebiß muß grinsen. Er gerät geradezu ins Keuchen, unser Mann, wenn er sein Grinsen abruft.

Unser Mann umarmt dich. Er fragt dich nicht, ob du nach seiner Umarmung verlangst. Er fährt mit den Armen auseinander und drängt sich irgendwie an dich heran. Heutzutage umarmt man. Früher gab man die Hand. Verbeugte sich. Leicht, wenn es Nahestehende, tief, wenn es Obenstehende waren. Unser Mann wußte einen Diener zu machen. Seinen Diener. G'schamster Diener ... Er macht ihn noch heute. Vor Respektspersonen, die ihm nützen könnten. Oder schaden, wie er meint, wenn er dem Hochstehenden denn etwa unangenehm auffiele. Wenn die allerhöchste Respektsperson der Partei unseres Mannes angehört – dann schauert es ihm wohlig den Rücken runter. Was für ein Gefühl! Ihn duzen zu dürfen. Grüß Gott, lieber Herr Präsident, ich stehe ganz zu Diensten. Ehrfurcht und Vertraulichkeit, besser: Ehrfurcht und leise Furcht. Und der tiefe Diener. Und dabei doch auch das Du. Weil die Partei. Weil schon die Jugendorganisation. Weil man sich kennt. Weil man ja schließlich ...

Ja, die Jugendorganisation natürlich auch. Unser Mann hatte einen vorausblickenden, seinerseits gut organisierten, früh sich organisiert habenden Vater. Der hat ihn in die Jugendorganisation eingeführt. Und da lernte unser Mann, sich zu verhalten.

Ja, das ist es. Er »verhält« sich. Unser Mann ist ständig mit »Sich-Verhalten« beschäftigt. Er trachtet zu entsprechen. Er versucht vorauszublicken, soweit es ihm nützen könnte. Oder schaden.

Unser Mann leistet Dienste. Er verhilft allerhand Mächtigen zu allerhand Vorteilen. Unser Mann taucht auf. Er ist da. Anwesend. Blinzelt. Überprüft und hält Ausschau. Wenn er über Einfluß verfügt – und unser Mann gehört zu denen, die sich Einfluß zu verschaffen wußten –, wenn er also – na, aber dann ...!!!

Er bietet seine Hilfe an. Er läßt sie selbstverständlich denen zukommen, die ihm wichtig sind. Oder denen, die gefährlich werden könnten. Und viele könnten gefährlich werden. Er blickt voraus. Er gräbt seine Gräben. Bewässert. Entwässert.

Und er lügt. Schamlos. Mit seligmachendem Augenaufschlag. Er weiß nicht, daß er lügt, wenn's ihm nützt.

Oder wenn er sich aus der Affäre ziehen will. Er versucht zu balancieren. So würde er es nennen: auszubalancieren. Man weiß nie. Man kann nie wissen.

Er ist den Tag über unterwegs in eigener Sache. Er mauert an der Wichtigkeit. An seinem Einfluß. An seiner Unentbehrlichkeit pappt und klebt er herum. Es wäre entsetzlich, wäre er entbehrlich. Er will dabeisein. Er will Dienste leisten können, damit er geliebt wird. Er will geliebt werden, ja, unser Mann hat dieses Bedürfnis wie jeder Mensch. In der Nacht bastelt er an seinen Plänen. Das holde Spiel der Intrige gedeiht an den Stammtischen, in den Hinterzimmern der Kneipen, bei allerhand Kartenspiel. Da wird man vertraulich mit den anderen Geschickten.

Unser Mann strengt sich an, überall dabeizusein.

Er ist überall.

Er ist nirgends.

7. April 1991

Auch im Bild

Sie sind da – und eigentlich sind sie doch nicht da.
Sie gehören dazu – aber sie gehören nicht ins Bild.
Sie haben was damit zu tun – aber niemand will was von ihnen.
Sie wären zu Auskunft bereit – aber niemand fragt sie.
Aber auch ungerufen – sie sind da.
Wir kennen sie alle. Immer wieder zeigen sie sich uns. Sie stehen daneben. Meistenteils stehen sie hinter ihm. Im doppelten Sinne des Wortes, wie sie nicht müde würden, zu versichern. Wenn sie nur einer danach fragte.
Sie stehen hinter dem Maßgeblichen. Und sie stehen, wenn er denn Maßgebliches zu sagen hat, auch hinter ihm. Einen Schritt. Einen halben bloß. Manchmal ganz dicht an dicht. Fühlen sein Tuch. Spähen hinter seinem linken Ohr hervor. Blinzeln da raus. Wollen dabeisein. Wollen zeigen, daß sie dabeisein können. Daß sie dabei sind. Daß sie im Auge des Orkans wohnen. Ganz dicht bei ...
Je nachdem.
Das kann der Herr Minister sein. Das kann der Herr Vorstandsvorsitzende sein. Das kann der Herr Bundeskanzler persönlich sein, der im Pressefoyer vor die Mikrophone marschiert. Das kann der Herr Buprä höchstpersönlich sein, der etwas zu etwas mitzuteilen wünscht.
Wenn es nicht im stilvollen Arbeitszimmer des Herrn Machthabers geschieht, sondern auf der Wahlreise, bei der Pressekonferenz, bei einem Empfang, im Garten des Weißen Hauses, wo die Rosen blühen – und dann sind wir nämlich in Amerika: immer dann, wenn einer nicht ganz allein ist beim Hineinreden in die Röhre, immer dann sind sie da.
Wissen, daß sie da sind. Wissen, daß sie im Bild sind. Oder: wissen, daß sie im Bild sein *könnten*, wenn sie nur

ein Izerl ... ja ... Jaaahahahaa ... da schieben wir uns wie zufällig noch ein klein wengerl von links dazu ins Bild ... da sind wir ja schon dreiviertel drin, da ist noch ein bisserl Brillantine des geschätzten Hauptredners vor unserer Nase – da müssen wir noch vorbei ... *geschafft!!!*

Da stehen die Dabeisteher. Da warten sie, die Dahinterwarter. Daß das Interview mit dem Wichtigen zu Ende geht. Daß man wieder zur Tagesordnung zurückkehren kann. Daß man wieder im Konferenzraum verschwindet, daß man die Aktentaschen wieder aufnehmen darf – »Kleeeeemmt ein!!!« (untern Arm nämlich), und schlürfschlürfpolterpolter raschelraschel schnüren sie zurück hintern grünen Tisch, wo sie sich an den Akten sowie an den Mineralwasserfläschchen festhalten können. Damit der böse Wind sie nicht verweht, oder so.

Oder aber: sie können zum Essen. Sie können zum Empfang. Sie können zum Buffet. Wenn der Machthaber endlich seiner Meinung dahingehend Ausdruck verliehen hat, dann geht es – hmnjamnjamnjam – zum Empfang. Ans Buffet! Und darauf freuen sich die Auchimbildsteher herzlich und aus ganzem Magen. Man kann es ihnen ansehen. Sie blinzeln schon mal auf die Uhr am Handgelenk. Will denn der *nie* aufhören? Da geraten die Lümmel von der Presse, die gar nicht zuhören, obwohl doch hier die Neuigkeiten noch ganz neu sind, da geraten diese verfressenen Lümmel, man kennt das ja, womöglich als erste an den Räucherlachs. Ja, machen die glatt. Das Buffet ist noch gar nicht eröffnet, stehen die schon im Saal – »I'm from the Press« – und ziehen sich prompt den Lachs rein. Beim Hummer wurden sie immer als erste gesichtet, die Kerle. Und weil sie von der Presse sind, und der Machthaber eine gute solche haben will, hindert sie keiner am Vormarsch auf Lachs und Oberskren. Auch die Pasteten stehen Gewehr bei Sauce und warten nur drauf, daß man ihnen übel mitspielt.

Aber die Männer, die auch auf dem Bild sind: denen gerät ein hungriger Kummer ins Gesicht. Sie schielen nach rechts. Sie spähen querhin nach links. Sie lächeln einem zu, der gar nicht zu sehen ist. »Schau du doch mal zum Buffet ...«, scheint dieses vage Lächeln nach halblinks vorne zu bedeuten. »Halt die Stellung!! Ich meinerseits ... du siehst ja.«

Er seinerseits steht eben im Bild. Und will da auch stehen bleiben. Manchmal zieht er den Kopf zwischen die Schultern – die eigenen –, als wolle er sich klein machen oder als säße er auf der Rückbank eines sich sportlich gebenden japanischen oder, ach, auch durchaus europäischen Automobils. Da wird er aufs Normalmaß zurückgedrückt, da sitzt er gekrümmt und armselig, da mag es schnell gehen – von mir aus –, aber kaum geht's, so mag er dastehen, dahinter verschrumpelt – aber da, auf jeden Fall. Oder: Er lächelt dösig vor sich hin. Er vergißt, kaum hat das Ritual der provokativ sein wollenden Fragen der Herren Reporter und das gekonnte – manchmal auch gar nicht so gekonnte, sondern salbadernde, ölende, seifende – Gemähre des Machthabers angehoben, er vergißt, wo er eigentlich steht, schaut zur Decke, zählt die Kristalle am Luster, die der öffentlich-rechtliche Kameramann so geübt an- und abgeschwenkt hat, damit jeder im Land endlich einmal sicher sein kann, daß unsere Öffentlichkeit auch über Beleuchtung verfügt – und zwar über erhebliche solche ...!

So ein Dahintersteher hat schon auch mal – ich habe es selber gesehen – mit einem kleinen – weil vornehm –, mit einem kleinen Finger den Inhalt der wichtigen Nase überprüft. Ist noch alles da? Wie? Oh, da haben wir ja ganz was Neues, was ganz was *Schönes* ... Hoppala, da weiß er's dann wieder, ich stehe ja hinter dem Vorsitzenden, wie konnte ich nur – phüt phüt phüt ... hier ist alles in Ordnung, niemand hat in niemandes Nase gegraben und Nachschau gehalten ... Ach wie gut, daß niemand weiß, daß ich Rumpelstilzchen heiß.

Als wären sie bei Rot an der Kreuzung gestanden. Da wird ja auch gern gedankenverloren im Ohr gebohrt, in der Nase nach der Zukunft gegraben. Jeder fühlt sich in seiner Büchse ganz daheim. Besonders sorgfältige Herren ziehen auch schon mal den Hornkamm heraus und legen die Brillantineplantagen in gehörig ungeordnet-geordnete Wellen. Oder fahren mit einer semiprofessionellen Bürste durch die Locken, um da mal kräftig durchzugreifen und auszuholzen. Körperpflege ist an Kreuzungen gern angesagt. Die kleine, selbstvergessene Körperpflege fand aber auch schon im Rücken eines Vorstehers statt.

Oder aber:

Oder aber der Dahintersteher blickt ernsthaft in die Kamera. Fixiert die Linse. Hört staatsmännischen Antlitzes zu. Nickt schon ab und zu im Rhythmus der Ausführungen des geschätzten Machthabers. Nicht zu oft, aber doch *so* oft, daß man mitbekommt, daß *er* alles versteht und den totalen Durchblick hat. Sonst stünde er ja auch nicht so nah bei wirklich Mächtigen.

Sollte der mit staatstragenden Ausführungen Beschäftigte aber ein Minister sein, ein ganz ge-wöhn-li-cher Minister, und der Dahinterstehende ein veritabler Sektionschef, einer, der schon immer da war und der auch immer bleiben kann – dann, ja *dann* ... Dann kann es schon mal vorkommen, daß der Minister, mein Gott, der Minister ... sich rückwärts oder seitwärts wendet, wo stoisch und mit fast unmerklich ironisch gerunzelten Augenbrauen der wirkliche Machthaber, der Sektionschef, dabeisteht – und halt zuhört. Nur zuhört ... *aber wie!!*

Das kommt auch vor.

Warum stellen die sich dahinter auf? Warum gehen die nicht ihres Weges, wenn der maßgeblich sein Sollende befragt wird? Was ist das für eine Kraft, die sie da hält?

Ja, eben: Es *ist* eine Kraft. Eine Anziehungskraft. *Die* ist es.

Eine Kamera läuft. Ein rotes Lämpchen zuckt. We are on air. Wir sind dabei. Wir finden statt. Man hat uns im Visier. Hier geht was los. Der Mächtige sagt, wie's geht. Und ich bin dabei. Daneben. Dahinter. »Mama – der Papa ist im Fernsehen ...«, werden sie zu Hause sagen. Und dann wird Melanie eben *doch* aus der Küche kommen – und dann wird sie eben sehen ... Hm!!

»Du wirst dick, Edi«, sagt die Frau am Abend. »Und *die* Krawatte solltest du auch nicht unbedingt immer noch anziehen. Nimm dir ein Beispiel am Minister ...« So geht das Leben wirklich.

Und doch, und doch ... Immer wieder und immer weiterhin werden die Männer *und* Frauen – ganz ohne Quotenregelung – sich ins Bild schieben und dreinschauen und reinschauen und auch schauen und wegschauen und dann eben doch noch mal hinschauen und wichtig schauen und souverän schauen. Aber *auch* dasein. Rücklings. Seitlings. Auch dabei. Im Auge des Orkans.

Aaah – das tut gut. Irgendwie.

2. Mai 1993

Ein Magazin ruft an

Die Malerin war gerade am Briefeschreiben. Eine ganze Weile war sie hin- und hergegangen, hatte im Haus herumgeräumt, hatte Wasser in den Kessel fließen lassen, hatte Tee gemacht, starken, duftenden, hatte das Fenster geöffnet, hatte es wieder geschlossen, war endlich zum Tisch gegangen, hatte Papier in die kleine alte Schreibmaschine gespannt, hatte noch ein bißchen nachgedacht, na gut, das durfte schon sein – und dann begann das vorwärtsziehende, in Gang setzende, wachmachende Geklapper ihrer Maschine.

Sie begann, ihren Brief zu entwerfen, sie faßte die Gedanken, die sie einem Menschen schicken wollte. Es war kein Wenn-und-aber-Brief, es ging um keine Geschäfte; sie wollte *wirklich* mit einem Menschen ins Gespräch kommen. Und darum schrieb sie ihm. Ein kleines Geknatter zog durchs Zimmer, weil: wenn sie einen Gedanken festhalten wollte, schrieb sie ihm eilig hinterher. Als ob harziges Holz in ganz kurzen Abständen im Feuer zerplatzte, so war das Geräusch ihrer kleinen Maschine: wenn man sich nur ein bissel nach einem Feuer sehnte.

Und sie sehnte sich.

Da läutete das Telephon. Ziemlich früh am Morgen drang die indiskrete Maschin' in ihr Zimmer und in ihr Leben ein. Sie hörte auf zu schreiben, sie stand auf, sie nahm den Apparat und ... ja, das *waren* allerhand Geschäfte, die da in aller Herrgottsfrühe angebahnt werden sollten.

Ob sie sich photographieren lassen wolle, wurde sie gefragt. Wieso photographieren? Ja, so sagte das Telephon, im Auftrag eines Magazins wolle man ergründen, wie die Träume und die Wünsche der Malerin ausgesehen hätten, als sie noch ein Kind gewesen sei. Was habe sie denn damals werden wollen? Diesen Wunsch wolle man photographisch, mit der Malerin heute, wiedergeben. »Also, wenn Sie vielleicht ein Lokführer haben werden wollen, dann würden wir Sie auf eine alte Lokomotive, mit etwas Ruß im Gesicht, mit Dampf um die Nase, das kann man heute schon sehr hübsch – und der Fahrtwind ... Sie verstehen?«

So das Telephon.

»Nein«, sagte die Malerin, blinzelte zur Schreibmaschine hinüber, dachte an ihren Brief, den sie unterbrechen hatte müssen. Nein, sagte sie nochmals, sie verstehe nicht ganz. *Was* wolle das Magazin photographieren lassen?

»Also, hören Sie«, sagte das Telephon, schon leicht ungeduldig. Himmel fix, können die Leute denn nicht etwas schneller auf die Vorschläge eingehen, die man sich doch so schön und so originell ausgedacht hat. Immer noch gab es Leute, die zögerten, sich im Magazin abbilden zu lassen, als Ballonfahrer, Bienenzüchter, und, ha, ha, Lokomotivführer! Immer wollten diese Leute *noch* was wissen, wollten *noch* was bedenken, wollten sich Zögern und zögerliches Zaudern erlauben. War es denn nicht eine wunderbare Sache, endlich einmal als Lokomotivführer abgebildet zu werden, nein? Etwa nicht?

So was sagte das Telephon natürlich keineswegs. Aber man merkte es ihm an, daß es allerhand Ungeduld zu bezwingen hatte. Schließlich waren ja noch der Dichter Soundso, der Prestigitateur Hallenhuber, der Klarinettist und auch noch ein Löwenbändiger anzurufen, sowie natürlich der Parteiführer und der allseits beliebte Gastwirt, von dem geduzt zu werden eine ganze Stadt sich stolz erfreuen konnte ... Aber das ist eine andere Geschichte.

Die Malerin wollte es tatsächlich erklärt haben. Geduldig sprach das Telephon. Also: die Wünsche. Die Wünsche als Kind. Nein, nicht nach einem besonderen Spielzeug. Nicht nach einem Haustier. Vielmehr der Wunsch, was man *werden* wollte. Werden hätte wollen. Wollen hätte werden. Oder so. Sie verstehen? Sie begreifen? Jeder von uns hatte doch irgendeinen Wunsch – und der ging ja doch eigentlich nie so ganz in Erfüllung.

»Warum? Was wollten *Sie* denn werden?« fragte die Malerin das Telephon.

Erschrockenes Schweigen auf der anderen Seite. »Na jaaa, das gehört ja nicht hierher, ich habe ja nur den Auftrag, Sie zu befragen, weil man Sie doch kennt, als ... als ...«

»Malerin vielleicht«, sagte die Malerin.

»*Richtig!*« jubelte das Telephon, »*genau*, das ist es, und *Ihren* Wunsch soll ich in Erfahrung bringen« (das Telephon sagte recherchieren, denn das Telephon war ein hochprofessionelles Telephon), »*Ihren* Kinderwunsch.«

»Ich wollte Malerin werden«, sagte die Malerin.

Das Telephon knackte verstört. »Ja ... aber ...«, sagte es dann, »ja, aber, als Malerin – da hat man Sie ja schon so oft gesehen. Was kann man denn da schon anderes photographieren als Sie mit einem Bild und einem Pinsel« (das Telephon sagte Bimsel und blieb auch dabei), »mit einem Bimsel und einem Gerüst, auf dem Sie das Bild gemalt haben.«

»Eine Staffelei«, sagte die Malerin.

»Sag' ich ja«, sagte das Telephon. »Das haben die Leute von Ihnen doch schon oft gesehen. *Wir* wollen ja etwas Originelles, etwas Frisches, nicht das, was die Leut' eh von Ihnen kennen.«

Ja, sagte die Malerin, das verstehe sie durchaus. Auch sei natürlich das Photo einer Frau mit einem kaum zu erkennenden Bild auf einer Staffelei nicht besonders aussagekräftig, was die Wünsche des Telephons und deren Realisierung betreffe. Denn die Realisierung des Wunsches, Malerin werden zu wollen – das sei ja doch ein *Bild!* Und vielleicht könne man ein Bild, das die Malerin gemalt habe ...

»Aber nein! Das paßt ja überhaupt nicht in unsere Serie!« räsonierte das Telephon leicht ungehalten. »Sie müssen doch noch einen anderen Wunsch gehabt haben –

mein Gott, warum eigentlich nicht auch einen Wunsch nach einem Spielzeug oder einem Hund oder so. Das kann man ja vielleicht, sehr nett könnte man das, warum denn nicht auch, kombinieren vielleicht?«

Überlegen Sie doch einmal!!! sagte das Telephon.

»Ich hatte aber wirklich keine besonderen Wünsche«, seufzte die Malerin. Sie wollte ihren Brief zu Ende schreiben. Sie wollte die Schreibmaschine knattern lassen. Sie mußte lächeln, wenn sie an das hochglänzende, schwerpapierene Magazin dachte, das den Zeitgeist dringend durch die Photographien einiger Leute bedienen wollte. Wie hätten die Magazineure gelacht, hätten sie sie an ihrer alten Knatterbüchse gesehen, mit der sie ja nicht einmal ihrem Beruf, geschweige denn ihrer Kunst nachging, sondern bloß ihre brieflichen Gespräche führte. Oder eben nicht führte, weil das Telephon ...

»Außer Malerin wollte ich nur noch Nonne werden«, sagte die Malerin. »Das war mein stärkster Wunsch, bevor dann eben das Malen in mein Herz kam. Klosterschwester, das wollte ich werden.«

»Wunderbar!« jubelte das Telephon. Die Malerin mußte sich den Hörer vom Ohr weghalten, so heftig drang der Jubel aus der Muschel. »Das ist ja i-de-al«, stammelte das Telephon, »da werden wir gleich mit dem Kostümverleih reden, und Sie könnten dann in einem Kreuzgang ... am besten gleich in Zwettl, das ist nicht so weit ...«

»Zwettl ist aber kein Frauenkloster«, sagte die Malerin.

»Das sieht man doch nicht auf dem Photo«, konterte das Telephon blitzschnell sowie absolut professionell. Schließlich mußte ja etwas weitergehen, hier konnte man sich doch nicht in Kleinigkeiten verlieren. »Also, was war das für eine Art Schwester ... ich meine, mehr Krankenoder mehr ... Sie wissen schon?«

»Sie meinen, welcher Orden?« sagte die Malerin. »Ich wollte in einen sehr strengen Orden. Der die Einsamkeit in einem kleinen Häuschen innerhalb der Klostermauern zur Bedingung macht. Der zum Schweigen verpflichtet. Der nur das Gebet und die schweigende Arbeit verlangt. Der aber, wie gesagt, auch die Einsamkeit voraussetzt.«

»I-de-al«, sagte das Telephon. »Und – wo können wir die Aufnahmen machen?«

»Ja, das ist das Problem«, sagte die Malerin. »Da kann niemand hinein. Diese Schwestern kommen auch nicht aus dem Kloster heraus. Man kann nicht Besuch machen. Sie empfangen keine Photographen. Es wäre also ein unrealistisches Bild, wenn Sie mich als eine solche stille Schwester ...«

»Aber – man könnte doch so tun, als ob«, flehte das Telephon. »Das wär' so herrlich. Eine Nonne haben wir noch nie gehabt. Sie könnten im Klostergarten beim Salat, oder noch besser, bei den Blumen, ich weiß, es gibt jetzt keine Gartenblumen, aber die würden wir mitbringen und in die Erde stecken, und Sie würden im Garten ...«

»Diese Schwestern, die ich mir vorgestellt hatte, lebten ganz allein. Die sahen niemanden. Erst wenn sie schwerkrank wurden oder wenn sie gestorben waren, dann ...«

Das Telephon schwieg. Es knackte ein bissel in der Leitung. Es klang wie ein elektrisches Rülpsen.

»Ja – und Ihr Lieblingstier?« fragte es dann noch.

17. April 1988

Fritz Kortner ist tot

IN DER MORGENFRÜHE EINES EBEN ERST VERGANGENEN TAGES, im Auto sitzend. Wolken von einem schweren Schatten aus grauem Blau und Regen und noch nicht ganz vertriebener Nacht berührt, höre ich im Radio die Nachricht von Kortners Tod.

Und stelle mir vor – und will das eigentlich gar nicht und muß das trotzdem, einfach weil's so gewiß ist und so sicher wie das Amen im Gebet, das nun gar kein rechtes Gebet ist, in diesem Fall –, und stelle mir vor, was gegen Mittag schon zu lesen, spätestens gegen Abend zu hören sein wird in den Nachrufen und Essays und Erinnerungen und all dem Postludium, das halt so ausgeschüttet werden wird. Kortner ist tot. Ein Schauspieler. Ein Regisseur. Ein Österreicher. Ein Jude. Ein höchst wunderbar unerbittlicher Mensch.

Und muß sich nun Gerede gefallen lassen. Nachgerufenes. Ergebenheitsadressen. Mystifizierung. Anekdoten, noch mehr als schon zu Lebzeiten. Nur werden sie jetzt flugs alle umgemünzt werden in Bedeutsames. In Freundliches. Oder in: Ichwardabei, Mirhatergesagt, Weißtdunochalser. Kortner, Fritz, Regisseur. Der mit den Etablierten in Unfrieden lebte immer und immer. Den Direktoren. Den Lokalmatadoren. Den Funktionären. Den Gewerkschaftsprobenzeiten.

Wenn er das Theater betrat, stöhnten die Mauern auf, die Scheinwerfer, die Bühnenzüge, die Kantinenwirte, die Kantinenwirtsfreunde. Weil sie wußten, daß ihnen ab jetzt ihr Maß abverlangt werden würde. Kein Übermaß. Kein Zuviel. Nur: bis an die Grenzen. Die Grenzen jedes einzelnen. Die Grenzen der Kapazität. Und wer seine Grenzen eng gesteckt vermutete, der stöhnte zu Recht. Wer in der schwabbeligen Brühe der Routine dahintrieb und seine Kraft für sich zu behalten wünschte, seine

Phantasie verschüttet hatte in tausend Litern Kantinengetränk und Austausch von Ferienadressen, Bausparverträgen, Hinweisen über besonders angenehme Gasthäuser und Unzufriedenheit über zuwenig Nebenverdienst – wer darin aufgegangen war, der wußte, auch innen, ganz innen, wo die Dummheit und die Selbstüberschätzung manchmal, in der Nacht, denn doch nicht hinlangen, daß es jetzt Farbe zu bekennen galt. Oder unterzugehen, wenn man sein Quentchen Farbe vergeudet hatte. Verloren. Verstaubt.

Kortner ist tot.

Ihr Organisatoren von Trauerfeiern, ihr Veranstalter von Festspielen, ihr Direktoren und Staatshauptschauspieler: Lobt ihn. Preist ihn! Stellt Büsten auf, manche stehen ja schon jetzt. Er ist tot. Ihr könnt von ihm erzählen. Es wird keine verlängerten Probenzeiten mehr geben. Die Premiere wird nimmer verschoben, so lange, bis die Arbeit halbwegs fertig ist. Niemand wird mehr das Recht in Anspruch nehmen, einmal nachdenken zu dürfen über das, was da gerade geschieht: nämlich eine Geburt, ein lebendes Wesen, mit Menschen und Stimmen und Seelen und ihren Schwingungen und mit dem Text eines Dichters, womöglich, mit Technik und viel Abhängigkeit vom Willen etlicher Menschen, mitzumachen oder eben nur so dahinzumachen.

Theater! Darüber einmal nachdenken dürfen. Darüber wird nimmer debattiert. Es wird in Eile gewurstelt werden, weiterhin, wie eh und je.

»Wie erklären Sie sich, daß Sie, der Skandalumwitterte, immer wieder geholt werden?« fragte ein interviewender Kritiker eines Tages Kortner. Und der sagte:

»Hm. Ich glaube, daß die Methode, mich unschädlich zu machen, indem man mich als Diktator präsentierte, falsch war. Diktatoren sind nicht so unbeliebt ... Aber das ist weitgehend politisch. Das Hauptentscheidende ist die Kasse. Skandale spielen für ein Theater überhaupt keine Rolle. Wenn man übertreiben will, kann man sagen, sie locken eher an. Es handelt sich ja immer nur um etwa zwanzig bis dreißig Leute, die demonstrieren, und das ausschließlich in den Premieren.«

Erinnern Sie sich noch? Das waren Demonstrationen *gegen* die Konvention. Demonstrationen gegen den Nonkonformismus. Nicht donnernde Forderungen an das Theater, endlich gefälligst in die Demonstration schlechthin mit einzustimmen, sich zu beteiligen am undifferenzierten Konformismus des Nonkonformismus.

Kortner, ihr Nekrologverfasser, war euch immer viel zu unmodisch, immer viel zu eigenartig, immer viel zu langsam. Seine Inszenierungen schienen euch immer zu lange zu dauern. Seine Schauspieler viel zu leise zu sprechen. Seine Pausen zu endlos zu dauern.

Ihr wart ja gar nicht geduldig genug, hinzuschauen, hinzuhören, abzuwarten. Ruh' zu geben in euch selbst.

Ihr wolltet doch sonst auch Theater mit Sauce. Mit Gewürz. Mit Marillenmarmelade. A bisserl was zum Nachherdrüberreden, im Beisel, am reservierten Tisch. A bisserl was für die Anekdoten. A bisserl a Hetz. Und vor allem mit der Mode der jeweiligen Zeit eilig dahinschlitternd. Ach – Mode! Ach, Einigkeit im Bestreben, anders zu sein.

»Ich habe noch eine Kindheitsangst« – habt ihr das gelesen? – »vor Männern in Jäger-, Bauern- und Gebirglertrachten. Ich fühle noch immer Mißbehagen angesichts von Gruppenkleidung, die sich von den übrigen absetzt, einen Unterschied fingiert oder unterstreicht. Trachten haben etwas Separatistisches, Klüngel- oder Clanhaftes. Ich finde Trost und Beruhigung in der die Unterschiede aufhebenden, Nationen verbindenden, internationalen Zivilisten-Uniform des modernen Großstädters.«

Ich meine – es gibt ja nicht nur Gebirglertrachten. Nicht nur Jägermoden. Nicht nur Kleidereinheit. Oder?

Die Betriebstheater, die Routineschuppen mögen immerhin die schwarzen Fahnen über den Balkon heraushängen. Kortner ist tot. In vier Wochen wird pünktlich zu jeder Premiere der Lappen hochgehen, werden Abonnenten und Subventionszahler befriedigt, wird Kultur abgeliefert – oder was halt so dafür gehalten werden darf. Was dem Maler nicht zugemutet wird, dem Bildhauer nicht, dem Komponisten selten – nämlich *schnell* zu malen, schnell das Bild zu hauen, schnell zu komponieren, schnell zu schreiben womöglich –, das wird weiterhin dem Theater angeschafft werden. In Eile, gefälligst. Sowie auch nur von zehn bis zwei. Sonst stehen die Institutionen auf und werden rebellisch und blasen den Tintenatem vor sich her.

Kortner sollte demnächst an einem nicht unbekannten großen Hause unseres Landes inszenieren. Er wollte nimmer. Weil die Arbeitsbedingungen nicht mehr erträglich seien.

Da waren alle, alle sehr traurig. Und ändern konnte es keiner. Keiner! Weil wir schon so weit sowie auch so vollkommen den Kunstbeamten garantiert haben, daß auch Kunst nur nach Reglement sowie nach Stundenplan herzustellen sei.

Herzustellen.

Und: Kortner war ein alter Mann. Genossen, Freunde, Schüler, um nicht zu sagen: Modeschüler: Preist ihn und zitiert ihn. Erklärt euch als seines Sinnes. Er hat nämlich längst gefunden, was da und dort als erstmalig herausgedrücktes Ei besungen zu werden wünscht.

Kortner ist tot. Schlimm für das Theater der deutschen Sprache.

Und jetzt lobt ihn weiter.

26. Juli 1970

Er verkauft Zeitungen

DEN KENNE ICH, LANGE SCHON. Er wechselt sich mit einem Kommilitonen ab an der Kreuzung; er hat nicht immer Zeit, offenbar. Aber wenn er da ist, merkt man es von weitem. Da ist immer größeres Gewurl, da bleiben einfach mehr Autos stehen, mehr Leute. Und er mittendrin, schwingt die Zeitung hoch überm Kopf, lacht dazu, eilt sich, allen schnell herauszugeben, ihr Blatt ins Auto zu schieben. Er hat zwei, oft drei verschiedene Zeitungen, harte Konkurrenten; er bietet sie gemeinsam an. Die Leute sollen sich informieren, meint er, lacht, besser drei als eine Zeitung verkaufen, mein Gott, was da drin steht ...

Den kenne ich.

Was macht der hier in Wien? Er ist Student, so lautet auf jeden Fall die Auskunft, von wem auch immer gegeben, auch von ihm, wenn man mit ihm ins Gespräch kommt. Student, aber schon seit fünf Jahren? Oder sind's sogar sechs? Was studiert er? Woran arbeitet er? Wo will er hinaus? Und warum immer noch diese Zeitungen, abends, in die beginnende Nacht hinein, mit dem grellen Umhang, Dampf vor dem Mund, Regen in den Nacken, eingewickelt in allerhand Schärpen und Mützen um diese Jahreszeit, die Zeitungen aber eigentlich immer besser schützend als sich selber. Wer will schon eine nasse Zeitung kaufen?

Er ist Student. Er verkauft immer noch Zeitungen. Nicht jeden Abend, aber doch.

Was denkt er sich, was hat er sich gestern gedacht, wie konnte er vor drei Wochen die Zeitungen so schwenken, worüber hat er vor einem Jahr noch gelacht? Er verkauft Schlagzeilen, die sich mit seinem Land beschäftigen. Lapidare Schlagzeilen, immer deutlicher, immer klarer die Signale. Er hält die Zeitungen ins Licht der Straßenlaternen und will möglichst viele verkaufen. Und lang soll es nicht dauern, die Zeit ist nicht danach, länger als notwendig auf den Straßen dieser Stadt herumzustehen.

Er verkauft die Schlagzeilen, die über seine Zukunft berichten. Nein, seine Eltern leben nicht in der Hauptstadt, schon lange nicht mehr. Sie leben in der Provinz, eher im Norden, in einer Stadt zwar, aber trotzdem ganz abseits von aller Unruhe. Der Vater ist schon seit sechs Jahren in Pension ... Was ist das, in Pension in Persien? Er lächelt ein bißchen müde; all diese Fragen der Leute hier, die in Sicherheiten denken und rechnen und darin großgeworden sind, die alles so selbstverständlich abfragen nach ihren Gewohnheiten und Bedürfnissen.

In Pension im Norden Persiens in unseren Tagen ist nicht das, was sich einer erwartet und erwarten will, wenn er im Norden Österreichs in die Ruhe geschickt wird, von der sie ihm sagen, er setze sich zu ihr. Sich zur Ruhe setzen, weniger ersehnt, oft als erzwungen erlebt, ist im Norden dieses Landes, das Schlagzeilen macht und von seinen eigenen Leuten auf den Straßen verkauft werden muß, anders als hier. Er ist froh, daß sein Vater »in Pension« ist, was nämlich bedeutet, daß er kein Amt mehr hatte, also kaum einem mißliebig geworden sein konnte in den letzten zehn Jahren. Denn in solchen Zeiten werden nicht nur die gerechneten Rechnungen aufgemacht. Es finden sich da leicht Tribunale, und schnell kommt einem etwas abhanden und wird einem abgesprochen, das Leben etwa oder die Gesundheit oder auch das Dach überm Kopf.

Nein, der Vater lebt in der Provinz, im Norden, dort machen sie keine Schlagzeilen. Hofft er, will er einfach nicht, tritt dabei von einem Fuß auf den anderen, denn sie sind durchweicht und kalt, seine Schuhe. Es regnet seit Stunden, die Leute machen ungern halt, sie kurbeln auch ihre Fenster nicht leicht herunter. Persien verkauft sich schlecht bei Regen.

Den kenne ich, lange schon. Er wechselt sich ab mit einem anderen an der Kreuzung, immer derselben Kreuzung, er hat nicht immer Zeit ... Aber schon seit fünf Jahren oder so? Was studiert er? Warum noch immer, und wo will er hinaus ...?

Fragen die Leute.

Und jetzt gibt er Antwort, und die steht in der Zeitung, tagelang sogar auf der ersten Seite. Es ist nicht gut gewesen, dort zu leben, wo er herstammt und wo sein Vater, Allah sei Dank, seit langem in Pension ist. Er hat darüber nie viel gesprochen, warum er bei sich zu Hause nicht so leben konnte, wie er das Leben für wert hält, gelebt zu werden. Das ließe sich nicht so leicht erklären, hat er immer gesagt, ist schwer, nein, ich kann nicht so ... Und versuchte zu lächeln, und es gelang ihm auch immer wieder. Das alles war ja nicht zu vergleichen, dieses Leben hier und diese Menschen hier und das, was sie bewegt und was sie *nicht* bewegen kann. Einfach nie, schien es ihm, ließen die sich von dem beunruhigen, was auf sie zukam und längst schon über ihnen hockte. »Die glauben, sind beschützt von irgend etwas – hat sie aber schon gefressen, sitzen im Bauch von dem, der gefressen hat sie, das ist Schutz«, hat er einmal in einer wärmeren Nacht gesagt, als die Schlagzeilen andere waren, ihn nicht betreffend, sondern irgendein ganz wichtiges Fußballspiel, das gut ausgegangen war. Und also sprachen auch die Politiker kurz über Fußball und ließen sich vernehmen zur Lage. Diese Zeitungen ließen sich sehr prompt verkaufen damals. Wir gingen ein Stück zusammen, er zu seiner Straßenbahn, ich nach Hause. Und weil ich ihn nicht fragte, vermutlich darum, fing er plötzlich an zu erzählen, von seiner Großmutter, die nie auf die Straße ging, von seiner Mutter, die aus eben dem Norden stammte, in dem der Vater jetzt leben konnte, von seiner Schwester, die ihm hierher in das fremde, aber so ersehnte, aber so geachtete Land nachgefolgt war und auch zu studieren begonnen hatte. Aber »sie kann nicht studieren, sie weiß nicht, warum, sie kann nicht«, sagte er in dieser Nacht und prophezeite ihr eine baldige Rückkehr. Aber das war anders gekommen, die Zeiten sprachen nicht für Rückkehr. Sie war hiergeblieben, sagte er jetzt, im Winter, unterm Regen heraus, sie hatte sogar hier geheiratet, keinen Landsmann, einen Österreicher wollte sie heiraten, und so war es gekommen. Jetzt geht sie nicht auf die Straße, oder fast nicht, und ihr Mann geht in den Supermarkt und ins Gemüsegeschäft und bringt die Zeitungen nach Hause, in denen liest der österreichische Mann der Perserin nach, wie es zugeht im Iran, und kann nicht alles finden.

»Sie müssen sich vorstellen«, sagte ihr Bruder, »sie ist so glücklich, daß sie jetzt hier ist zu Hause, sie lebt da wie in Emigration, verstehen Sie? Sie hat diese Heirat und ein Kind, und sie muß nicht mehr nachdenken über zu Hause. Aber ich muß. Wir haben immer gehofft, das wird anders werden, aber jetzt wird vielleicht nur anders schlimm ... vielleicht ...«

Den kenne ich, lange schon. Der stand 1937 schon an einer Ecke in Paris, an einer Ecke in London, an einer Ekke in Istanbul sogar. Der war schon ein Jahr vor dem gloriosen Anschluß weggegangen, der traf dort die, die Deutschland schon 1931/32 verlassen hatten. Sie waren keine heroische Gemeinde. Sie hatten nur nicht leben wollen in einem Land, in dem sich ereignen mußte, früher oder später, was sich ereignet hat. Aber 1945, '47, '49 kam er nicht zurück, auch heute nicht. Den kenne ich, manchmal ist er zu Besuch hier. Aber er kann hier nicht mehr leben, nicht mehr in Frankfurt, nicht mehr in Dresden, nicht mehr in Danzig, schon gar nicht in München oder Linz, bei Mauthausen. Das ist vorbei, das weiß er. Das war möglich, war aber möglich, sagt er. Sagt er oft auch nicht einmal, schaut dich nur an.

Wie will man den vergleichen mit dem Studenten im 12. oder 14. Semester, immer noch Medizin, immer noch Maschinenbau, immer noch nachts an der Ecke? Kann man nicht vergleichen, ist ein anderer Ansatz, weiß ich, wissen wir. Alle wissen wir alles und sind schlau, aber stehen nicht und halten nicht die Zeitungen hoch, in denen steht, ungewiß sei, was in unserem Land geschähe. Und wenig steht drin über die Provinz, in der der Vater lebt, Allah sei Dank, in Pension, seit langem.

17. Februar 1979

Der Alte aus Beirut

Das Zimmer ist sehr klein. Trotzdem viele Möbel in dem Zimmer. Sofa. Sessel. Tisch. Zwei kleine Tische. Fernsehapparat. Ein Fenster.

Draußen steht ein Baum, ein dünner, schütterer Baum, der eben ausprobiert, ob ihm die Haare wieder wachsen. Die Straße ist nur sporadisch zu hören, wenn ein besonders großer Lastwagen sich da breitmacht. Sonst die paar Frühlingsvögel, die sich in die Stadt verirrt haben. Und der Ton des Fernsehers, halblaut, nicht penetrant, aber ununterbrochen. Hört nicht auf zu melden und zu sagen, hört nicht auf zu plärren, Stunde um Stunde. Hausfrauensendungen, Zeichentrickfilme, Fischotter in Kanada, noch eine Verfolgungsjagd zweier kreischender Automobile.

Es ist neun Uhr morgens, der alte Mann sitzt schon seit sieben. Und starrt durch die Flut, durch die Katarakte öder, kreischender, greller Bilder. Seine linke Hand knackt Pistazien, virtuos, ein sehr langer Daumennagel hilft ihm dabei, jahrzehntelang hat dieser Daumennagel das üben können in den Cafés von Beirut. Der Zeigefinger drückt die gesalzene grüne Nuß zärtlich an den Mittelfinger, der scharfe Daumennagel sucht sich die Spalte, hebt die Schale an, schält sie weg, klaubt die Nuß aus der anderen Schalenhälfte. Die Hand zittert leicht, gelb ist der Daumennagel, der Zeigefinger. Der alte Mann hält seine Zigarette wie Jean Gabin, Daumen, Zeigefinger. Gelb, bräunlich schon. Viel zu viele Zigaretten, ja, er weiß.

Die Pistazie verschwindet hinter den Lippen, schmal gewordene Lippen unter dem Schnurrbart, dünnrasierter, sorgfältig gefärbter Strichschnurrbart. Die Würde des Mannes, das ist Eleganz. So muß ein Mann sein, der Schnurrbart muß schwarz sein und ein Strich überm Mund. Die Regeln des Cafés wollen das. Der Mann hat heute früh den Strich genau abgegrenzt, mit dem blauen

Rasierapparat seines Sohnes. Aus Plastik ist der, kein Rasiermesser, wie es die Barbiere in Beirut zu führen wissen. Nein, hier muß er selber den Schnurrbart in seine Grenzen verweisen. Er hat es gelernt. Der kleine Plastikschaber hat ihn die ersten Male verwundet, weil er zu hart aufdrückte, zu steil die Haut anging. Das ist vorbei. Er kann es jetzt.

Dann der Stift. Der nachfärbende Stift. Der Bart ist grau geworden, weiß eigentlich, das darf nicht sein. Schwarz, sonst glauben die Nachbarn am Ende ...

Die Nachbarn sind nicht mehr die Nachbarn aus Beirut. Es sind die Nachbarn seines Sohnes. Sie fahren in dem engen, hellblauen Aufzug vor der Wohnung auf und nieder. Ein Sarg ist dieser Aufzug, schmal, eng, man steht in der Röhre und wird aufgezogen. Drei Nachbarn quetschen sich in den Sarg, kommen gefahren, lachen im Schacht, haben Kopfhörer übergestülpt, zucken in zwingenden Rhythmen, wissen nichts von Beirut, wissen nichts vom Staub der zerschossenen Häuser, wissen nichts von Gabriel, dem Enkel des alten Mannes, den sie erschossen haben in Beirut, wie nebenbei, mit einer Salve aus der Maschinenpistole, gleich als der Tag begann. Einfach mal so über die Straße hingeschossen.

Die Frühnachrichten hatten eben begonnen. Der Ansager sprach schneller als sonst, schien aufgeregter als sonst. Gabriel kommt auf das halbzerstörte Haus zu, in dem der Großvater wohnt, da geht die Maschinenpistole los drüben bei der zerplatzten Tankstelle, zerhackt den Morgen, hackt sich da ein Stück Zeit weg, über die Straße hin, in die Mitte Gabriels hackt sie, in seinen Bauch und in sein Herz.

Daran erinnert sich der alte Mann. Erinnert sich auch, daß Gabriel, der zwölfjährige Sohn seines Sohnes, ein Gewehr trug, ein Gewehr getragen hatte, morgens, um sechs Uhr vierundzwanzig. Ein Gewehr, der Zwölfjährige, der zornig sein konnte, weil ihm noch kein Schnurrbart wuchs. Ein Mann hat einen Schnurrbart, ein Bub, der eine

Waffe trägt, ist ein Mann, ein Soldat ist ein Mann, ein Soldat braucht einen Schnurrbart, nicht den Strich des Großvaters, einen wirklichen Schnurrbart, wie der Hauptmann, wie Magnum, wie Tom Selleck, den man zum Frühstück im Fernsehen sehen kann, auch im zerschossenen Beirut, auch in Paris, auch in dem engen Zimmer mit den viel zu vielen Möbeln, in dem der alte Mann sitzt und mechanisch die Pistazien knackt, zwanghaftes Knacken, erlerntes Spalten der Schalen, langer Daumennagel, auch der ein Zeichen der Würde.

Der alte Mann war Lehrer in Beirut gewesen. Lehrer. Und hatte eine Tankstelle besessen, eine kleine, unbedeutende. Kein guter Platz. Seitenstraße. Aber mit Erfrischungsstand. Bunte Zuckerln. Süße Pasten und Geleefrüchte. Fatme kümmerte sich um die Tankstelle. Ein Lehrer hat anderes zu tun. Muß unterrichten. Muß sich weiterbilden. Bespricht die Weltlage mit anderen Männern, Geschäftsleuten, anderen Lehrern, einem wirklichen Journalisten. Muß das durchbesprechen, im Café, wo sie dir unaufgefordert die Pistazien hinstellen, Arbeit für den Daumennagel, für den Mittelfinger. Der Lehrer kann nicht in der Tankstelle stehen. Er *besitzt* die Tankstelle. Fatme hat einen anderen Alten engagiert, der füllt die Tanks der Autos, *füllte* sie, hat sie gefüllt, denn es gab kein Benzin mehr, oft kein Benzin. Dann konnte Fatme nur die Geleefrüchte verkaufen, die bunten, grellen Geleefrüchte und die gelben Pasten.

Das alles nicht mehr. Fatme geht lautlos durch das enge Zimmer. Kommt aus der Küche, hat Pfefferminztee für den Alten, der sich vorhin den Schnurrbart so genau nachgezogen hat mit Farbe. Der Alte murmelt, läßt den Tee neben sich stellen, kann jetzt nicht sprechen, muß dem Enkel die Geschichte zu Ende erzählen, ins Ohr flüstern. Er hält ihn mit der rechten Hand, hält ihn, streichelt ihn ganz wenig, der Enkel ist die Seligkeit, der Enkel ist der Sohn des Sohnes. Den Sohn sieht der Alte kaum, der Sohn muß im Studio arbeiten. Das Studio ist vollgestellt mit Maschinen, Lautsprechern, Skalen, blinkenden Lichtern. Der Sohn sitzt da, zwei Straßen weiter, hat dem Vater, hat der Mutter seine Wohnung überlassen. Der Sohn macht Musik, weiß der Alte. Musik, wie man sie im Radio hört, manchmal auch im Fernsehen. Keine Musik aus Beirut, nein, andere Musik. Der Enkel, der Sohn des Sohnes, kennt die Musik schon. Er ist drei Jahre alt, er weiß nichts von Gabriel, seinem Cousin, dem Sohn des anderen Sohnes, der in Beirut geblieben ist. Der Enkel hört die flüsternden Beschwörungen des Alten wie ein Rauschen im Baum, wie ein Wasser vor dem Fenster, hört aber keine Worte, hört keinen Sinn, hört nicht, was der Alte spricht:

von den 200 000 Kindern, die Krieg führen, Krieg führen müssen, in Beirut, in Irland, in Kambodscha, in Kolumbien. Immer wieder anderen Krieg. Aber Tote. Aber getötete Erwachsene, getötete Kinder. Zehnjährige, die zu schießen versuchen, die treffen können und sich die Anzahl der Getroffenen stolz berichten, wie Männer, die auf die Hasenjagd gehen.

Der Sohn des Sohnes hört nicht die Beschwörungen des Großvaters, sieht hin auf den ewig schnatternden Fernsehapparat, sieht die starken Männer, die Guten, die durch die *Bösen* in Gefahr geraten. Aber die *Guten* haben starke Kräfte, sieht der Enkel; die *Guten* können Strahlen schicken, aus den Augen können sie blitzen und auch aus seltsamen dicken Rohren, die sie mit sich führen. Pfffuuschsch macht es, und ein blaues Licht fährt den *Bösen* zwischen die Augen, und das ist ein starkes Argument. Das ist gut so. So werden die *Bösen* vernichtet. Der Enkel sieht es, er weiß es. Die Beschwörungen des Alten sind angenehm, sie kitzeln im Ohr, man muß nicht verstehen, was er sagt, man kann es gar nicht verstehen, der Vater spricht französisch mit dem Sohn.

Aber was spricht der Großvater? Er beschwört, er spricht von Beirut, von den Häusern, die in Staub zerschmissen wurden, von Gabriel, dem Enkel, den sie aus der Morgenfrühe geschossen haben, Gabriel, zwölf Jahre, der Krieg führte und den Beschwörungen des alten Mannes nicht glaubte, natürlich nicht. Fatme, die Alte, geht hin und her, mault leise mit dem Alten, der Enkel muß essen, hör auf zu murmeln, gib das Kind her, das Kind muß leben, hörst du?

18. März 1990

Die Messer, die ins Leben schneiden

Das Flugzeug startete morgens gegen halb vier. Es war noch dunkel über der Bucht. Es sollte noch dunkel sein. Zwei Stunden vorher waren die Polizisten im Lager erschienen. Viele Polizisten, eigentlich lächerlich viele. Sie wählten eine Gruppe Menschen aus, nachdem die aus dem Schlaf aufgeschreckt waren. Bewährtes, immer wieder angewandtes Mittel: die Menschen aus dem Schlaf zu holen, mitten in der Nacht zu erscheinen, die Wehrlosigkeit des Schlafenden auszunutzen. Auf, schnell, los, weg! Acht Männer, siebzehn Frauen, sechsundzwanzig Kinder. Einundfünfzig Menschen.

Warum einundfünfzig?

Das Flugzeug war viel zu groß. Viermal oder fünfmal soviel Menschen hätten Platz gehabt. Und es waren auch mehr Menschen an Bord: Polizisten, unwahrscheinlich, aberwitzig viele Polizisten flogen mit. Sie hatten »den Transport zusammengestellt« – wohlbekannte Begriffe einer ebenso unseligen Zeit –, sie »begleiteten« den Transport. Sie würden wieder zurückkehren, die Polizisten, mitsamt ihren Waffen, ihren Revolvern, ihren Schlagstöcken, ihren Maschinenpistolen, ihren Tränengasgranaten.

Die einundfünfzig Menschen würden bleiben, nachdem man sie dorthin zurückgeschafft haben würde, woher sie gekommen waren. Unter mörderischen, nein, schlimmer, selbstmörderischen Bedingungen waren sie gekommen. Die sogenannte Weltöffentlichkeit hatte das genau registriert und beobachtet. Es war ihr ausgiebig vorgeführt worden in allerhand Fernsehprogrammen. Es war allemal telegen und erschütternd, Menschen in armseligen Booten im fetten, vor Geld stinkenden Hafen von Hongkong ankommen zu sehen. Es war allemal dramatisch, diese Nußschalen, diese brüchigen, undichten Boote schon auf hoher See aufzusuchen, ein paar Runden über ihnen zu drehen mit dem Helikopter der Fernsehgesellschaft, um dann noch rechtzeitig zur nächsten Nachrichtensendung ins Studio zu kommen.

Die Armut der anderen, das Elend von Flüchtlingen – noch dazu, wenn es Flüchtlinge aus einem kommunistischen Land waren und auch noch dramatisch photographierbare Flüchtlinge –, der Jammer von Schiffbrüchigen, das Elend von Menschen, die alles hinter sich zurückließen, um in wochenlangen, entsetzlichen Fahrten übers Meer – und zwar über ein heftiges, stürmisches, todesgefährliches Meer – endlich da anzukommen, wo es ihnen vielleicht bessergehen würde, endlich auch ihnen einmal besser (das glaubten sie jedenfalls) – diese Armut der anderen war eine schlimme Armut, solange man bedauern konnte, solange man photographieren konnte: solange sie einen nicht wirklich anzugehen begann.

Jetzt war das Flugzeug in der Luft. Ein komfortables Flugzeug. Man hatte sich nicht lumpen lassen in Hongkong. Man hatte vom Feinsten gechartert, doch, die freundliche, luxuriöse, die verführerische Fluggesellschaft mit den – ja, drum war sie ja verführerisch –, mit den aufregend hübschen Stewardessen: Diese Fluglinie hatte sich chartern lassen. Und so hatten die vielen gutbewaffneten Polizisten auch ausreichend Platz mit all ihrer stählernen Ausrüstung. Einundfünfzig Gäste, bewachte, begleitete, zurückbeförderte Gäste – und allerhand Polizisten. Die ihren Job hatten, die ihre Arbeit machten, die man schicken konnte, die sich schicken ließen. Dienst war schließlich Dienst, oder wie?

31620 Dollar hatten sie mit. Die lieferten sie fein säuberlich den Herren in Hanoi ab. 620 Dollar pro zurückgeschafften Flüchtling. Bar zu bezahlen, so hatte jeder was von der Unternehmung. Das ist die Kopfquote für jeden einzelnen Menschen, der in der Nacht zu einem Transport zusammengestellt werden kann. Ja, zusammengestellt. 620 Dollar sind für ihn zu bezahlen in Hanoi, bevor er ins Umerziehungslager kommt.

1989. In der sogenannten freien Welt, der beispielgebenden, großmäuligen freien Welt. Aus der Bastion des Nebbich, des Kapitalismus, der freien Marktwirtschaft. Mit Hilfe und über Auftrag der britischen Regierung zurückgeschafft in das Land, ausgerechnet in das Land, aus dem sie unter Lebensgefahr geflohen waren.

57000 solcher Boat people seien in Hongkong. An einem der reichsten Finanzplätze der Welt, immerhin. 57000 – in Lagern wartend auf irgendeine Weiterreise. Kanada hat solche Flüchtlinge aufgenommen, die USA, Großbritannien ganze drei Prozent – und wäre doch und ist doch zuständig, gewinnbringend zuständig für Ihrer Majestät Kronkolonie Hongkong.

Man fürchtet, in allzu gefühlige Töne zu verfallen, wenn man den Jammer schildern will, der da herrschen muß, wenn sich drei, vier Familien auf einem jämmerlichen Boot zusammendrängen, einer Schaluppe, einem gefährlich brüchigen Ding. Die Reise dauert Wochen. Hitze, Regen, hoher Seegang. Noch viel elender und widerlicher: Piraten begleiten diese Reise auf Leben und Tod, denn, nicht wahr: Wer sich einen Platz auf einem der Todessegler leisten kann – denn die Besitzer der Boote lassen sich ihre Barken fast mit Gold aufwiegen –, wer sich die teure Reise leisten kann für sich und seine Familie, bei dem müßte doch noch mehr zu holen sein! Und wirklich: Auf der Flucht, alles zurücklassend, vollkommen ausgeliefert dem Meer, dem großen Raum, der Distanz von A nach B, hilflos und ohne jede Möglichkeit, sich zu wehren, gibt es Menschen, die sich noch über diese Armseligen, über diese angstvollen Flüchtlinge hermachen! Da müßte doch noch was zu holen sein! Die haben doch abgewirtschaftet, die haben doch Schluß gemacht mit allem, was Hoffnung heißt – wenn wir's nicht nehmen, nimmt es ein anderer, also draufzu!

Ein schlechter Roman??

Schlimmer. Die Wirklichkeit. Daß es das überhaupt noch geben könnte – Piraten, die sich über vollkommen wehrlose Flüchtlinge hermachen! Es scheint wie aus einem bösen Märchen.

Nachweisen sollten die Flüchtlinge, nachdem sie durch Wochen vom Meer gequält worden waren, wenn, ja, *wenn* sie überhaupt lebend angekommen waren; nachweisen, beweisen, daß sie auch wirklich in Lebensgefahr gewesen waren in Vietnam. Nachweisen, daß ihnen nicht etwa bloß die Lebensumstände unmenschlich erschienen. Das genügt nicht für Vietnamesen. Es genügt auch nicht, zum Nachweis einer Aufenthaltsberechtigung in der sogenannten freien Welt, daß man alles hinter sich ließ, *alles,* daß man Unsummen für den Platz auf einem der zerbrechlichen Boote bezahlte – nur, um *weg* zu können.

Es gibt vielerlei Flüchtlinge heutzutage. Und solange das Fernsehen sie zeigt, solange die Zeitungen schreiben, ist ja alles in Ordnung. Da können wir uns schmücken, wie hilfsbereit wir doch sind. Ist das Interesse einmal ausgelaugt, sind woanders neue, frische, politisch »interessantere« Flüchtlinge gelandet – dann kann man damit beginnen, »Transporte zusammenzustellen«. Dann ist die klassische Nacht und Morgenfrühe wieder einmal aktuell, dann rücken die Mannschaften aus, dann nimmt der Jammer wieder seinen Anfang, dann hat alles seine Ordnung.

Auch im letzten Krieg, der uns direkt geschüttelt hat, auch im Weltkrieg II sind Flüchtlinge, jüdische Mitbürger zumeist, die um ihr Leben fürchteten, an Grenzen zurückgewiesen worden. Auf Schiffe zurücktransportiert. Aus Häfen ins offene Meer geschleppt. Über Gletscher dahin zurückgescheucht, wo man sie schon erwartete. Unheil ging von solcher Härte aus, Unheil, das über Europa kam in überreichem Maß.

Das wiederholt sich. Ununterbrochen, an irgendeinem Fleck dieser Welt, werden Flüchtlinge zurückgeschickt, weil sie *nur* das Leben in ihrer Heimat nicht aushalten. Das genügt nicht.

Man hat auch den jüdischen Flüchtlingen nicht geglaubt, oder, richtiger: Man hat ihnen nicht glauben *wol-*

len. Man hat ihnen nicht glauben *müssen*, als sie von ihrer Angst und deren Ursache sprachen. Es ist einfacher, die Furcht des anderen nicht glauben zu können. Es ist einfacher, einen Menschen der Tortur auszusetzen, erst einmal beweisen zu müssen, daß er wirklich gefährdet war. Fragebögen und die Zusammenstellung von Transporten, das haben wir im Griff. Daß einer in einem Ruderboot übers Meer kommt, in Halbschuhen über den Gletscher rutscht – was will das schon heißen?

Die Ordnung. Die Verordnung. Die Beweislast. So heißen die Messer, mit denen wir ins Leben schneiden. Tief. Tödlich.

17. Dezember 1989

Wir sind ja nicht in Indien

Die Solidarität – ein Wort, das unsere Zeit so kernig strapaziert hat, wie es nur irgend geht –, die Solidarität ist eine Sache, die man im Augenblick vielleicht nicht so donnernd ins Maul nehmen sollte.

Es ist natürlich leicht, solche edlen Worte anzustreben, sich den Panzer des Einerfüralleallefüreinen umzuschnallen und wie ein Mann drohend, von welcher Bastion auch immer, den Ruf nach Gerechtigkeit erschallen zu lassen.

Aber ja!

Wenn möglichst viele dabei sind, wenn man nicht allein die gute Sache verfechten muß, wenn man für die eigene, samstäglich gewaschene Haut nicht allzu viel riskieren muß, wenn man in Gesellschaft ist und sich gegenseitig versichern, zur Not sogar rückversichern kann, wie richtig die gemeinsam verfochtene Sache doch sei und wie heftig und unerschütterlich man sie verfechte – besser, weil schöner, zu verfechten gewillt sei –, wenn das *so* ist, dann isch ja alles guet.

Rückversicherung ist allemal das sicherste Fundament eines leidenschaftlichen und kompromißlos propagierten Engagements. Das wissen ganze Völker. Und leben davon. Daß sie die anderen rückversichern.

Solidarität, wie gesagt. Viele Schwache schließen sich zusammen und werden dadurch selber stark und schützen sich gegen wenige Allzustarke. Ein gutes Ding, das. Jedoch, pfui Teufel, jedoch:

Folgendes geschieht und ereignet sich gerade eben, während ich hier leicht heuverschnupft mümmle und Sie vielleicht zuhören. Einige wenige tausend Kilometer entfernt geschieht's:

Aus Ostpakistan strömen täglich, *täglich,* etwa hunderttausend Flüchtlinge nach Indien. Die Grenzgebiete Indiens quellen über von verzweifelten, terrorisierten, todesängstlichen Menschen. Diese Menschen sind unbehaust. Sie haben alles zurückgelassen, was sie je besaßen, sie sind nur gerannt, gerannt, gerannt, um dem Tod zu entkommen, dem Massaker, das westpakistanische Truppen unter den Bengalen anrichten, die versucht hatten, ihre Unabhängigkeit zu erlangen.

Diese Bengalen sind die Landsleute der westpakistanischen Truppen. Sie haben nur eine etwas andere Auffassung von dem, was Souveränität und Vaterland ist. Und wie diese feinen, teuren, hehren Begriffe halt alle so heißen, für die sich zu erwärmen offensichtlich immer noch riskant ist. Andererseits wird's einem schon in der Volksschule empfohlen und ans kindliche Herz gelegt, ans unverdorbene. Es kommt allerdings darauf an, wo diese Schule steht und in welchem Land, und wer da gerade den Lehrer spielt undsoweiter.

In Bengalen jedenfalls ...

In Bengalen wütet die Cholera. Und in den indischen Grenzgebieten ebenfalls. Täglich hunderttausend Flüchtlinge. Täglich zwölftausend Fälle von Cholera. *Täglich* zwölftausend. Soviel wie sonst in einem Jahr in ganz Indien.

Was geschieht?

Nun, was halt immer geschieht. Es wird geredet. Und erwogen. Und gesammelt. Und geschickt. Impfstoffe. Andere Medikamente. Und Wolldecken. Wolldecken werden eigentlich immer geschickt. Außerdem reden die verschiedenen Präsidenten der verschiedenen Wolldecken spendenden Organisationen und teilen Grundsätzliches in Sachen Nächstenliebe mit und wie ihre Organisation schon immer ...

Außerdem meldet sich Herr U Thant zu Wort und meint ...

Natürlich meint er. Was soll er sonst schon tun? Jetzt, nachdem alles passiert ist?

Die Flüchtlinge und die Cholera, die ziehen einander an wie der Magnet das Eisen. Und darüber kann man nun palavern. Aber die Flüchtlinge werden zu Flüchtlingen, weil in Bengalen ein eindeutiges Massaker geschah. Geschieht. Noch geschieht.

Hier endet unsere Kraft. Wir und auch die P. T. Freunde aus dem wohltätigen Nordamerika und selbst die selbstlosen Mediziner aus Rußland können nur Flugzeuge ausrüsten und Impfstoffe schicken. Und Ärzte. Die aber werden schon wieder von Indien entrüstet abgewiesen. Ärzte habe man genug, und wenn das nicht allgemein bekannt sei, dann werde das eben jetzt allgemein bekannt. Man habe genug Ärzte. Und man verbitte sich diese Einmischungen.

Nun gut. Darüber wollen wir nicht urteilen. Derlei kann verzerrt und verquollen werden, bis es durch zahllose Fernschreiber zahlloser ehrenwerter Presseagenturen zu uns gelangt. Wir wollten ja auch nicht darüber ... Sondern über die Solidarität wollten wir. Die internationale. Solidarität.

Es sind viele Flüchtlinge. Täglich hunderttausend. Und sie haben nichts mehr, was sie ihren Besitz nennen könnten. Und sie werden zwar karitativ versorgt – man versucht's wenigstens –, aber wie das halt so geht mit den Tropfen auf den heißen Steinen und mit den Wolldecken: Sie verhungern natürlich trotzdem. Und weil die Cholera in Menschenmassen, die auf so engem Raum zusammengepfercht sind, natürlich ein besonders gutes Angriffsfeld findet, deshalb wollte man versuchen, die Flüchtlinge in verschiedene, dünn besiedelte Gebiete zu bringen. Da wären ihrer nicht so viele auf einem Haufen gewesen. Ja. Und dann geschah es:

Die arbeitenden Menschen dieser dünner besiedelten Gebiete Indiens protestierten. Aber wie!! Sie wehrten sich erbittert und wütend gegen diese Flüchtlinge. Sie wollten sie um keinen Preis in ihren Landstrichen sehen. Warum nicht? Angst vor der Cholera? Aber es wären ja nur geimpfte, gesunde Menschen zu ihnen gebracht worden, eben, *damit* sie der Cholera entkamen.

Nein, keine Angst vor der Cholera. Vielmehr: Angst, daß diese notleidenden Flüchtlinge, um ihre Not zu vermindern, um dem Hungertod zu entkommen, etwa arbeiten wollten. Und viele hungrige Flüchtlinge könnten vielleicht viel arbeiten wollen. Auch unangenehme Arbeiten. Auch für weniger Geld. Verständlich, nicht wahr?

Und da wehrten sich die organisierten, die solidarischen Bewohner der dünner besiedelten Gebiete. Gewiß, die Flüchtlinge waren hungrig. Gewiß, es war ihnen allerhand Unangenehmes passiert. Gewiß, sie wollten der Cholera entkommen. Bitte! Sie waren sogar geimpft. Recht so. Aber bei uns – bei uns bitte nicht! Bei uns verderben sie die Preise. Sagten die Solidarischen. Und machten die Tür zu.

In Indien. Versteht sich, in Indien.

Wir hören das. Und wir sind entrüstet. Empört. Eine Sauerei ist das. Dabei sind diese Inder doch fortschrittlich gesinnt, zumindest wenn man so ihre Wahlen betrachtet – oder etwa nicht? Gut – sie kennen selbst den Hunger ganz gut. Brauchen also keine Bengalen. Aber immerhin!! Bei uns, wenn da ein Nachbarland in eine ähnliche Situation käme – muß ja nicht gleich ein Massaker sein wie in Bengalen –, bei uns, wenn Flüchtlinge kämen und trotz Impfstoff und Wolldecken Hunger hätten und womöglich arbeiten wollten, unangenehme, schlecht bezahlte Arbeiten verrichten, und auch andere, um leben zu können, nur *leben*, um nicht zu verhungern:

Also, das käme bei uns nicht vor. *Wir* hätten keine Angst, die Preise würden verdorben. Wir hätten ja unsere Erfahrungen, weil wir ja auch – irgendwann einmal, wenn auch schon vor längerer Zeit ... Und wir haben ja auch unseren christlichen Glauben. Und unsere Solidarität. Gott sei Dank.

Bei uns wäre das nicht möglich. Wir sind ja nicht in Indien!

13. Juni 1971

Ich muss auch leben

Jeden Morgen den langen Gang zur Untergrundbahn einer ausländischen Stadt entlanggegangen, so gegen acht, halb neun. Zwei Stock unter der Erde. Zuerst eine Rolltreppe, die aber an elf Tagen kaputt war. Vollkommen still. Und Rolltreppen haben ungewöhnlich hohe Stufen. So ist das Runter am Morgen, das Rauf am Abend mit etlicher Anstrengung und vor allem mit allerhand Gepolter verbunden.

Bergab über die eiserne Treppe, tief, noch tiefer, und dann unten nach links gebogen und dann weiter. Der liegt lang vor dir, will gar nicht mehr aufhören, zieht sich unter die ganze »Avenue de la«, na, was denn wohl sonst, »de la Grande Armée« hin. Weiter da hinten wird er schon unscharf in einigem Dunst, so endlos ist der Gang. Um halb neun am Morgen gehen da wenige Leute. Die meisten sind längst unter Tag getaucht und in ihre Büros geschloffen. Jetzt sind Hausfrauen unterwegs und einige Rentner. So ist der Gang übersichtlich.

In der Mitte, absolut genau in der Mitte – nach acht Tagen wurde es einmal abgegangen spät am Abend, das wollte man einfach wissen, ob der sich wirklich die genaue Mitte ausgesucht hat; 97 Schritte von der mechanischen Sperrtür bis zu seinem Platz, weitere 97 Schritte von dort bis zur stillstehenden Rolltreppe –, in der genauen Mitte also hat *er* seinen Platz. Drei Lagen Zeitungspapier, ein hölzerner Rost wie ein Trittbrett, ist aber ein Sitzbrett. Da drauf sitzt er, pünktlich von sieben Uhr fünfzehn am Morgen bis um zwölf, dann noch einmal von eins bis sieben. Fast zwölf Stunden also. Präzise, genau, ohne Abweichung von der Regel.

Wo seine Absätze auf den Fliesen aufliegen, sind zwei schwarze, tiefschwarze Striche, Marken seines Dagewesenseins. An diesen Marken kannst du die Mitte von hier bis dorthin und auch wieder weiter messen.

Er sitzt aufrecht auf seinem fünf oder zehn Zentimeter hohen Rost. Gepflegt. Weißhaarig. Tadelloser Haarschnitt. Krawatte. Dunkler Anzug. Ja, schon etwas älter, etwas abgeschabt oder so, nicht lächerlich heftig gebügelt, das nicht. Die Schuhe sind sauber, aber sie glänzen nicht aufdringlich. Er sitzt da wie hinter einem Schalter. Korrekt. Vertreibt sich die Zeit nicht etwa durch Zeitunglesen oder sonst was Unseriöses. Er ist bereit für die Kundschaft. Er wartet. Man kann ihn erreichen. Er hat geöffnet.

Man kann ihn natürlich einen Bettler nennen. Doch. Er hat nichts anderes vor. Er sitzt und wartet auf milde Gaben. Er hat auch ein handgeschriebenes Schild aufgestellt, nicht sehr aufdringlich, man muß sich fast hinunterbeugen, um es lesen zu können. »Ich muß auch leben«, steht auf dem Schild. Mehr nicht.

Auch nicht weniger.

»Ich muß auch leben.«

Und wenn einer es wissen wollte, was da stand, wenn einer sich also hinuntergebeugt hatte, dann war er der sauberen Messingschüssel schon so nahe, daß er schwer *nichts* hineinscheppern lassen konnte. Nur, freilich, in gebückter Stellung läßt es sich nicht ganz so leicht nach dem Portemonnaie fingern. Das Geldbörserl sitzt beim Mann gern hinten rechts, Damen haben es wohl meistens im Handtascherl. Also muß man sich aufrichten, fingert, sucht, gräbt ... Und da kann es geschehen, daß eine kleine Schlange von drei Menschen entsteht, die sich lesend hinabgebeugt haben und die nun suchen und dem nächsten den Vortritt lassen. Plenngg, macht die Münze. Plennggplenngg, wenn es denn zwei Münzen sind. Was auch vorkommt.

Warum beugen die sich hinab? Warum wollen die lesen, die durch den langen Gang zu eilen haben?

Ja, nicht alle lesen. Viele gehen vorbei, mit dem starr gewordenen Blick dessen, der signalisieren will, er habe rein gar nichts bemerkt und sei jedenfalls in hastigen Gedanken. Aber ja. Die meisten. Muß man sich nichts vormachen. Aber eben doch: immer wieder beugt sich einer, krümmt sich, will lesen. Und fühlt sich dann verpflichtet. Der Mann, der sitzt, aufrecht sitzt, nimmt entgegen. Nickt knapp mit dem Kopf. Manchmal sagt er ein leises Dankeschön. Aber nicht immer. Als ob er die Steuer entgegennähme. Nickt knapp. Läßt einmal liegen. Nach einer Weile erst räumt er die Messingschale mit ziemlich langsamen Bewegungen. Läßt die Münzen in seine Sakkotasche gleiten. Und blickt vor sich hin. Geradeaus. Als ob er meditiere.

Ich habe ihm, aus gehöriger, aber eben doch nicht genügender Entfernung, eine Weile zugesehen. Vorher hatte ich mich gebückt, mußte nicht mehr lesen, kannte den Text schon, verstand und begriff, daß er auch leben mußte, hatte meine Münze in die Schale gleiten lassen, mußte mich bücken, um nicht danebenzutreffen, unsere Augen waren sich kurz begegnet. Wir kannten einander jetzt schon. Manchmal ging ich an ihm vorüber: nachdem er zweimal höflich zurückgegrüßt hatte, grüßten wir einander immer. Manchmal gab's eine Münze, aber nicht jeden Tag. Nein, das nicht.

Und heute stand ich und wollte dem Parteienverkehr zusehen. Fünf Minuten stand ich. Er sah mich nicht an. Eben hatten wir uns gegrüßt, meine Münze lag noch in seiner Schale. Einer kam und las. Und gab. Ein zweiter kam und hatte gelesen und suchte sein Börsel, und so mußte ein anderer warten, bis er drankam, und der wartete auch gehorsam, doch. Und dann hatten alle ihre Steuer bezahlt, und er saß wieder allein.

Und plötzlich hob er den Kopf, sah mir in die Augen und fragte: »Monsieur?!!«

Als habe man ihm ungehörig beim Ausüben seiner Arbeit zugesehen. Er war zur Verfügung gestanden, er hatte offengehabt, ich konnte erledigen, was ich offenbar erledigen zu müssen geglaubt hatte, aber nun war das alles ja geschehen. Was hatte ich da noch zu stehen? Was hatte ich da zu beobachten? War noch was? War etwas nicht in Ordnung?

Leise Ungeduld im Blick eines Beschäftigten. Er hatte wenig Zeit. Man sollte ihn nicht weiter stören. Er hatte zu … ja, was? Zu meditieren, das scheint mir das einzig richtige Wort für sein aufrechtes Sitzen in der genau ausgemessenen Mitte des sehr langen Ganges zu sein. Diszipliniert. Pünktlich. Mit Mittagspause offensichtlich. Denn zweimal ging ich so gegen halb eins da durch, und der Rost war zwar da, der Mann aber nicht. Also würde er wiederkommen. Also war er Mittag essen. Hoffentlich hatte er anständig verdient den Morgen über.

In Chicago, glaube ich – könnte aber auch Los Angeles sein –, hat die Stadtverwaltung eine ordentliche Sache eingeführt. Sie gibt Gutscheine aus. So eine Art Lebensmittelmarken. »Gutschein für ein Essen«. »Gutschein für eine Suppe«. »Gutschein für ein Kilo Reis«. »Gutschein für ein Paket Brot«. (Denn in Chicago und auch in Los Angeles gibt es ja leider fast nirgends einen Laib Brot, sondern nur das raschelnde, schwammige Zellophanpackerlscheibenbrot. Und nun schon gar für Gutscheine …)

Diese Gutscheine kann man kaufen. Sie kosten nicht viel. Aber sie kosten etwas mehr als die obligate Münze in den Hut. Sie sind für Notleidende bestimmt. Das Wort Bettler fällt nicht. Wird nicht verwendet. Man kann die Gutscheine einlösen. Und man kann sie denen geben, die um Nahrung betteln. Es soll damit verhindert werden, daß Trunksüchtige und Drogenabhängige Geld erbetteln, das sie nicht – so die Stadtverwaltung von Chicago oder Los Angeles –, das sie nicht »verdienen«.

Als ob das zu überblicken wäre.

Der Sitzende im langen Gang würde die Augenbrauen heben, so fürchte ich, wenn er einen Gutschein für ein Kilo Reis in der Messingschale vorfände. Oder einen Gutschein für eine Suppe.

Er würde es nicht aussprechen, aber er würde es deutlich machen, daß er sich derlei Eingriffe in seine Entscheidungsfreiheit verbitte.

Er hat möglicherweise schon gegessen. Er schätzt vielleicht keine Suppe. Der Gutschein könnte fehl am Platz sein. Obwohl er eine sinnvolle Erfindung zu sein scheint. Aber nicht für jeden. Aufblicken würde er, gestört wäre er. Vielleicht käme es wieder, das leicht verwunderte: »Monsieur?« Könnte schon sein. Doch.

12. Januar 1992

Notwendige Rationalisierung

Hinter ihm hupen sie schon. Ungeduldig. Lassen ihre Hörner plärren. Er fährt trotzdem ganz langsam. Ja, er weiß, wahrscheinlich zu langsam. Das hält auf. Das verzögert das Nachhausekommen. Aber er kann nicht schneller. Das weiß er in seinem Kopf, in seiner Magengrube, in der der übliche Kloß, viel größer, schwerer, bitterer, zum Brechen reizt.

Jetzt nicht unvorsichtig sein. Langsam fahren.

Er schaltet, sein Fuß findet die Kupplung, tritt, läßt wieder nach – das alles funktioniert. Er sieht sich zu bei dieser Beobachtung, er registriert einen Menschen in dem Auto da, der besonders langsam fährt, der seine Gedanken bei der Beobachtung des Besonders-langsam-Fahrens registriert, Bescheid weiß über seinen Kopf, seinen Magen. Aber dann nützt diese Beobachtung auch nichts mehr. Aus ihm heraus kommt ein Schwall scharfen, sauren, schon bitter werdenden Geschmacks. Er tritt wieder die Kupplung, kann auch bremsen, halten, stehenbleiben. Er kriecht über den Beifahrersitz und öffnet die Tür zum Straßenrand, bleibt im Auto sitzen, die Füße auf der Straße, die Arme auf den Knien. Den Kopf in den Armen.

An ihm vorbei beginnt die Schlange, die hinter ihm her hupte, schneller zu fahren. Einer drückt noch einmal auf den Hupenknopf, ein Heulton grölt zu ihm hin, aber er hebt nicht einmal den Kopf. Kann auch gar nicht, denn aus ihm würgt es und schiebt sich hoch und preßt und quält. Mein Gott, wenn das doch nur aufhören könnte ... fließt bitter und grün und sauer vor ihm auf die Straße.

Bleibt jemand stehen? Gott sei Dank, nein, niemand. Nur keine Fragen oder Kann-ich-Ihnen-helfen-Gerede. Nein, können Sie nicht. Wenn ich sagen würde: Ja, können Sie, hei, das wäre ein Schreck ...

Dann bleibt doch einer ... Ein Hund. Schnuppert, riecht an dem grünen Brei auf dem Gehsteig, wird aber gleich gerufen von einem Kind, das erschrocken weitergeht. »Komm, Grizzly, komm sofort her ...« Der Hund heißt Grizzly.

Er richtet sich auf. Wie lange dauert dieses Sitzen, Kopf auf den Armen, eigentlich schon? Er sieht auf die Uhr. Zweiunddreißig Minuten lang ist er hier gekauert, in diesem Gescharre vorbeilaufender Füße, in diesem Geruch aus Diesel, Benzin, Erbrochenem.

Da hinten kommt ein Polizist. Polizisten gehen doch sonst kaum durch die Straßen, fahren doch nur, da aber kommt einer.

Lieber weiterfahren. Lieber weg. Der fragt womöglich, der verlangt. Ist sicher nicht erlaubt, nachmittags um halber sechse auf die Straße zu kotzen ...

Es ist nicht ganz leicht, sich wieder in den Verkehr einzufädeln. Die lassen mich nicht rein, natürlich lassen sie mich nicht rein. Wieder zu weich, denkt er, ich müßte das einfach erzwingen – »Sie müssen das einfach erzwingen, Ernstl«, hat der Chef auch gesagt, oft, aber warum soll ich den Zwang mitmachen? Will ich nicht, gibt mir nichts, ich kann nicht so ohne weiteres ...

Und dann kann er es plötzlich doch, drückt auf das Gaspedal. Der Wagen schaukelt in die Mitte der Straße, hinter ihm quietschen irgendwelche Bremsen. »Siehst du, so macht man das«, sagt die Helga dann immer. Sie schafft das, bei ihr halten die anderen, lassen sie einordnen – wie sie rausfährt, sich abstößt vom Straßenrand ... »Die müssen merken, ich komm' da auf jeden Fall rein, dann geben s' schon nach. Aber wenn die merken, daß du ja eh nicht so richtig willst ...«

»Siehst du, so macht man das ...«, sagt auch er, in das Auto hinein. Da hört es aber niemand, und im Rückspiegel sieht er, daß der, den er eben zum Bremsen gezwungen hat, mit seinen Scheinwerfern blinkt und hinter dem Lenkrad gestikuliert und ihn überholen will, obwohl das doch gar nicht gehen kann, hier, auf der überfüllten Straße.

Er sieht einfach nicht in den Rückspiegel. »Ich schau' da einfach nicht mehr rein. Ich werde es nicht sehen. Und wenn er meine Tür aufreißt und mich schlägt, wie neulich den Anton, ich werde mich nicht wehren. Ich kann mich ja auch gar nicht ...«

Er überquert sorgfältig die große Kreuzung, braucht nicht länger als sonst dazu, biegt in die Dohlenstraße ein, beschleunigt, aber nicht sehr. Jetzt keine Hindernisse mehr, er hat natürlich doch wieder in den Rückspiegel ... Aber der folgt ihm nicht, der Aufgeregte.

Er findet keinen Parkplatz in seiner Straße – natürlich nicht, denkt er, und muß lachen über diesen Gedanken, und denkt noch dazu: »Natürlich muß ich denken, ›natürlich nicht‹, natürlich muß ich das denken«, zuviel »natürlich« in all diesen Selbstbeobachtungen, denkt er – und versperrt das Auto und geht die Straße zurück, am Schuster vorbei, der schon geschlossen hat, am Gemüseladen vorbei, der hat noch offen. Er überquert die Straße, geht drüben um die Ecke in seine eigene Straße. Vor der Haustüre zögert er, dreht noch einmal um, muß kurz warten, denn der Omnibus kommt eben vorbei, bringt die Parterrefenster zum Erzittern, hält weiter oben. Nur die Frau Weber steigt aus. Er geht schneller, will mit der Frau Weber nicht ins Gespräch kommen. Er geht in die Trafik, die müßte eigentlich schon geschlossen sein ... nein, ist sie nicht. Die Trafikantin gibt ihm automatisch zwei Päckchen seiner Marke und die Zeitung. Aber er zögert, verlangt dann nur ein Päckchen, und zwar eine andere Sorte, die billigere, und keine Zeitung. Er habe sie schon gelesen, sagt er der Trafikantin, und er sieht ihr an, daß sie ihm nicht glaubt. Warum glaubt sie ihm das eigentlich nicht? Sieht man ihm das denn an ...?

»Auf Wiedersehen ...???« verabschiedet ihn die Trafikantin. Eine Mischung von Beleidigtsein und Wundern ist in ihrer Stimme. Worüber?

Es ist still im Treppenhaus. Man hört keine Kinder, keine streitenden Eltern, kein Radio, kein obligates Klavierüben. Es gibt zwei Klaviere im Haus, auf keinem wird geübt. Es ist auch sauber, ja, es ist Freitag, da wird gewischt, und es riecht nur leise nach Seifenlauge. Kein Krautgeruch, kein Schweinsbrüstel, kein Knoblauch, auch nicht der süßliche Gulyasduft ... Es ist alles nicht so, wie man es in Treppenhäusern vermutet, beschreibt, erwartet.

Er schließt die Wohnung auf. Dunkel. Sie sind nicht da. Er knipst das Licht im Vorzimmer an, öffnet die Türen, freut sich, daß er allein ist, noch eine Schonfrist hat. Auf dem Tisch liegt ein Zettel, den hat *sie* geschrieben. »Bin mit den Kindern in den Film gegangen. Bitte nicht vergessen, Mutter hat morgen Geburtstag! Sind um neun zurück.« Und dann noch gekritzelt, »Ich freu' mich.« So schreibt nur die Jüngste. Nur sie teilt mit, daß sie sich und wie sie sich freue. Auch schriftlich, wenn's ins Kino geht.

Er zerknüllt den Zettel, geht ins Badezimmer, läßt kaltes Wasser in das Waschbecken laufen, trinkt einen Zahnputzbecher Wasser, legt dann seine Arme in das Wasser, taucht den Kopf hinein, trinkt noch einmal aus dem Becken. Das Wasser schneidet mit seiner Kälte in den Kopf hinein, aber das ist wenigstens ein starker Schmerz. Den will er.

Fünf Minuten steht er so über das Waschbecken gebeugt. Weil seine Abteilung Waren produziert, nein zu verkaufen hat, die eigentlich nur im Ausland gehen. In Übersee. Eine typische Spezialität. Und nun werden sie nicht mehr gekauft, hat der Chef gesagt. Und der Betriebsrat hat das bestätigt, hat traurig genickt. Sie kaufen uns das nicht mehr ab, weil wir zu teuer sind, weil ihre Währung so gesunken ist, und irgendwo müssen wir ja – und deine Spezialität war unsere Spezialität für da drüben – und da, ausgerechnet, müssen wir uns einschränken. Du verstehst? Wir haben uns wirklich bemüht ...

»Ja, aber ... Sie haben mich doch gerade *wegen* meiner Erfahrungen in Übersee ... vor Jahren erst ... angeworben. Sie haben doch unbedingt mich ... das waren doch Sie ...« Er hat natürlich gemerkt, er kann das nicht. Die sitzen da und haben die ganze Weltwirtschaft zum Zeugen, und ich ...

Bis Juli kann er bleiben. Dann nicht mehr. Notwendige Rationalisierung.

Er ist arbeitslos. Seine Kinder sind im Kino. Seine Frau ...

Er nimmt die Zigarettenpackung, die ihm fremd vorkommt.

Dann hört er den Schlüssel in der Wohnungstür. Er steckt die Zigarette zurück in die Packung.

15./16. April 1978

Molkepulver aus Wasserburg

Dreihundert Tonnen können einem armen, einem hungrigen, einem unterentwickelten Land, einer ehemaligen Kolonie der Weißen, viel Hilfe bringen. Erleichterung. Nahrung.

Angola bekommt nicht so ohne weiteres dreihundert Tonnen Milch. Will sagen: Milchpulver. Angola muß eine Menge Anstrengungen unternehmen, wenn es eine so große Menge auf einmal bekommen will. Aber manchmal gelingt's eben, manchmal haben die in Europa ein Einsehen. Es gibt Menschen, die sogar dreihundert Tonnen Milchpulver zu einem erträglichen Preis nach Angola verkaufen. Wenn der Preis so günstig ist, dann heißt es zugreifen in Angola. Man kann nicht lange warten; es gibt Angebote, die kommen nicht wieder. Die sind da – und oft sind sie sehr schnell wieder weg.

Es kann auch Molkepulver sein. Auch aus Molkepulver läßt sich Babynahrung herstellen. Es ist dann nicht gerade Milch – ich muß so korrekt wie möglich sein –, aber es ist Babynahrung.

Sie kommt hygienisch verpackt an. Kein Dreck kann zu dem Molkepulver gelangen. Die Verpackung ist dergestalt, daß das Pulver eine ganze Weile unbeschadet darin lagern kann. Dem Pulver kann nichts geschehen. Es kommt in Angola an, wie es in Rosenheim verladen wurde. In Rosenheim in Bayern. Wo der Regen auf die saftigen Wiesen fällt, wo der blaue Sommerhimmel über dieser schönen Voralpenlandschaft lacht, wo die dicken, fetten Kühe gemächlich über die Weiden ziehen, die Glocken bimmeln und bummeln. Die Bienen summen die Blumen entlang und weichen den schnuppernden, schnappenden, mahlenden Mäulern der großen Kühe aus. Margeriten und Huflattich und Wegwarte und Arnika und Männertreu und viele, viele Kräuter schnappt sich die freundliche bayerische Kuh und mahlt und schluckt und läßt's wieder hochkommen und wiederkäut und gibt die fette, schwere, gelbliche Milch. Und in Wasserburg – um auch da wieder genau zu sein –, in Wasserburg machen sie daraus allerlei Gutes. Unter anderem auch Molkepulver. Für Angola.

Manchmal kann man das Pulver nicht so schnell verkaufen. Dann muß man es lagern. Im Jargon der Bundesbahnen nennt man eine derartige Lagerung »hinterstellen«. Das heißt, das Pulver kommt, sorgfältig verpackt, in Güterwaggons; die werden aneinandergehängt, und wenn es sein muß, werden sie – gegen Berechnung einer entsprechenden Gebühr, versteht sich – auf dem Bahngelände »hinterstellt«.

In Angola kam man erst nach einer Weile drauf, daß da möglicherweise ein günstiges Angebot vorliegen könnte. Man wußte nicht, daß in Rosenheim Molkepulver aus Wasserburg auf dem Bahnhofsgelände »hinterstellt« war. Man bekam nur eines Tages ein günstiges Angebot. Und scheint zugegriffen zu haben.

Das Pulver war, wie gesagt, so gut verpackt, daß ihm wirklich nichts geschehen konnte. Nach menschlichem Ermessen oder so. Trotzdem war man in Rosenheim froh, daß der Zug sich eines Tages aufmachte und nach Bremerhaven rollte. Von dort sollte es nach Angola gehen. Denn wenn auch dem Molkepulver nichts passieren konnte, so hätte es doch sein können, daß vielleicht die Rosenheimer etwas Unangenehmes abbekamen. Nein, kein Konjunktiv, der ist da schon nicht mehr möglich. Die haben tatsächlich was abbekommen, die Rosenheimer Bahnarbeiter, und vielleicht auch die Anrainer und vielleicht auch ...

Jetzt sollen sie den Zug wieder zurückkriegen. Den ganzen Zug. Dreihundert Tonnen Molkepulver sollen aus Bremerhaven zurückkommen. Nein, der Zug wurde dort nicht entladen. Nein, man will das nicht tun. Man will ihn auch nicht in Bremerhaven »hinterstellen«, den Molkepulverzug, dreihundert Tonnen, wie gesagt, aus Rosenheim. Beziehungsweise Wasserburg.

Das Pulver ist nämlich radioaktiv verseucht. *Tschernobyl*.

Ach, du meine Güte ... schon *wieder* Tschernobyl!! Hört das denn nie auf? Was können denn die Kühe dafür, was können denn die Bauern dafür, was kann denn das Milchwerk in Wasserburg dafür, daß in Rußland, wo bekanntlich überhaupt alles ganz anders läuft, ein Reaktor hin geworden ist? Und Mitteleuropa bestrahlt hat! Und zwar kräftig!

Ja.

Stimmt.

Und was kann Angola dafür? Was können die Kinder in Angola dafür, daß man in Wasserburg nichts dafür kann – und auf seine Weise der dritten Welt zu helfen wünscht? Ärger als Hunger – nicht wahr –, ärger als Hunger und als Durst, da gibt's doch fei gar nix!!? Gell ja, Leut'?! Also hammer halt kostengünstig – also, wirklich zu einem *einmaligen* Preis – denen Angolanern da das Molkepulver verkauft. Eh klar, daß die da schon verantwortungsvoll handeln hätten müssen und nicht die ganzen dreihundert Tonnen auf einmal denen Kindern, denen angolanischen, hätten verfuattern dürfen. Ja, mei – das is doch selpferschtändlich, is des doch, oder? So was gibt man doch nicht auf einmal denen Kindern. Sondern bloß so nach und nach. Kleinweis. Und dann wird's schon nicht so schlimm sein damit, gell ja. Es wird nix so heiß 'gessen, wie's kocht wird, sagt ja schon das alte Sprichwort. Gell ja. Und außerdem – was ist denn mit *unserer* Bevölkerung? Mit unseren blitzsauberen Buam und nudelsauberen Diandln, wie?

Sollen die vielleicht der Gefahr der Strahlung einfach so ausgesetzt sein, kaum daß sie am Bahnhof vorbeigehen, am Rosenheimerischen? Oder was?

Einerseits ist man in allererster Linie für die eigene Bevölkerung verantwortlich, für die Einheimischen. Sozusagen. Und andererseits ist dann auch noch die Wirtschaft, die einheimische, da. Und ist zu berücksichtigen. *Und* die Landwirtschaft. *Und* der Staatshaushalt. Und man kann ja nicht so einfach – ich bitt' Sie – dreihundert Tonnen!!

Und was is jetzt? Ham die einen Hunger da drunt im Angolanischen – oder hams' en nit? Na also! Dann können s' auch a bissel was runterschlucken und a bissel was verkraften, hahaha, gell ja?

Und so weiter.

Und aus Österreich können wir natürlich stolz melden: So was wär' doch bei uns nicht möglich! Nie! Nein – na ja, beim Wein vielleicht. Aber Molkepulver? Wir sind doch anständige Menschen, wir! Und kinderlieb!

1. Februar 1987

Der Stier zögerte nur wenig

Der Stier zögerte nur wenig, als er von den drei Männern aus dem sehr engen Stall ins Freie geführt wurde. Zwei zogen an ihm herum, einer schob vorsorglich, wobei er – einfach so, aus Gewohnheit – den Schwanz des Stieres wie eine Straßenbahnkurbel drehte. Aber der Stier war ohnehin bereit, alles zu tun, wovon er sich Ruhe versprach.

Draußen war es sehr hell. Die Sonne brach in den Hof, die Spatzen grölten, die Amseln und alle anderen Vögel, denen man das zutraut aus Gewohnheit, pfiffen und flöteten melodisch.

Der Stier konnte dazu keine Stellung beziehen. Er sah die Helligkeit nur wie einen sehr feinen Schein. Sie hatten ihm einen dicken Jutesack über den Kopf gezogen. So kam er aus dem Stall: ein Stier, der eine Maske trug. Oder eine Mütze. Ein Stier auf dem Roten Platz, denn der Sack saß ihm wie eine Pelzmütze auf dem Kopf. Diese Mützen nennen die Leute Russenmützen, so haben sie es gelernt.

Und der Hof war tatsächlich sehr rot. Eine Wand vollgestellt mit Limonadekisten, knallrote Plastikschragen, dann die Sonne drauf – schließlich der Zementboden, der seine Röte nie mehr ganz verlieren konnte und der gleich noch viel mehr Rot über sich hin erwartete.

Davon hatte der Stier keine Kenntnis. Er trug die Russenmütze. Er fühlte, daß sein Schwanz wie eine Straßenbahnkurbel gedreht wurde. Von Straßenbahnen hatte er auch keine Kenntnis, von Belästigungen aber schon. Der Stier wußte nicht viel, das wußte er aber gar nicht: warum vorne zwei Stimmen beruhigend auf ihn einsangen: »Hoho ... So daaa – jööjöö ... ho! Hooo«, und vier Hände an ihm zogen und zerrten. Die Kette klirrte, die sie an seinen Hörnern, an seinem Hals, nicht aber durch seine Nase befestigt hatten. Leises Schieben, vorsichtiges Ziehen, beruhigendes »Hoohoo!« – aber doch dieses Drehen hinten an seinem Schwanz.

Der Stier war unentschlossen. Er zögerte. Er wußte noch nicht recht, woran er sich halten sollte. War die Beruhigung vorne, war die Belästigung hinten das, wonach es zu handeln galt? Der Stier zögerte. Dieses Zögern nützten sie immer. Die anderen zögern nie. Sie wissen, warum sie vorne leise und beruhigend singen, sie wissen, warum sie hinten eher zärtlich schieben – einerseits, andererseits aber doch die Straßenbahnkurbel anwenden.

Außerdem gab es einen fremden Geruch im Hof. Einen Geruch, den der Stier nicht kannte. Er kannte Wiesengeruch, Grasgeruch, Löwenzahngeruch, Stiergeruch, Kuhgeruch, den Geruch der sabbernden Kälber nach Milch und allerhand Futtermitteln ... das war noch vor kurzem sein eigener Geruch gewesen, denn er war ein sehr junger Stier. Dreizehn Monate oder fünfzehn, sollten sie wenig später stolz und lobend über ihn sagen. Dann aber war es zu spät – was er aber nicht wissen konnte.

Er kannte diesen Geruch nicht, der da im Hof war. Woher denn auch. Was hat ein Stier schon mit Blut zu tun, es sei denn, er muß es lassen.

Die Kette an seinen Hörnern, an seinem Kopf wurde durch etwas Eisernes gezogen. Es klirrte und schrammte. Die Straßenbahnkurbel wurde nicht mehr gedreht. Einen Augenblick schien Ruhe zu sein, keiner redete mehr auf ihn ein. Das dauerte aber nicht lang. Die Stimmen wurden plötzlich etwas lauter. Aufgeregt kann man nicht sagen, das wäre zuviel gesagt, nur etwas lauter, vielleicht sicherer? Schritte hin und her, Klirren von irgendwas, Klappern und Rumpeln von Holzbottichen oder so, noch mal die eine Stimme, etwas lauter. An der Kette über seinem Kopf wurde nachdrücklich gezerrt, hinten wurde er zurechtgeschoben, an der einen Flanke, an seinem linken Schenkel, aber der Stier wußte nicht, daß dieses Schieben ein Zurechtschieben war – und wozu zurecht, wußte er auch nicht. Denn er bekam sehr plötzlich einen knallenden, einen klirrenden Schlag vor den Kopf. Richtig, ja: *vor* den Kopf, es war genauso, denn der Schlag klirrte an einen Ring der Kette, die zwischen den Hörnern, um den Hals, die eben an vielerlei Stellen seines Kopfes hin und her ging. Der Stier spürte keinen besonderen Schmerz, das kann man wohl nicht sagen: dazu hielt die Russenmütze, hielt seine eigene junge Stirnwolle, hielt vor allem der große Ring der Kette zuviel ab von der Wucht des Schlages. Es war eher der klirrende Knall an seinem Kopf, es war eher dieser plötzliche Lärm zwischen seinen Augen, der den Stier verwundert stehen ließ. Er sprang nicht zur Seite, sprang auch nicht mit allen vieren gleichzeitig in die Luft, wie wir es aus den Stierkampfberichten so sorgfältig geschildert kennen. (Dieser Verwunderungssprung des Stieres, der die ersten Reizstachel ins Genick bekommen, von denen die Aficionados genau wissen, wie sie heißen und zu welchem Zeitpunkt des lüstern vorgebeteten Rituals sie sich in den Stier zu versenken haben: dann springt der Stier, spätestens dann ist der Stier gewarnt. Nicht nur gereizt, denn das muß er längst sein, soll das Ritual in eine schöne Messe münden; aber gewarnt, denn auch der Stier braucht seine Chance. Sagen die Aficionados.)

Nicht so dieser Stier. Er brauchte keine Chance. Er hätte sie auch nicht zu nützen gewußt. Will sagen: Er hätte auch nichts zu tun vermocht, was irgendwem den Eindruck vermittelt hätte, er habe eine Chance und er nütze sie.

Denn: Er spürte noch einmal einige Hände an seiner Flanke, an seinem Schenkel, fühlte sich abermals zurechtgeschoben. An der Kette zwischen seinen Hörnern nestelten irgendwelche Hände noch etwas zurecht, schoben auch den Jutesack hinunter, nasenwärts. Ein Strahl des überhellen Lichtes kam durch eine verrutschte Falte plötzlich in das Auge des Stieres. Das tat weh, dieses Licht, dieses so plötzliche Licht, aber nicht lange; denn dann war dieses Krachen da, dieses Krachen, das wie ein sehr entfernter Böllerschuß klang – jedenfalls für den Stier, nicht für die Menschen, die dabeistanden. Für die Klang es so, wie ein kurzer, weggeschluckter Blitz sofort in einen stotternden Donner münden kann, nur Bruchteile einer Sekunde lang. Irgend etwas birst weiter oben, die Väter erklären ihren furchtsamen Kindern die Sache mit der Elektrizität und der Entladung, hoffentlich wissen sie's noch, die Väter. Davon weiß aber der junge Stier nichts. Die Russenmütze ist nur wenig verrutscht. Wie klingt ein entfernt abgeschossener Böller? Wie unterscheidet sich dieser Klang vom trockenen Bersten eines eben zerknallenden Blitzes? Wer sagt das dem Stier? Wer sagt ihm, daß es seine eigene Schädeldecke war, die eben zersprang, daß eine Spitze in ihn eingedrungen ist, vorne, an einem gemeinen Instrument hervorspießend? Das ist der Krickel, hatte der Metzger stolz erklärt, das können nicht mehr viele, das mit dem Krickel, aber ich schlage sie alle so, mein Vater hat es mir beigebracht, es geht schneller, und billiger ist es auch.

Aber es ist verboten, sagte die Tochter des Großfleischhauers, als sie davon hörte. Es ist unmenschlich. Die Rinder werden immer betäubt, bevor sie dem Schlachtvorgang zugeführt werden. Kein Rind, das nicht betäubt würde. Sie merken es nicht, die Tiere. Das andere aber ist widerlich, es ist inhuman, wenn die Tiere nicht betäubt werden. Ich weiß es, meine Eltern hatten eine Großfleischhauerei. Tausend Tiere gingen über unsere Bänder, wir hatten Fließbänder, wir haben sie noch, die Tiere werden betäubt.

»Daß Sie sich das ansehen können«, sagte der Mann, im Gastzimmer der Fleischhauerei sitzend – Gasthaus und Fleischhauerei, das verspricht große Portionen –, »ich finde das widerlich, ein Tier zu töten, ekelhaft.« Sagte der Mann. Sagte es über einen Rostbraten, in einem großen Gasthaus mit angeschlossener Fleischhauerei – nicht wegen der Pointe, tatsächlich über einen Rostbraten hin. »Wie kann man das nur machen«, sagte er, »mir dreht sich der Magen um.« Er bemühte keinen Konjunktiv, er sagte: »Mir dreht sich der Magen um.« Er griff in den Brotkorb. Er nahm sich ein Kümmelweckerl, resch, braun, wie der Bäcker des Dorfes sie zu backen wußte. Er hatte ziemlich viel Sauce bei seinem Rostbraten, der Mann.

Zwanzig Gramm Protein sind das Minimum, das ein Mensch pro Tag braucht. Vor allem die Kinder in ihrer Entwicklung, wollen sie nicht verblöden. Hierzulande nehmen die Menschen täglich 82,5 Gramm, davon 54,9 an tierischem Eiweiß, zu sich. In Indien stehen dagegen pro Kopf am Tag nur sechs Gramm tierisches Eiweiß zur Verfügung. Im Iran zwölf, an der Elfenbeinküste dreizehn, in Tunesien elf und in Mexiko vierzehn Gramm.

Das wußte der Stier nicht. Auch der Mann, der sich über dem Rostbraten erregte, wußte es nicht. Das stand ja auch nicht zur Debatte.

8. Juni 1974

Die österreichische Lösung

Der gelernte Österreicher ist ein Mensch, dessen profunde Ausbildung durch die Fährnisse des Lebens ihn zu einem solchen macht.

Das Ausland, weiterhin – man glaubt es kaum, aber so ist es nun einmal –, das Ausland blickt mit Neid, aber auch mit entzückter Atemlosigkeit auf unser Land, in dem die Schwierigkeiten so schwierig gar nie werden können, als daß nicht einige beherzte, vor allem aber gelernte Österreicher flugs aufstünden und die Sache ... nein, nicht »in die Hand nehmen«. So kann man das nicht sagen, das wäre falsch formuliert. Schon beim In-die-Hand-Nehmen haben sich so manche die Finger verbrannt. Die wußten gar nicht, wie ihnen geschah. Bloß weil sie die Finger nicht von irgendeiner Brenzligkeit lassen konnten.

Nein: Der gelernte Österreicher »führt die schwierigen Tagesfragen einer Lösung zu«. Gut, wenn er modern ist, bildet auch *er* eine Kommission, einen Expertenrat, beruft andere gelernte Österreicher sowie einen Renommierausländer. Sollen die sich doch zusammensetzen und bei Mineralwasser und Spesenersatz die Sache mal durchreden.

Die profunde Ausbildung des gelernten Österreichers erlaubt es ihm, die Brenzligkeiten einer »Lösung zuzuführen«. Ja. Er *führt einer Lösung* zu. Und siehe da – nicht selten heben sich die Komplikationen aufs verblüffendste von selber auf. Verpuffen hinterm Kirchturm. Piff, ein kleines Stinkewölkchen, und weg ist sie, die schwierige Schwierigkeit. Einfach weg. Zum Beispiel:

Es gab betrübliche Erregungen, als eines Tages ein paar gewissenhafte Interessenkollisionäre zu unserem Wohl beschlossen, die Müllentsorgung der schwedischen Luftwaffe voranzutreiben. Man war mit dem Land schließlich befreundet, seit je und eh, die Leute hatten Probleme mit ihrem Schrott – also konnte man ihnen doch helfen. Und so kamen wir zu einem der lautesten Luftfahrzeuge der Gegenwart. Es ist nicht gerade modern, nein, das kann man ja auch nicht verlangen, aber dafür hört man's gut. Es dröhnt und pfugitzt und knattert und heult ganz imponierend, wenn's da so aufsteigt, um in unserem Luftraum nach dem Rechten zu sehen.

Man war nicht *nur* glücklich über dieses Resteverwertungsflugzeug. Nein! Man wehrte sich sogar dagegen, mit offenem Visier, frontal. »Nein, wir wollen den Donnervogel nicht, der tut uns nix Gutes, weg damit, wer hat den angeschafft, ja, wer eigentlich?«

Hader und Zwietracht kamen aus ihren Betten. Man regte sich richtig auf. Wie bei einer ganz wichtigen Sache.

Aber dann: begannen die ausländischen Flugzeuge Mineralwasserflaschen, behördlich geprüfte Toilettenseife, Kaugummi sowie mehrere Klinikpackungen Grippetabletten über unsere Alpen an den Golf zu transportieren. Lauter harmlose Sachen. Kekselen und Videokassetten von allerlei Heldentum. Das wird zwar erlaubt, daß so viel Harmlosigkeit über unsere Neutralität drübergeflogen wird sowie über unsere netten Alpentäler: aber nachschauen, nicht wahr, *das* wollen wir schon. Ab und zu halt. Eine kleine Stichprobe. Wir schicken da einfach ein paar von unseren Müllcontainern rauf, und die schauen nach. »Bitte – würden Sie mal die Klappe aufmachen, damit wir die Grippetabletten sehen können sowie die Großpackungen Kamillentee? Danke!«

So ist das jedenfalls geplant gewesen mit der Kontrolle. So war's gedacht. Aber dann kam alles ganz anders.

Fünfzehn Altertümer besitzen wir, glaube ich. Teuer bezahlt. Samt allerhand Ersatzteilen, die irgendwo gelagert sind, in hübschen Kisten. Also sollen halt einmal ein paar aufsteigen. Wenn wir vorher ringsum ordentlich Ohrpfropferln verteilen, wird der Lärm auch irgendwie auszuhalten sein, aber ja.

Aber, was denn nun, *was denn?* Warum steigt keiner

ein? Warum fliegt keiner los? Warum schaut keiner nach???

Wer soll denn bitte fliegen?

Wir rechnen mal nach. Ein Pilot ist krank. Der hat Grippe. Und auch irgendwelche Verdauungsbeschwerden, diesbezügliche. Da kann man nicht fliegen. Das könnte zu unangenehmen Details führen. Einer ist auf Urlaub. Nein, *zwei* sind auf Urlaub. Die laufen Ski, das erhält sie straff und frisch. Und das sollen sie ja sein und bleiben: frisch und straff. Drei sind im Ausland. Die müssen da noch irgendwie nachschauen, was man mit den Antiquitäten noch so derfliegen kann. Doch, weil die Schweden, die haben da oben ein paar Männer, die doch tatsächlich noch mit den alten Vögeln flattern können. Die geben ihr Wissen weiter.

Blieben noch drei. Zwei von denen haben frei. Dienstfrei. Ja. Man ist doch nicht 24 Stunden im Dienst! Und einer – einer ist eben bloß einer. Einer allein fliegt aber nicht. Nein, zu zweit sollten sie mindestens schon sein. Der eine muß auf den anderen schauen. Damit der sich nicht verfliegt. Oder ihm sonst was passiert. Aber einer allein steigt nicht auf. Kommt nicht in Frage.

Fünfzehn Stück haben wir. Fluggerät, wie das recht wichtig genannt wird. Aber bloß neun Männer, die das Gerät bedienen können. Wir hatten, glaub' ich, nie fünfzehn Piloten. Geschweige denn Urlaubsvertretungen, Grippevertretungen oder so. Aber die Herren Piloten mögen nicht gern mit den Kübeln fliegen. Sie gehen lieber mit zivilen Flugzeugen in die Luft. Sie wechseln zur Verkehrsluftfahrt. Ohne jedweden Skrupel. Da haben sie auch ein hübsches Mützerl auf, außerdem verdienen sie vielviel besser. Und: die hübschen Stewardessen, die duftenden ...

Und das sind eben die österreichischen Lösungen. Der gelernte Österreicher braucht bloß ein bissel zu warten. Dann führen sich die Probleme ganz von selbst einer Lösung zu. Die Flugzeuge sind ungeliebt? Sie röhren zu laut, röhren und grölen und fauchen und pfugitzen? Is doch Wurscht. Fliegt eh keiner. Wir schonen die Flieger. Wir haben nämlich gar keine Piloten. *Das* ist die wahre Neutralität. Wir haben eine Fünfzehnfliegerluftwaffe, wir Alpenbewohner, wir. Aber nur neun Piloten. Insgesamt. Tutti quanti. Das soll uns einmal einer nachmachen. Das zeugt doch von gutem Willen. Und Rücksicht. Und Harmlosigkeit. Die garantiert österreichische Lösung. Nur kan Wirbel. Mangels Masse.

24. Februar 1991

Landleben

Sie kamen über den kleinen Hügel herauf. Die Frau, ihr Fahrrad schiebend, samt vier Kindern, von denen das kleinste ebenfalls schob und schnaufte, während die drei anderen sich strampelnd allerhand Ehrgeiz und Sportslust herauspfugitzten. Der Hügel war nicht *sehr* steil, aber immerhin.

Die Kinder waren – ja, wie alt wohl? So ungefähr sieben das Jüngste, dann neun, dann zwölf und schließlich so um die fünfzehn. Zwei Buben, zwei Mädel. Die Mutter – denn es war natürlich die Mutter – so um Ende Dreißig. Alle fünf zu Fahrrad.

Sie schnauften und strampelten und schoben und kamen ganz gut voran. Sie waren's gewöhnt, das sah man. Das waren keine Sonntagstreter. Die waren oft so unterwegs. Sie kamen, so erzählte mir mein Freund Gerhard, sie kamen aus dem nächsten Dorf. Ungefähr neun Kilometer war das entfernt. Gerhard kannte sie. Er hatte bei ihnen einmal ein Schwein gekauft. Genauer: ein halbes. Denn so viel können Gerhard und die Seinen ja nun auch nicht essen.

Es waren die vier Kinder des Loiperdinger. Und die Frau. Es war ein ganz gewöhnlicher Abend im April, die Sonne hielt sich noch in den Bäumen fest. Es war noch nicht Abendessenszeit, aber sie hatten sich die Zeit genommen für die neun Kilometer zu meinem Freund Gerhard. Mitten in der Woche.

Warum das?

Sie wollten die Pferde sehen. Gerhard hat Pferde. Drei schöne, aufrechte Pferde. Eigentlich fast vier, denn seine schönste Stute ist trächtig, aber *wie*, sie hat einen gewaltigen Ranzen, und zwar aus der stürmischen, wenn auch nur einmaligen, Liebesbeziehung mit einem der allerfeinsten Hengste landauf landab. Eine teure Liebesbeziehung, wie Gerhard wußte, denn die feinen Hengste mit der edlen Abstammung sind deswegen fein, weil ihre Väter oder ihre Söhne oder ihre Töchter bei irgendwelchen Wettbewerben besonders erfolgreich getrabt oder galoppiert oder gesprungen oder alles zusammen sind. Das merkt sich der Hengst zwar keineswegs; der Hengst wäre viel lieber auf ein paar nette Flitterwochen mit der hervorragend schlank gebauten Stute zusammen – aber das läßt der Besitzer des Hengstes ganz gewiß nicht zu. Liebesdienste unterliegen strengen Tarifen, ohne Geld ka Musi. Es geht absolut amoralisch zu bei den je edler und je erfolgreicher, desto teureren Pferden. Absolut sittenlos. So wurden früher bloß die Prinzessinnen regierender Häuser verhökert, damit ein Fürstentum sich zum nächsten Fürstentum, noch besser ein Königreich sich zum nächsten geselle, akkumuliere, Macht und Größe und Ländereien und Soldaten auf einen Haufen würfe – dazu waren die Prinzessinnen ausersehen. Damals.

Jetzt aber kam die Loiperdingerin mit ihren vier Kindern den Berg herauf. Franz, Markus, Kathi und Anna. Und die wollten die Pferde sehen. Die Loiperdingerin hatte ihre vier zusammengepackt, und nun sollten einmal richtige Pferde in Augenschein genommen werden.

Na und, Gerhard? Das wirst du doch schon öfter erlebt haben, daß da ein paar Kinder an der Koppel stehen, letztes Jahr, als noch zwei Fohlen da waren, um so mehr. Sonntagsspaziergänger, die aus dem Wald kommen, mit etwas zu bunt karierten Hemden, als hätten sie Landärzte oder Forstmeister oder sonst was Erstrebenswertes in einer Fernsehserie darzustellen. Und rote Wadenstutzen. Solche Spaziergänger. Also, daß *die* an den Pferden ihre verblüffte Freude haben und ganz überrascht sind, daß es das also wirklich zu geben scheint, was doch sonst nur in den Sportberichten abermals des Fernsehens existiert, wenn besonders hastig hintereinanderher getrabt werden muß, vor einen winzigen zweirädrigen Wagen gespannt, oder wenn man eilig aneinander vorbei zu galoppieren versucht oder über allerhand künstliche Hindernisse mit sorgfältig gefalteten Hufen drüberzusetzen hat, über Mauern und Stangen und Wassergräben und alles das hintereinander ...

Sportberichte, dafür wurden wohl irgendwo Pferde aufbewahrt, und/oder vervielfältigt. Auch die Königin von England soll über Pferde verfügen, die sie gelassen bei Paraden besteigt, um sich von ihnen durch London hoppeln zu lassen.

Im Film gibt's auch Pferde. Aber die sind sicher künstlich. Im Film können sie ja alles machen, das weiß man mittlerweile, alles künstlich, alles technisch. Höchstens daß ab und zu ein Stuntman sich in eine Pferdehaut einnähen läßt und den John Wayne über einen wilden Fluß trägt. Weil, was die im Film anstellen, die Gäule, so was macht ja kein vernünftiges Pferd.

Also die Pferde, lieber Gerhard. Was war denn daran nun so besonders, daß die Loiperdingersche mit ihren vier Kindern die neun Kilometer über den Hügel raufkam, die Loiperdingersche, die du ja kanntest?

Na, gar nix weiter, sagte Gerhard. Oder eben doch. Weil: Die Loiperdingers sind Bauern. Die haben Milchvieh, die züchten Fleischtiere, die haben auch Schweine. Und tatsächlich in der Freiheit herumstreunende Hühner haben sie auch, die legen denen die Eier für den Loiperdingerschen Kaiserschmarren. Auch Kukuruz bauen sie an und Erdäpfel.

Ja, Landwirt ist der Loiperdinger. Und nun kommt die Frau mit den vier Kindern daher, um denen einmal richtige Roß zu zeigen. Gut, es sind keine Arbeitspferde, es sind ziemlich edle Trakehner, schlankfüßig, behende. Aber immerhin Pferde. Und die Bäuerin mußte übern Hügel herauf mit ihren vier Kindern, weil sie eine bewußte Bäuerin war: um denen zu zeigen, was es halt auch noch gab. Und auf jedem Bauernhof gegeben hatte. Roß. Pferde.

Da standen sie, an die Koppel gelehnt, eine ganze Weile. Die Mutter erklärte. Dann mußte der Gerhard erklären, der Stadtler, der mit hingebungsvoller Liebe auf einem kleinen Hof lebt, mit seinen drei Pferden – und demnächst vieren, wegen Fohlen und so –, und er erklärte den Bauernkindern die Besonderheiten dieser Pferderasse. Und so weiter.

Ein paar Wochen vorher war der Gendarm bei ihm erschienen. Der Gendarm war der Vorstand des Heimatvereins einer anderen Nachbargemeinde. Die pflegten die Vergangenheit, wo sie ihnen lohnend erschien. Sie trugen Trachten und sangen Lieder und begannen, die Sünden der vergangenen vierzig Jahre an Häusern und Häuseln allmählich aufs Korn zu nehmen.

Der Gendarm, Sohn eines Bauern, bat meinen Freund, ob der Heimatverein wohl das Haus des Gerhard – ja, photographieren dürfe. Von außen und innen, bitte, wenn's genehm sei. Und zwar mit einer Videokamera. Der Heimatverein wolle nämlich einen Film drehen, einen Amateurfilm, eh klar. Sie würden in Tracht erscheinen, mit Hüten und Hauben und mit allerhand alten Handwerkszeugen. Und nun sei es ja so, meinte der Gendarm, der Sohn eines Bauern, daß ja nix mehr so sei wie früher. Die Häuser seien niedergerissen und umgebaut und von der Krätze viel zu großer Fensterlöcher befallen ... Und nur das Haus des Gerhard sei halt noch so, wie man sich ein kleines Bauernhaus vorzustellen habe. Und ob man das nicht ...

Das mit der Fensterlochkrätze hat der Gendarm natürlich nicht gesagt. Er wollte die Kollegen des Heimatvereins nicht beleidigen, die nun zwar das Alte, Echte, Einfache beloben und auch per Video festhalten wollten – nur *selber* hatten sie den Versuchungen der Vertreter nicht widerstanden.

Gerhard schüttelte keinerlei Kopf. Er kann sich beherrschen. Natürlich waren der Gendarm und sein Verein samt Video herzlich geladen, die alten Zeiten anhand eines schlichten, schönen, größtenteils hölzernen Hauses wiederauferstehen zu lassen.

Gerhard würde da keine Kamera bemühen. Er lebt in diesem einfach gebliebenen Haus – und hatte einige Mühe, es vernünftig zu erhalten, ohne ein Museum daraus zu machen. Aber der Heimatverein wollte in Joppe und hohem Hut und mit hölzerner Heugabel die Vergangenheit wiederauferstehen lassen. Beim Nachbarn. Nicht bei sich selber. Man sei ja zwar einerseits ... im Verein ... eh klar, aber andererseits eben doch auch ... das Leben geht ja weiter, nicht wahr, ja?!

Die Loiperdingerin war aber doch froh, daß ihre Kinder einmal drei Pferde auf einem Haufen sehen konnten. Irgendwo müssen ja auch Bauernkinder ihre Erfahrungen machen. Das Landleben betreffend.

9. April 1989

Der Geist geht zu Fuss

Jeden Tag muss er durch die eiserne Garagentür. Jeden Tag hat er über die Pfütze zu steigen, die dort in einer Mulde auf ihn wartet. Die Mulde ist ein kleiner See, wenn es heftiger als heftig regnet. Wo die Mulde am tiefsten ist, wartet ein Ablaufgitter. Das soll das Wasser schlucken. Kann es aber nicht schlucken. Weil verstopft. Halb verstopft, seit Jahr und Tag. Die Herren von der Kanalräumung haben es begutachtet, das Gitter. Bekamen glänzende Augen. Wetzten die Zungen an den Oberlippen. Entblößten die Schneidezähne, die hungrigen. Freuten sich schon auf ...

Erklärten, das werde aber leider eine größere Sache, werde das. Leider, ja. Da müsse man freilich schon ... da werde man kaum umhin können ... nämlich tief. Nämlich lang. Nämlich bis auf die Straße. O ja. Vier Tage Arbeit. Sonst ...

Darum muß er täglich über die Pfütze steigen.

Jeden Tag, solange der Schnee schmilzt, solange der Regen regnet, solange das Wasser so langsam versickern kann.

Jeden Tag sieht er die Primeln etwas höher aus der Erde brechen. Sieht er auch die grünen Lanzen des Schneeglöckchens bohren und stoßen und drängend aufragen. Kann noch Schnee liegen, kann noch eine kleine Platte Eis drücken und glänzen und panzern; macht nichts. Jeden Tag hat sich das weitergebohrt, ist das millimeterweise durchgebrochen. Das läßt sich Zeit. Das hat Beständigkeit. Und Geduld. Und so auch Kraft. Das ist nicht das spitze grüne Blatt, das da etwa so gewalttätig zu bohren imstande wäre. Dann ginge das ja womöglich auch schneller. Horuck und so.

Vielmehr: die Geduld. Langsam. Millimeter um Millimeter. Da hilft auch der Eispanzer kaum etwas. Der wird auch weggehoben. Ohne Eile. Ohne Hast. Und dann sind eines Tages die Blüten offen.

Und da staunt er dann.

»Hat alles seine Zeit / das Nahe wird weit / das Warme wird kalt / das Junge wird alt / das Kalte wird warm / der Reiche wird arm / der Narre gescheit / alles zu seiner Zeit.« Das sind so die schlauen Sprüche. Und die sind natürlich vom alten Johann Wolfgang, aber ja doch, natürlich. Der hat auch darauf seinen Vers gemacht. Aber ... aber es stimmt ja. So steigt er über die Pfütze, sieht er der Blumenblattlanze zu, wie sie, ohne aufzuhören, aber ganz und gar bedächtig die Erde beiseite hebt ...

Immer mit der Ruhe.

Er muß da jeden Tag vorbei. Der Schnee schmilzt. Der Regen pladdert. Die Kälte beißt. Die Blume hält Ausschau nach einem Töpfchen Sonne.

Da kannst du die Uhr wegstecken. Wenn die Tage noch so hoppeln. Plötzlich steht die Zeit ja doch ein bissel still.

»Palmströms Uhr ist andrer Art / reagiert mimosisch zart. / Wer sie bittet, wird empfangen, / schon ist sie so gegangen, / wie man herzlich sie gebeten, / ist zurück- und vorgetreten, / eine Stunde, zwei, drei Stunden, / je nachdem sie mitempfunden.

Selbst als Uhr mit ihren Zeiten, / will sie nicht Prinzipien reiten. / Zwar ein Werk wie allerwärts, doch zugleich ein Werk – mit Herz.«

Diese sensible Taschenuhr des Herrn Palmström hat sich der freundliche Christian Morgenstern ausgedacht, und wenn du die so ticken hörst und ihr zusiehst und mit ihr lebst, wie sie die Zeit behandelt, wird dir möglicherweise eben doch ein bissel wärmer ums Herz. Was nicht unbedingt schaden kann. Denn das hat ja mit deinen Gefühlen zu tun; wie du deine Zeit erlebst, wie du sie dir vorstellst, wie du sie zu empfinden vermagst.

Jeden Tag muß er durch die eiserne Gartentür. Steigt über die Pfütze. Die Pfütze ist mal gefroren, mal ist sie ein

Teich, mal ist sie eingetrocknet. Aber er weiß, sie ist eigentlich immer da. Kaum fällt Regen – da ist sie schon, steigt sie schon auf, zwingt sie ihn schon, die Füße zu heben, drüberzusteigen, sich wegzuheben.

Also die Zeit. Also die Zeit, die sich einer läßt. Wenn sie die Osterlieder singen. Wenn sie die Evangelien lesen. Wenn die Weihräuche aufsteigen. Wenn sie stillstehen, weil die Glocken schon wieder hinter einem Hügel herüberläuten, weil sie tief und hell, brummig und musiknärrisch über ein ganzes Stadtviertel hintönen.

Also kannst du doch stehenbleiben. Also kannst du doch dein Fenster aufmachen und dem zuhören.

Also kannst du doch deine Beine gebrauchen und den Weg dir selber suchen, wenn du den Ostermorgen lebendiger als unter der Tuchent zur dir herlassen willst. Komm dir nicht unbedingt schlauer vor als all die Brauser und Raser, die an dir vorbeihecheln mit allerhand Pferdestärken und schnell den Ostertag irgendwie mitnehmen wollen.

Wie war das mit dem alten Mohammedaner, der wieder einmal nach Mekka zu pilgern hatte? Der hatte sich überschwatzen lassen, doch mit dem Flugzeug zu fliegen. Das mache man heute so, das sei ja auch viel weniger beschwerlich, bitte, hier, alles ist bezahlt, gute Reise, Opapa. Das alles natürlich in fließendem Arabisch. Da flog er denn. Und kam zurückgeflogen und machte sich gleich auf den Weg zum Schuster. Die Schuhe mußten einen neuen Riemen bekommen.

»Wie war es in Mekka?« fragten die Enkel. »Ich muß erst nach Mekka«, sagte der Alte. »Du warst nicht in Mekka? Wo warst du denn?« fragten die Enkel, die immerhin das Ticket erlegt hatten. »Doch, mein Kopf und mein Bauch, die waren im Flugzeug und waren auch in Mekka. Aber jetzt muß ich wirklich hin. Auf Pilgerschaft. Ich war noch nicht wirklich dort. Der Geist geht zu Fuß!«

Aber in aller Ruhe. Aber über die Wiesen. Aber eine ganze Weile. Aber ohne sich schlau vorzukommen dabei, weil die anderen, die Blöden, mit den Boliden vorbeitschundern.

Setz dich in die Kirche. Denk mal nach, was das denn so Wichtiges sein könnte, das die Welt so beutelt. Wenn deine Uhr zu laut tickt, steck sie in die Tasche. Die Turmuhr – hörst du –, die ist das, die so ächzt und stöhnend die Zeit weiterzuzerren versucht. Die Viertelstunde kündet sich an, da ist allerhand Gerassel und Gezischel, abwärts fallende Gewichte, oder was kann das denn sein – trrrr – zzigggguuhhhhh ... und dann: die Glocke.

Mußt aber allein sein in der Kirche. Riecht noch nach kalt gewordenem Wachs und Rauch. Nach Blumen. Grünzeug. Die Zeit ächzt zögerlich weiter. Keine Fliege summt noch in der kühlen Kirche. Die Auferstehung geschah auch ohne Gesumse und ohne Lärm.

Und dann gehst du wieder ein Haus weiter. Muß noch nicht nach Hause sein. Das Nachhausegehen sollte man manchmal etwas hinauszögern. Wenn man sich auf etwas zu freuen hat. Wenn man etwas in sich hineinzugrübeln hat.

Ein Haus weiter. Nicht gleich nach Haus.

3. April 1988

Solche Hühner waren das

Es soll Leute geben – doch, das Gerücht geht –, Leute, die noch wissen, wie ein Huhn geschmeckt hat. Hier ist nicht vom Backhuhn die Rede, denn das Backhuhn hat wahrscheinlich immer so geschmeckt, wie Marcel Proust oder Celeste, seine Haushälterin, das treffend ausgedrückt haben: »plumeau cuit en panade«, gekochtes Federbett in Panade, die zu Wien und in den umliegenden Kronländern »Panier« gerufen wird.

Nein, aber wirklich eßbare Hühner! Seien es nun junge Brathendln oder auch sorgfältig im Ofen gebratene, gewendete, begossene, gefüllte, knusprig aufgetragene Poularden ... Oder sei es ein Suppenhuhn gewesen, weiß und hellgelb, langsam in gewürzter Brühe vor sich hin köchelnd ... Das alles soll einmal geschmeckt haben, so zart und so unvergleichbar und so wunderbar, daß es eben einmal, einst, *das* Festtagsgericht war, gleichbedeutend mit Wohlseinlassen, Schlemmerlust, Geburtstag, Familientisch, Ausnahmezustand, ein Umdentischherumsitzen, auf dem so ein Huhn, so ein Frikassee, so ein ... Ach vielerlei Begeisterndes machte man aus diesen Hühnern, das ging in die Anekdoten der Familie und der Hausfreunde ein. Weißt du noch, als wir dieses gefüllte Huhn mit ...

Solche Hühner waren das.

Und die soll es einmal gegeben haben. Es hat sie gegeben. Gaumenzeugen berichten glaubhaft davon.

Leute, die je solche richtigen Hühner gegessen haben, die werden traurig, wenn sie heutzutage das Wort Huhn auch nur lesen, sei's auf einer Speisekarte, sei's in der Auslage eines Ladens.

Und solche Leute essen heutzutage keine Hühner mehr. Die essen im besten Falle Rindfleisch. Oder sie wurden Vegetarier oder sonst was Trauriges.

Und diese Abstinenz bei Menschen, die das besser gekannt haben, was ihnen heute als ebenbürtig oder gar noch als garantiert vervollkommnet angedreht werden soll, die ist verständlich. Mindestens das.

Das muß nun aber nicht etwa greisenhafte Schwärmerei von früheren Zeiten sein, die einen enthaltsam werden lassen könnte. Es geht ja nicht nur um Hühner. Es gibt noch Wichtigeres als Poularden, und seien die auch mit einer Farce aus Hühnerleber, Schinken, Petersil, Milchweckerln, Ei, Schalotten und Estragon samt einem Schuß besseren Weinbrandes gefüllt gewesen. Es gibt Wichtigeres!

Und Nachprüfbareres!

Was eine politische Partei einmal gewesen sein kann: nämlich der Zusammenschluß von Menschen, die in der Welt, in der sie nun einmal leben müssen, einiges bewirken wollen; das Zusammenwirken sehr verschiedener und verschiedenartiger Menschen, die Interessen dieser Zeitgenossen in Einklang zu bringen mit dem, was existiert – und mit dem, was offenbar noch fehlt, was einfach notwendig erscheint, was kommen muß, was der Bürger sich erkämpft, was der Arbeiter sich später erobert und für sich durchgesetzt hat. Das (und das, was sich daraus ergeben mag) zu formulieren, wachzuhalten, immer wieder dafür sich stark zu machen – kann das nicht Aufgabe einer politischen Partei sein? Haben nicht Menschen, Bürger einer Gemeinde, einer Stadt, eines Landes sich unter solchen Vorzeichen zusammengetan, um als Gruppe mehr zu erreichen, als ihnen das als einzelner möglich gewesen wäre?

Und nun setzen sie sich durch. Und nun gewinnen sie Sitz und Stimme. Und nun bestimmen sie mit. Und nun haben sie Macht und können erreichen und bewirken, was ihnen wesentlich erscheint. Und nun haben sie Zulauf, selbstverständlich. Je mehr Sitze und je mehr Stimmen und je mehr Glanz des Erfolges mit ihnen verbunden sind, desto hurtiger, desto prompter, desto vorbehaltloser läuft man ihnen zu – und manchmal auch nach, von allen Seiten.

Na gut.

Aber dann wird die Macht eine tägliche Macht. Aber dann setzt sie Fett an und wird selbstverständlich. Dann beginnt sie, sich zu vererben auf Nichten und Neffen. Und das müssen gar keine wirklichen Nichten und Neffen sein. Dann wissen die Mächtigen schon so gut, wie's geht und was die Unterschiede sind zwischen dem, was man verkündet, und dem, wozu einen »die Umstände leider zwingen ...« Dann liest man in den eigenen Programmen erst wieder nach, wenn die Aufrufe vor jeder Wahl, vor jeder Entscheidungsschlacht neu zu formulieren sind. Dann muß man sich wohl oder übel daran erinnern, was da eigentlich einmal gewesen ist, wie das denn eigentlich angefangen hat, bevor man in all die Ämter eingezogen ist, in denen man heute das Sagen hat ...

Und die Formulierungen, die dann gefunden werden, die dann zitiert werden, mit deren Hilfe wieder einmal definiert wird, was einen denn eigentlich dazu treibt, sich so und nicht anders für den Mitbürger einzusetzen; das Grundsätzliche, das, was beabsichtigt war und was beabsichtigt zu sein wiederum beteuert wird: das liest sich gut. Das ginge einem ja ein. Dazu könnte man »ja« sagen. Da hat man ja auch schon öfter »ja« gesagt.

Nur ... nur fällt einem dann auf, daß eine Menge ausgespart wurde. Daß ganz konkrete Sorgen und Ängste und dringende Fragen, die vor einem halben Jahr noch die Gemeinde bewegt haben, oder die Stadt, oder das ganze Land vielleicht sogar, daß die auf einmal nimmer da sind. Nimmer da zu sein scheinen. Einmütig wird geschwiegen. Und wenn man sich noch so sehr zu mißtrauen scheint, wenn noch so sehr dem Gegner am Zeug geflickt wird – diese Punkte, diese Fragen, das, was neulich noch so beunruhigte, wird ausgespart!

Selten, ach, ganz selten einmal taucht drüben, hinterm Zaun einer auf der anderen Seite auf und kräht: »Aber halt einmal, da war doch noch ...« Kommt aber gar nicht dazu, auszusprechen, was denn da noch war, denn schon wird er zurückgerissen von den eigenen Mannen, niedergezischt, zur Ruhe gebracht. Und auf beiden Seiten, in beiden Schützengräben, von denen die jeweilige Truppe behauptet, sie seien sehr, aber schon sehr tief und absolut unüberwindlich, und da führe kein Weg daran vorbei – und über dem Rand beider Schützengräben taucht jeweils blitzschnell ein weißes oder biergelbes oder weinrotes Fähnchen auf und wird ein bissel geschwenkt, derart signalisierend: Irrtum! Das war alles nicht so gemeint! Wir halten uns an die ...

Ja, woran eigentlich?

Und da kann es dann natürlich geschehen, daß sich die Leute, die heute keine Hühner mehr essen, weil sie sich erinnern, wie Hühner einmal schmecken konnten, was bei der Ernährung und Aufzucht einmal alles *nicht* möglich oder gar erlaubt war – da kann es dann geschehen, daß sich diese Genußspechte daran erinnern, daß eigentlich auch bei anderen Sachen eine andere Absicht dahinterstand. Daß eine Partei *für* den Bürger, *mit* dem Staatsbürger arbeiten wollte – und nicht *trotz* dem Bürger, *anstelle* des Bürgers.

Da erinnern sich die Leute, die noch wissen, wie die Hühner einmal geschmeckt haben, daß in diesen Parteien, aber ach, die Mitarbeit des Bürgers selbstverständlich war. Und dann wissen die auch noch, daß diese Mitarbeit auch erwünscht war. Nicht nur im Sinne des »Da, mach – und halt die Goschen«: aufmerksame, wache, kritische Mitarbeit hätte das sein sollen.

Da erinnern sich die Leute, die noch vom Geschmack der Hühner wissen, daß man ihnen gesagt hat, sie müßten halt dazukommen und dabeisein, um von innen her mitbestimmen zu können, wohin die Reise zu gehen hätte. Und dann erinnern sie sich, wie die Macht mächtig macht und eben: fett. Und wie ihnen einmal, als sie den eigenen Freunden zu unruhig, zu nachdenklich vorgekommen waren, wie ihnen da ein Stück Kuchen angeboten wurde. Machtkuchen. Wer so kritisch sei, der solle Verantwortung mittragen, hieß das, und es solle sein Schaden nicht sein, hieß es auch ...

Daran erinnern sich die Leute, die heute keine Hühner mehr essen.

Und *daß* sie sich erinnern, daß sie plötzlich wieder wissen, daß da noch einmal was war ... daß sie plötzlich noch einmal über die Dinge, die auf einmal nicht mehr erwähnt werden, reden wollen, genau über diese Sachen, um die es so leise wurde – und die in ihrem Dorf, in ihrer Stadt aber ganz lebenswichtig sind, das zeigt: Alles haben sie noch nicht vergessen. Die machen den Mund auf und die sagen: *Nein.* Und sie sagen: *Nicht so!* Sondern ...!

Und da erschrecken die Leute, die die fetten Hühner ihrer Macht essen. Und sie wundern sich. Und sie begreifen ganz wenig, und dabei ist das doch gar nicht schwer zu begreifen.

Wenn man will, daß die Leute wieder Hühner essen, dann müssen die Hühner wieder besser schmecken.

9. Oktober 1982

Vom Walfang und der Politik

»Was ist das: Politik?« fragte der Elfjährige. »Regierung, das weiß ich. Das sind die Minister und die Präsidenten und so. Die sagen einem, was man machen darf und was nicht. Und die haben eine Polizei, die paßt auf, daß man das macht, was sie will, die Regierung. Und Steuern oder so was muß man der Regierung zahlen, damit die Regierung sich das alles leisten kann und alles bezahlt, die Straßen und die Post und die Reisen von den Politikern, und alles halt. Aber Politik? Was ist das? Sind das welche, die auch Regierung sein wollen, aber das erst lernen? Oder wie? Kannst du mir das erklären?«

Erklären Sie das einmal, wenn schon so festgefügte und leichtfertige Auffassungen von Regieren und Regierung im Kindskopf festsitzen. Politik?

Es ist nicht schwer. Man kann es. Man muß nur hinhören.

Vor etwa zwei Wochen unternahm es die Agentur Reuter, in wenigen, klar formulierten Zeilen das Wesen der Politik zu erklären. Die Agentur Reuter teilte mit, die EWG habe einen Beschluß gefaßt, der dazu helfen solle, die vom Aussterben bedrohten Wale vor der Ausrottung zu schützen. Überall in der Welt, wo noch Wale schwimmen und prusten, ist ja bekanntlich eine hochtechnisierte Killerflotte unterwegs, um den Kolossen mit Sprenggranaten, Echolot, Harpunen allerhumansten und treffsichersten Zuschnitts auf den speckigen Leib zu rücken. Wenn je Menschen – wieder einmal – den kühlen, organisierten Wahnsinn gegen die auf dieser Welt noch lebenden Tiere praktizierten, dann hier. Wir wissen, es gibt nicht mehr viele Wale. Wir wissen, die gehören hierher, die sind ein Teil unserer Erde, die haben eine Funktion im Haushalt dieser Welt und ihrer Meere ... Aber das alles sind ja kindische Gedanken. Denn: Man kann ihr Fett, ihre Haut, ihre Drüsen, ihre Knochen – alles kann man gebrauchen. Und weil sie nicht in den Parks der Großstädte herumlaufen, wo man die Jagd ja auch nicht so zielstrebig und diskret abhalten könnte wie weit draußen auf dem Meer, drum gibt es diesen organisierten Krieg gegen die Wale immer noch. Selbst ein Bezirksvorsteher würde dringend einschreiten, um die Gunst seiner Wähler und Wählerinnen fürchtend, wenn plötzlich einer auf den Gedanken käme, im Beserlpark mit schnellen Geländefahrzeugen aufzukreuzen, mit knallenden Harpunen nach den Hunderln zu schießen, diese hurtig ins Auto zu ziehen und wieder abzuschundern; auf dem Weg zum nächsten Beserlpark würde den Hundchen schon die Haut abgezogen, und man zerlege sie fein säuberlich in ihre Einzelteile – nur, weil etwa ein Anrührer kosmetischer Salben nach Hundefett verlangte und mit der Hundesalbe garantierte Faltenlosigkeit des Schienbeins zu garantieren imstande wäre. Oder weil ein Kürschner Hundefell zu kopffreundlichen, im Trend der neuen Zeit geschnittenen Frühlingskappen verarbeiten möchte. Oder weil die Energie der so menschen-, aber keineswegs hühnerfreundlich gehaltenen Hühner beim konzentrierten Eierlegen in ihren Legekäfigen durch Zugabe einiger Deka Hundemehls ungeheuerlich angestachelt würde. Kein Huhn legt so viele Eier wie das Huhn, das gemahlenen, gedörrten Hund gepickt hat! würde die Futtermittelwerbung – ähnlich wie beim Fischmehl – über das Hundemehl posaunen.

Nein – das ginge nicht. Kein Politiker, auch kein ganz kleiner nicht, würde sich den Schutz des Hundes vor den räuberischen Hundefängern entgehen lassen. Jeder würde heroisch und demonstrativ auf sein Frühstückshühnerei verzichten und sich vor leerem Eierbecher ablichten lassen. Keinen Abgeordneten gäbe es, der nicht das Hundeei im Park gegen das Hühnerei im Guglhupf zu verteidigen wüßte.

Gäbe es allerdings viele Hundefänger, noch besser: Gäbe es eine, höchstens zwei große Hundefänger*meuten*, die mit Flottillen hochtechnisierter Geländewagen die Parks und Vorstädte durchstreiften – dann würde natürlich das Arbeitsplatzproblem akut ... und der Zynismus schlüge Purzelbäume. Kann man die Hunderln schonen, wo doch achtundzwanzig Hundefänger, hinter denen noch zwölf Verwaltungsangestellte zweier österreichischer, steuerzahlender, alteingesessener Hundeverwertungsinstitute stehen, die ausschließlich die heimische medizinische und kosmetische Industrie beliefern, durch das Fangen dieser Hunderln ihre Arbeitsplätze gesichert haben wollen? Also, was nun – ja oder ja? Die Karte mit der Arbeitsplatzsicherung wird natürlich von den beiden einander erbittert bekämpfenden, aber ebenso natürlich trotzdem in *einem* Verband unabhängiger österreichischer Hundeverwertungsinstitutsbetriebsgesellschaften vereinten Chefs gezogen, beziehungsweise von den beiden Besitzern dieser: Duzfreunde, Geschäftsfeinde, in den zuständigen Gremien beider wesentlichen Parteien als Fachvertreter sitzend.

Die Karte mit den Arbeitsplätzen wird immer zuerst von denen gezogen, die was tun, was sie besser nicht täten – was zu tun nicht so ganz astrein ist. Das heißt, sie tun's natürlich nicht. Sie *lassen's* tun. Von den Arbeitern, um deren Arbeitsplätze sich die Präsidenten der Walfangflottillen sorgen.

Die europäischen Bezirksvorsteher haben aber gerade noch rechtzeitig gemerkt – so hat's den Anschein –, daß da irgendwer zu weit gegangen, richtiger: geschwommen ist mit Hilfe der Killerschiffe. Und sie haben gemerkt – und damit will ich mich wieder fangen und meine Abschweifungen nicht zu weit schweifen lassen –, daß möglicherweise nicht nur im Haushalt der Natur etwas mörderisch durcheinandergerät, wenn man sich auf die Jagd des größten noch lebenden Tieres so lange konzentriert, bis es dieses Tier einfach nicht mehr gibt. Denn, nicht wahr, was dann? Dann muß es ja aufs Nächstkleinere losgehen. Die Flottillen sind da, die Arbeitsplätze sind da, die kosmetische und die Heilmittelindustrie ist da – na also!! Schon werden die Delphine gejagt, und wie! Da verfängt nicht einmal das kosmetische, das medizinische Argument – die *schmecken* nur einfach ganz gut; einigen Feinschmeckern, die sich früher Nachtigallenzungen oder Pfauenärsche oder sonst was Rares servieren ließen.

Warum diese Abschweifungen?

Um's plastisch und genau vorzuführen und anschaulich und auch den lieben Kindern eingängig. Noch wird der Wal, jede Art fast von Wal, gejagt. Der größte und der nächstkleinere und immer so weiter. Aber die Zehnergemeinschaft, die EWG, dieses moralische Ding, hat endlich einen Riegel vorgeschoben. Die Argentur Reuter hat es vor etwa vierzehn Tagen gemeldet, ich habe es selber gehört. Hab's nicht recht geglaubt, hab' mir den Text der Agentur kommen lassen. Es stimmte, ganz genau wurde es gemeldet. Die EWG hat tatsächlich ein Einfuhrverbot für alle Produkte erlassen, die aus Walen erzeugt werden. Und auch für alle Rohmaterialien, Teile von Walen, eingedicktes Walfett, eingekochtes, ausgelassenes Walfett – Salben und Tinkturen aus Wal: aus! Wird nicht mehr eingeführt. Darf nicht mehr eingeführt werden. Das ist die wirkungsvollste Art, den Walfang zu stoppen. Und die EWG ist zu loben und für ihre Klugheit zu rühmen, Klugheit, die nicht mit humanen und ökologischen und faunophilen und den meisten Menschen romantisch vorkommenden Argumenten vorgeht, sondern die Walfänger da packt, wo sie zu packen sind: beim Handel. Da hinhaut, wo sie was spüren: beim Merkantilismus. Wenn sie ihre Wale nicht mehr verkaufen können, werden sie schon aufhören damit, sie zu jagen. Wenn sie erst einmal eine Ladung voll landen wollen, und die Salbenfabriken haben sich umgestellt, dann wird vielleicht Schluß sein mit der Killerei. Endlich einmal hat jemand zu Ende gedacht bei der EWG.

Und damit soll man nun den Kindern erklären können, was Politik sei? Wie das gemacht wird, daß alle zufrieden sind? Ja?

Ja! Denn die Agentur Reuter ist ein verläßliches Unternehmen – und sie hat drum noch eine Zeile mehr berichtet, als ich bis jetzt weitergegeben habe:

Die Einfuhr von Walfleisch, Walfett, von Produkten aus Walen, ist in das Gebiet der EWG neuerdings verboten. Mit Ausnahme ... mit Ausnahme von Walknochen. Und von Walzähnen. Die dürfen weiterhin. In die EWG. Eingeführt werden. Dürfen sie. Hat die EWG beschlossen. Und damit den knochen- und zahnlosen Wal erfunden. Den politischen Wal, den Politikerwal. Knochenlos. Zahnlos. Schwimmt, weil fett, immer oben.

So kann man den Kindern erklären, was das denn ist. Politik. Europäische zum Beispiel.

4. Januar 1981

Angebot und Nachfrage

Die Firma heisst Chinter. Sie hat ihre Büros in Brüssel. Man kann sie jederzeit kontaktieren. Die Adresse ist 216 Chaussee de Haecht. Man kann mit ihr Geschäftsverbindungen aufnehmen. Allerdings, nur Geschäfte größeren Volumens sind gefragt. Es wird nichts verkauft in der Avenue, pardon, Chaussee de Haecht 216. Es werden Dienstleistungen angeboten. Fabrikgebäude, Industriegelände, Arbeitskräfte.

Jede Menge Fabriken. Unbeschränktes, entwicklungsfähiges Industriegelände. Und, wie gesagt, Arbeitskräfte. Genug Arbeitskräfte. Wirklich absolut genug.

Die Arbeitskräfte haben eine elementare technische Ausbildung erhalten. Man kann sie also, nach einiger Einschulung, an allerhand Maschinen einsetzen. Es sind zuverlässige Arbeiter. Nein, keine Facharbeiter. Das nicht. Aber wer sagt denn, daß sie das nicht werden können, nach einiger, auch nach längerer Zeit? Man könnte sie weiterschulen. Besser einweisen. Sie stünden einem lange zur Verfügung. Kein Problem.

Das hier ist keine Geschichte. Auch keine »wahre Geschichte«. Man kann es also nicht beim Kopfschütteln bewenden lassen. Damit finden wir nicht unser Auslangen, glaub' ich. Und es wird noch komplizierter: Die bloße, glatte Entrüstung, die einem selbst so wohltut, weil man sich auf der richtigen Seite des Flusses wähnt, auf der Seite, wo das Menschenrecht wohnt, der Anstand, die Menschlichkeit – die Entrüstung allein tut's nicht. Es ist – ja, so holt man sich dann die Begriffe, die einem helfen sollen, die einen auf ein noch viel feineres, noch viel luxuriöseres Ufer hieven können –, es ist alles komplizierter. Viel komplizierter.

Die Firma heißt Chinter. Sie hat ihre Büros in Brüssel ...

Eine wohlbekannte, große schwedische Automobilfirma bekam dieser Tage einen Brief aus Brüssel. Ich könnte den Namen des Automobils nennen, aber wozu. So viele Autofabriken gibt's nicht in Schweden. Auch diese Automobilfabrik denkt daran, muß daran denken, zu expandieren. Nicht nur in Schweden, wo das Lohnniveau hoch ist, sollen in Hinkunft die Autos gebaut werden, sondern offensichtlich auch in dritten Ländern, wohin man zu exportieren wünscht. Auch in den USA, wohin die Firma gerne ihre Produkte exportiert und gerne weit mehr exportieren möchte, geht's nicht so leicht mit dem Verkauf von Autos. Die Leute haben ihre Wägen. So schnell gehen die Dinger nicht kaputt. Gingen sie nämlich zu schnell kaputt, spräche sich das herum – und das hätte keine angenehmen Folgen. Vielmehr im Gegenteil. Außerdem: In den USA und in allerhand anderen Ländern salzen sie die Straßen nicht. Haben sie die Straßen nie gesalzt. Also kein Rost. Kaum Rost, sagen wir lieber und genauer: kaum Rost.

Man sieht schon: Man braucht dritte Märkte. Woanders, wo die Direktoren und die Funktionäre in geschlossenen, verhängten Limousinen über die Straßen gleiten und wo vor allem die einströmenden Fremden, die Geschäftsleute, in komfortablen Autos durch die Gegend gefahren werden sollen. Es gibt noch Märkte für robuste, bewährte europäische Automobile.

Nur muß man *dort* bauen. Dort, wo man die Autos verkaufen will. Nicht aus Europa dorthin liefern wollen. Das käme zu teuer.

In Schweden traf der Brief ein. Man habe in Brüssel, bei der Firma Chinter, erfahren, daß die schwedische Firma sich in China zu engagieren wünsche. Das begrüße man in China. Man könne in einer der großen chinesischen Provinzen ohne weiteres sowie sofort Fabriksgebäude offerieren. Außerdem böten die chinesischen Behörden eine große Anzahl von Arbeitskräften an. Der einzelne Arbeiter sei mit hundert US-Dollar zu bezahlen. Monatlich. Während der Preis sonst, bei anderen Arbeitern, zwischen zweihundert und dreihundert Dollar liege. Es sei also ein absolut lohnendes Investment. Die Anzahl der benötigten Arbeiter werde von den chinesischen Behörden absolut garantiert. Ebenso übernähmen die chinesischen Behörden die totale Sicherheitsgarantie, die Arbeiter betreffend.

Sicherheitsgarantie? Wieso Sicherheitsgarantie? Fragte man sich in Schweden. Und fragte sich auch, wieso die Arbeiter pro Monat so wenig, weniger als die Hälfte des üblichen Lohns, erhalten sollten.

Die Firma Chinter erklärte es: Es handle sich um Gefangene, Kriminelle und politisch Gefangene. Die Regierung in Peking macht in diesem Fall keinen Unterschied. Die Gefangenen würden am Morgen unter Bewachung aus den Gefängnissen an ihre Arbeitsstätten geführt. Und abends wieder, ebenso unter Bewachung, in die Gefängnisse zurück.

Die Sicherheit, wie gesagt, sei vollkommen garantiert.

Die schwedische Automobilfirma lehnte entrüstet ab. Sie glaubte zuerst, es habe sich jemand via Brüssel einen schlechten Scherz mit ihr erlaubt. Derlei entspreche keineswegs der Arbeitsethik seines Unternehmens, ließ der Firmensprecher Hans Rehnstroem verlauten. Da handle es sich ja wohl um schiere Sklavenarbeit. Und an derlei sei man nicht interessiert. Also wirklich nicht.

Aber wieso denn? verlautete es aus Brüssel. Charles Chi, der Sprecher der Firma Chinter, wehrte sich vehement. Man sei eine Import-Export-Firma. Man arbeite mit China zusammen. Man sei von dort vor einem oder anderthalb Monaten beauftragt worden, großen europäischen Firmen das Angebot zu machen, in China auf diese Weise zu investieren. Die schwedische Autofirma entstelle die Situation vollkommen, wenn sie von Sklavenarbeit spreche. Immerhin müßten die Gefangenen ohnedies arbeiten. Es seien Gefangene. Kriminelle und politische. In jedem Land dieser Erde gebe es schließlich Gefangene. Man wolle bloß helfen, daß sie ihren Lebensunterhalt verdienen könnten. Damit sie über Geld verfügten, wenn sie entlassen würden.

Ja – *wann* sie entlassen würden, wisse man natürlich nicht. Auch blieben ihnen – natürlich – nicht die hundert Dollar pro Monat. Nein. Es müsse ja für ihren Unterhalt im Gefängnis bezahlt werden. Gewisse Spesen außerdem. Natürlich.

Aber: Wenn Sie bedenken, daß eine große holländische Elektrofirma in Taiwan, also im sogenannten Nationalchina, eine Elektrofirma hat und für den asiatischen Markt produziert und den dortigen Arbeitern *tausend* Dollar monatlich zahlt – dann ist das doch ein Unterschied, nein? Zehnmal mehr zahlen die Holländer. Zehnmal.

Und: Es gibt andere Firmen, europäische Firmen, die seit längerer Zeit in ähnlicher Weise mit unseren chinesischen Auftraggebern zusammenarbeiten. Eine große, sehr renommierte französische Wein- und Cognacfirma zum Beispiel. Sie kennen sie alle. Sie kaufen gerne ihre Produkte. Diese Firma bezieht ihre Trauben von einer Bauernkooperative. Die Arbeit in dieser Kooperative wird ausschließlich von Gefangenen geleistet. Es ist keine Kooperative, es ist ein Arbeitslager. Man sieht das dort natürlich nicht so leicht, wie wenn morgens die Gefangenen aus dem Gefängnis angefahren würden. Die französische Firma läßt sich mit Trauben beliefern. Aus. Und warum sollten die Gefangenen nicht in den Vorzug gelangen, arbeiten zu dürfen?

So fragte die Firma in Brüssel.

Es gibt zwischen zehn und fünfzehn Millionen Gefangene in China. Nein, nicht alle Kriminelle. Nein, auch nicht alle politische Gefangene. In siebenhundert Lagern leben sie. Und in Gefängnissen, versteht sich. Die Nazis lieferten die Insassen gewisser KZs den großen chemischen Fabriken. Im Krieg. Als Arbeitskräfte. Die KZ-Insassen arbeiteten in der Herstellung chemischer Waffen. Auch sonst in großen, gefährlichen Industrien. In ihren gestreiften Anzügen kamen sie am Morgen. Sie wurden ernährt. Und nach dem Krieg verantworteten sich die Führer dieser Industrien, die durch Sklavenarbeit ihren Betrieb aufrechterhalten hatten: Wieso denn? Sie hätten ja bezahlen müssen. Der SS. Für jeden Mann, jede Frau. Und denen sei es bei ihnen bessergegangen als im Lager. Und wahrscheinlich stimmte das auch irgendwie.

Die Arbeitskraft des Menschen soll benützt werden. Und im Elend gibt es manchmal noch ein kleineres Elend. Das nützt wieder einem anderen.

Angebot und Nachfrage. Zehn bis fünfzehn Millionen Gefangene. Zweihundert bis dreihundert Dollar für einen sogenannten »freien« Arbeiter. Hundert Dollar für einen Gefangenen. Und wenn niemand die Gefangenen nimmt, dann werden sie halt in die Bergwerke geschickt. So lauten die Argumente. Und Angebot und Nachfrage sind heilige Kühe.

20. August 1989

Das IKAB

Immer wieder kamen Anfragen aus Hörerkreisen. Öfter schon hat sich die Presse mit der aktuellen Frage beschäftigt. Und auch die Leitzentralen der Parteien zeigten – natürlich unabhängig voneinander – Interesse am Behauptungsdenken. Und jetzt: Nach siebenmonatigen Vorbereitungsarbeiten ist es soweit, und ich kann berichten, daß das IKAB gestern gegründet worden ist. Die neuen Büroräume sind bezogen worden, drei junge, dynamische Mitarbeiter arbeiten ab Montag früh unter der Leitung von IKAB-Präsident Prof. DDr. Hanns Karbu an der Verbreitung sowie an der weiteren Festigung des IKAB-Gedankens.

Das *Internationale Komitee zur Aufrechterhaltung von Behauptungen* wird eng mit dem Europarat zusammenarbeiten und mögliche Fälle von europaweiter Auswirkung direkt mit der Zentrale in Straßburg koordinieren.

Sie werden sich ja alle erinnern, Sie, die Sie immer wieder ein solches Gremium gefordert haben und nicht müde wurden, auf die Importanz einer solchen Einrichtung hinzuweisen, was bisher so oft das Schicksal der allerbesten Behauptungen war: Sie wurden aufgestellt, von einem mutigen, unerschrockenen Einzelgänger oder auch von einer Gruppe von Mitbürgern – es kann durchaus eine Interessenvertretung gewesen sein, oder gleich eine Partei –, sie wurde aufgestellt, und sie lebte womöglich ein paar heftige Tage, in denen sie durch die Zeitungen gepeitscht wurde, oder ein paar Wochen – aber bloß bis zu den nächsten Energieferien, Osterferien, Pfingsttagen, Sommerferien, Weihnachtsferien, Allerheiligen und andere verlängerbare Wochenenden nicht vergessen, die die kräftigsten Initiativgruppen auseinanderfallen lassen, weil jeder eilends seine Familienmitglieder auf irgendeine Weise verschicken muß und meistens die Zwangsverschickung gleich mitvollzieht – also selber auch auf die Reise geht.

So verpufften die Kräfte von eben noch ganz einigen Gruppen. Freitagmittag ist allemal das stärkste Argument in diesem Lande, und da sind wir wahrhaft europäisch, denn kaum ein anderes Land wäre da nicht in derselben Verfassung am Freitagmittag – nämlich zerrüttet. Die guten Vorsätze läßt es fahren dahin – meist die Autobahn entlang, manchmal auch Bundesbahn, seltener mit dem Flieger, mit dem nur zur Sommerszeit, wegen Mallorca und alles inbegriffen. Auch die aufgestellte Behauptung. Die man doch eigentlich durchfechten hatte wollen. Und so.

Behauptungen können jetzt weit risikoärmer aufgestellt werden. Die Gefahr, daß eine einmal aufgestellte Behauptung durch irgendeine Terminnot oder sonst was Aktuelles einfach eingedickt werden könnte oder vergessen oder abgeschwächt oder verwässert oder auch durch eine andere Interessengruppe gestohlen: die gab es. Es kam vor, daß die schönsten Behauptungen einfach geklaut wurden, ein bisserl aufpoliert, na ja, und dann, nach den jeweiligen Parlamentsferien, neu verkauft und zwei, drei Tage verwendet, bis sie dann endgültig den Bach hinunterschwammen ...

Das wird jetzt alles ganz anders. Das kann alles nicht mehr passieren. Denn:

Das Internationale Komitee zur Aufrechterhaltung von Behauptungen wird hier genaue Arbeit leisten.

Wie das?

Bevor eine Behauptung zielführend aufgestellt werden kann, muß hinfort der Aufsteller – wie wir den Erfinder und In-die-Welt-Setzer einer neuen Behauptung einmal kurz nennen wollen – Inhalt und Wortlaut der beabsichtigten Behauptung dem IKAB melden. Derzeit noch drei Tage vor der öffentlichen Präsentation der Behauptung; in etwa einem Jahr wird es den Mitgliedern des IKAB-Fonds möglich sein, Behauptungen innerhalb weniger

Stunden neu aufzustellen, denn dann werden wir über einen Computer verfügen. Derzeit müssen die neuen Behauptungen noch von Hilfskräften händisch auf ihre Neuheit und Frische überprüft werden. Hierzu bedient sich das IKAB der Behauptungskartei, in der alle Behauptungen der letzten drei Monate genau beschrieben und inventarisiert werden. Nach Ablauf von drei Monaten ist jede Behauptung allerdings wieder frei, sie muß dann verbraucht sein, sonst stinkt sie. Länger braucht sich sowieso nichts frisch zu halten. Wie in der freien Wirtschaft, ist man auch beim IKAB an einem schnellen Umschlag des Behauptungsgutes interessiert.

Behauptungen können auch kurz vor Antritt einer Ferien- oder Geschäftsreise beim IKAB abgegeben und mit einem Bearbeitungsauftrag versehen werden. Dann wird das Internationale Komitee zur Aufrechterhaltung von Behauptungen ein bis zwei Fachkräfte – je nach Größe, Originalität, spezifischem Gewicht und Tragweite der Behauptung – damit beauftragen, sich dieser Behauptung anzunehmen. Meist kennen die Fachkräfte die Behauptungen schon, da im Laufe weniger Monate alles, was so behauptet wird, schon mal behauptet wurde – ziemlich unverfroren, oft mit den gleichen oder doch ganz ähnlichen Worten wie vom Vorbehaupter. Die Behauptung wird nun gründlich gereinigt, von etwaigen Speiseresten des Vorbehaupters befreit und in zeitgemäßer, dem Neubehaupter angepaßter Diktion den verschiedenen Multiplikatoren zugeleitet.

Sollten diese nur dezent rülpsen, weil sie von Behauptungen, namentlich unbewiesenen, schon nichts mehr hören können, dann hat sich die Arbeit der Komiteemitglieder auf zweierlei auszuweiten: entweder auf besonders lautstarke, trommelfeuerartige Wiederholung der in Auftrag gegebenen Behauptung bei jeder Gelegenheit, namentlich bei Volksaufläufen, Fußballspielen, Demonstrationen, Fernsehdiskussionen oder sogar Fitneßläufen, oder aber: durch leise, hinter vorgehaltener Hand gemauschelte, nie ganz zu Ende ausgemümmelte, angedeutete, immer noch etwas offenlassende – ja: Behauptungen. Die Erfahrung zeigt, daß doch immer irgendwas hängenbleibt; das mindeste ist, daß man über eine bestimmte Person ausstreut, zu dem falle einem auch schon eine Weile nix mehr ein – niemand habe über *den* was Neues berichtet, oder hat irgendwer was gehört?? Nein?? Eben.

Alle Daumen sind nach unten gerichtet. Einer, über den sich nicht mal was behaupten läßt ...

Wirklich schwerfallen wird dem IKAB wohl nichts. Denn das Terrain der Behauptung ist nur spielerisch zu betreten, und da haben die Mitglieder des Komitees doch wohl eine höchst erfolgreiche Vergangenheit nachzuweisen.

Aber etwas hantiger kann es werden, wenn Behauptungen in kurzer Zeit schon entkräftet werden können und wenn dann trotzdem der auftraggebende Behaupter verlangt, die Behauptung weiter am Leben zu erhalten. Drei Wochen dürfte das Maximum sein, eine handfest widerlegte Behauptung durchbehaupten oder doch weiterbehaupten zu können. Hier können nur ganz harte Spezialkräfte eingesetzt werden, die nicht etwa im falschen Moment von Skrupeln oder ähnlichem geplagt werden. Das wären nicht die rechten Mitarbeiter, die da nicht vom Großen, Ganzen mehr beeindruckt wären als von irgendeinem lächerlichen Detail ... Wahrheit muß auch der großen Sache dienen. Wenn sie's nicht tut, dann muß sie korrigiert werden. Geschönt. Das ist Facharbeit. Das Komitee wird selbstverständlich staatliche Unterstützung bekommen. Erstens wird es genug offizielle und offiziöse Aufträge zu erfüllen haben; das kann man bei Kenntnis der gegenwärtigen Behauptungslage mit Fug und Recht ... ja, kann man doch wohl ... Und dann: Es geht ja um das geistige Potential unseres Landes. Da darf *nichts* vergeudet werden. In jeder einmal aufgestellten Behauptung liegt so viel verborgen, das uns einmal zugute kommen kann, daß man einfach ans Energiesparen gehen muß. Behauptungen müssen als Energieträger genauso geachtet werden wie etwa Parlamentsdebatten. Man muß sie schützen. Man muß sie hüten. Man muß sie öfter einsetzen können. Die Wegwerfbehauptung ist tot, es lebe ...

Allerdings: Die Behauptungen, an die man nach ein paar Wochen nicht mehr erinnert werden will, die müssen verschwinden. Das ist Behauptungsmüll. Und auch da ist schon vorgesorgt. Die ÖBMD, die *Österreichische Behauptungsmülldeponie*, wird ihre Tätigkeit parallel zum IKAB aufnehmen.

Es ist an alles gedacht.

Ohne Datum

Was nicht im Polizeibericht stand

Was nicht im Polizeibericht stand:

»Da hat sich amoi a kloana Bua in an Regnschiam vasteckt der im Schirmstända gloant is. Auf oamoi s a Mo kuma dem wos der Schiam ghört hat und is damit in d'Stadt ganga. Dem Buam iss a bissl unheimlich worn und er hat se grad ausdenkt ob er net obn rausschbringa kannt, da hats a s'Renga ogfangt und wia dea Mo sein Schiam aufgschbannt hat, hat si da Bua grad no an de Stangerl ohoitn kenna. Aba wias s'Renga aufghört hat, war dea Bua nimma da. (Im Bolizeiberichd is blos g'stand: Buavaschwund.)«

Das ist von Philipp Arp, dem wunderbaren Bayern, dem meine verehrende Zuneigung gilt.

In Wien hatte ein Räuber beschlossen, ein wenig in einer Post zu rauben. Zu diesem Zweck kaufte er sich den bekannten, allgemein üblichen Raubershut, nämlich eine Wollmütze. Eine schwarze, wegen der Gefährlichkeit.

Der Räuber betrat die kleine Post, kurz vorm Mittagessen der Postbeamten. Er hatte richtig überlegt. Knapp vor Mittag werden die Beamten meistens so kurz angebunden und grundsätzlich, daß sich schon um Viertel vor zwölfe kein gelernter Bürger mehr in ein Amt hineintraut.

Der Räuber war allein.

Er zeigte seine Pistole her, wies auf die Gefährlichkeit derselben hin, bat, man möge ihm ersparen, dieselbe in Betrieb nehmen zu müssen, forderte die Beamten auf, trotz Mittagspause sich aneinander zu fesseln sowie sich auf den Boden zu legen, um ihn nicht weiter am Raube zu hindern. Der Amtsvorstand, offensichtlich nicht einverstanden mit der Vorgangsweise des Mützenräubers, betätigte mit dem rechten Vorderfuße die hierzu am Boden angebrachte Alarmtaste und folgte dann den Anweisungen des Räubers. Die Alarmtaste löste in einem nicht allzu weit entfernten Wachzimmer der großstädtischen Polizei einen genau so vorgesehenen Alarm aus. Zwei Herren bestiegen daraufhin ihr Fahrzeug und begaben sich nicht allzu freudig in das Postamt, von dem aus der Alarm gezündet worden war. Die Alarmanlagen der Postämter und der zahllosen, an allen Ecken und Enden wuchernden Bankfilialen sind heutzutage so ausgelegt, daß sie gleichzeitig als Trainingsprogramm der großstädtischen Polizei anzusehen sind. Die im Dienste des Bürgers in den oft überheizten Wachzimmern hart werkenden oder auch in keineswegs luxuriösen Automobilen umherstreifenden Sicherheitsorgane haben, namentlich winters, wenn der kalte Wind durch die Straßen der zu sichernden Stadt bläst, eindeutig zu wenig Bewegung. Sie stehen entweder und behüten allerhand Botschaften vor den Unmutsäußerungen oft eben der Bürger, die diese Botschaften zu vertreten vorgeben – das ist eine Tätigkeit, die Nierenentzündung und Senkfüße nach sich ziehen kann –, oder aber, sie fahren einher. Oder aber, sie sind zu bitterem Warten in warmen Stuben verdammt. All das macht oft runder und umfangreicher, als es den Herren lieb wäre.

Dies zu unterbrechen, scheint sich nun die Alarmanlagenindustrie mit der Polizeisportabteilung zusammengetan zu haben. Zahlreiche Fehlalarme machen die pflichteifrigen Beamten immer wieder ausrückend; die Herren haben immerhin den Weg vom Wachzimmer ins Automobil sowie den vom Automobil zum Schaltkasten des fehlalarmgebenden Objekts zurückzulegen. Das hält jung, das bewahrt die Spannkraft, das läßt Adrenalin in gehörigen Dosen einschießen.

Die fraglichen Herren stellten ihr Automobil ab und betraten das Postamt. Obwohl dort eigentlich hätte Mittagspause und also Ruhe herrschen sollen, trafen die beiden dennoch den einsamen Räuber an. Dieser forderte die beiden Wächter auf, ihm ihre Waffen zu überlassen. Die Wächter entsprachen der Bitte des Räubers. Die Frage dieses Herrn, ob sie im Besitze von Handschellen seien, konnten sie stolz bejahen. Sie entsprachen innert kürzester Frist der nächsten Bitte des Wollbemützten, nämlich einander zu fesseln, und dann auch noch aneinander, und ebenfalls auf dem Boden Platz zu nehmen.

Ein zweites Fahrzeug der Polizei erschien. Ihm entstieg nur ein einzelner zum Trainings- und Fitneßeinsatz absolut entschlossener Mann und begab sich, obwohl für alle Beteiligten hätte Mittagspause sein sollen, in das alarmgebende Postamt. Sein Zweitmann, der ihm von Rechts wegen eigentlich zugestanden wäre und ihm auch Schützenhilfe hätte geben sollen, Deckung und Feuerschutz und so, dieser zweite Mann sicherte eben einen Schulweg, tat also Sinnvolles und war unabkömmlich. Auch dies übrigens eine jener mit allerhand Unbill und Frost verbundenen Aufgaben unserer Wachebeamten, denn der Gefahr des Überfahrenwerdens sowie dem Schnupfen sind sie gerade bei diesen unspektakulären Einsätzen in erhöhtem Maße ausgesetzt. Dennoch verrichten sie ohne Murren den Dienst.

Der einzelne Sicherheitswachebeamte sah sich im Postamt zunächst nur dem ebenfalls einzelnen Manne mit Wollmütze gegenüber, der ihn aber alsbald aufforderte, sich seiner Waffe zu entledigen sowie sich fesseln zu lassen. Der Wachebeamte, der ja lediglich in der Annahme vorbeigekommen war, einmal mehr einem Fehlalarm zu begegnen, befolgte natürlich die Anweisungen des Räubers. Hierbei bewies er Klugheit und Umsicht, gelang es doch dem Räuber, ihn unter Zuhilfenahme posteigenen Spagats zu fesseln, wogegen der Beamte nicht aufmüpfte, vielmehr ruhig – zunächst einmal – geschehen ließ, was nicht zu ändern schien.

Der Unhold wies ihn an, sich zu den anderen Gefesselten auf den Boden zu legen; hierbei entdeckte der einzelne Beamte, daß er nicht allein bleiben mußte. Der Unhold widmete sich daraufhin dem Zweck seines Kommens, raffte die spärliche Barschaft des kleinen Postamtes zusammen, verschmähte auch keineswegs Rollen von Zehnschillingmünzen, nahm, was er vorfand, ehrte den einzelnen Schilling, packte ordentlich zusammen und ging dann, nicht ohne die Anwesenden zu bitten, ihm nicht durch vorzeitiges Melden die Fluchtmöglichkeiten zu nehmen.

Der Räuber, so die Vermutungen der Sicherheitskräfte, muß zu Fuß weggegangen sein und erst in einer abgelegenen Nebenstraße sein Fahrzeug bestiegen haben. Die etwa eine Stunde später oder so ausgelöste Großfahndung zeigte keinerlei Ergebnisse, es sei denn, man würde das Ausrückendmachen der Polizeischüler Wiens – die damit ihre straff geheizten Schulungsräume verlassen durften – oder das Entstehen und nach Stunden auch wieder fachmännisch geleitete Entwirren eines Verkehrschaos in Groß-Wien als Ergebnis werten.

Die Polizeiorgane reagierten ausgesprochen verbittert, und zwar nicht nur über das mangelnde Mitgefühl der Bevölkerung, sondern vor allem über die kaltblütige, generalstabsmäßig geplante Vorgangsweise des Unholdes. Dieser hatte tatsächlich sogar die *Mittagspause*, eine bei Ämtern sonst strikt eingehaltene Errungenschaft, mißbraucht und durch die ungewöhnliche Tatzeit sowie durch die von zahlreichen Fehlalarmen etwas abgestumpfte Einsatzwilligkeit der Sicherheitsorgane einen Überraschungserfolg erzielen können.

Hierdurch sei der Räuber, ist in eingeweihten Kreisen der städtischen Scharwache zu hören, von dem unausgesprochenen, aber üblicherweise angewandten Ehrenkodex städtischer Räuber abgegangen. Und zwar gleich in mehreren Punkten. Erstens sei es, wie gesagt, vollkommen unüblich, die soziale Errungenschaft der amtlichen Mittagspause dergestalt in die räuberischen Überlegungen einzuplanen. Zumal ja hierdurch auch den Beamten die ihnen zustehende Zeit der Rekreation genommen werde. Wenn ein Beamter schon einen Überfall, Beraubung seines Amtes, Fesselung und sogar Aneinanderfesselung hinnehmen müsse, schließlich auch noch gezwungen werde, sich wie ein Mäusl auf den Boden zu legen und dort ohne Mittagessen zu verharren – wenn das schon geschehe, so habe der Beamte ein Anrecht darauf, daß derlei in der Dienstzeit geschehe.

Zweitens aber gehe es nicht an, daß jetzt schon Einzelpersonen zwecks Raubes ausrückten beziehungsweise in Ämter eindrängen. Die Wache sei bei Überfallen dieser Art auf *mehrere* Räuber eingestellt, verhalte sich also kollegialer und irgendwie weniger behutsam oder alert, wenn sie sich einem einzelnen, wenn auch wollbemützten gegenübersehe. Diese Ballung von Kriegslisten habe den Beamten – im Verein mit den ununterbrochenen, fast nicht mehr zumutbaren Fehlalarmen – die Einsatzfreude und den Kampfwillen erheblich gelähmt. Nicht die Wache, vielmehr der Räuber habe sich nicht an das übliche Fair play gehalten. Außerdem rügt die Wache den unermeßlich steigenden An- und Ausbau von Bankfilialen an allen Ecken und Enden. Durch diese verwirrende Anzahl von Banken könne nicht mehr gewährleistet werden, daß die Wachen bei etwaigen Alarmeinsätzen diese Filialen auch fänden. Verzweifelt umherirrende Polizeifahrzeuge könnten andere Fahrzeuge leider auch noch behindern. Also – so die Wache – sollten fünfzig Prozent dieser Filialen aufgelassen werden.

Ein guter Vorschlag.

21. Februar 1981

Auch ein Transparentohr bleibt ein Schlitzohr

Der Herr Volksvertreter schaut ins Objektiv der Kamera, die ihm Popularität verleihen soll. Der Herr Volksvertreter hat seine beste Krawatte umgeschlungen, zu der ihm ein Spezialist in Sachen Mode und Politik riet. Der Herr Volksvertreter schürzt seine Lippen, und dann sagt er, was er zu sagen hat.
Nämlich nichts.
Er sagt einerseitsschon, andererseitsaberwiedernicht. Er sagt zwaraber. Er sagt wiewohl. Er sagt untervollkommenerberücksichtigungallerfakten. Er sagt: Unsere Bestrebungen müssen dahingehend zielführend sein, daß ... Natürlich muß aber realpolitische Übereinstimmung mit der Gegenseite angestrebt werden, damit nicht ...
Er quatscht.
Anderntags liest er im Blättchen, er habe an politischem Profil gewonnen. Er liest, daß er mehr und mehr politisches wie vor allem auch diplomatisches Format erkennen lasse. Er liest, daß er geschickt taktiere und sich vom Reporter Soundso nicht habe in die Ecke drängen lassen. Er bekommt eine gute Note.
Das freut ihn. Er merkt sich's. Er ist auf dem rechten Weg. Er gibt nichts preis von dem, was in der Nähe seines Zwerchfells sitzt. Er läßt sich nicht zur Spontaneität verführen. Er verkündet die Vorzüge des Kaiserschmarrens, und während die Gemeinde das Rezept notiert, kocht er sein Supperl. Er übt sich in der Kunst des Ohrenschlitzens, und zwar am eigenen Ohr, denn allemal wurden Schlitzohrigkeit und seifiges Wegglitschen, Zur-Seite-Schlüpfen, unverbindlich Zukunftweisendes mit Respekt, mit leise schaudernder Anerkennung, mit gerade der Portion Furcht und Vorsicht bedacht, die dem Schlitzohr nützen. Wenn er seine Worte nur unverbindlich genug wählt – und, natürlich, während er spricht und brabbelt,

an den Knöpfen dreht und an den Hebeln werkt, an die er, streng nach den Buchstaben des Gesetzes, herankommen kann.

Der Herr Rechtsanwalt, dessen Berufsbezeichnung weiß Gott liebenswürdig verspielt, idyllisch fast zu nennen wäre – *Rechts-Anwalt* und was das so bedeuten mag –, dieser hochgeachtete Mann, so recht dazu geeignet, jedes Amt würdig zu verwalten, das Gelassenheit, Unbestechlichkeit, innere Ruhe und eben ganz schlicht: menschliches Format verlangt – der Rechts-Anwalt lächelt bestenfalls milde, vermutlich aber doch mit einigem ungeduldigem Spott, wenn er an eine Causa gerät, wo der Buchstabe des Gesetzes gegen einen Tatbestand abzuwägen ist, der klar, eindeutig und ganz einfach nach den Regeln des ruhigen, leidenschaftslosen Menschenverstandes zu erkennen und auch zu entscheiden wäre.

Er lächelt.

Und wenn der Buchstabe des Gesetzes (oder eine bereits existierende Entscheidung) sich irgend verwerten, benützen, anwenden – ich sage ganz bewußt *nicht:* verdrehen, auch nicht hinbiegen, sondern nur wörtlich, buchstäblich, trocken, anwenden – läßt gegen das Empfinden, gegen das Gefühl, gegen die eigene Erfahrung und Überzeugung des Rechts-Anwalts: dann nimmt er diesen Buchstaben und deponiert ihn lächelnd zugunsten seiner Sache.

Und bekommt die Note eins.

Weil er sich nicht düpieren ließ. Weil er nicht dem sogenannten Menschenverstand erlag. Weil er nicht den Blähungen seiner Empfindungen und seiner eigenen Meinung nachgab, sondern sich kühl auf Entscheidungen in scheinbar gleichen Fällen berief.

Recht so. Recht so. Wenn es nur immer stimmt. Wenn es nur immer leidenschaftslos zugeht. Nicht wahr?

Nur: Ist die Lust, ein wacklig Ding durchzusetzen, ist die Lust, eine brenzlige Sache zu löschen, ist die Lust, eine stinkende Causa mit Biedersinn aufzumöbeln, *keine*

Leidenschaft? Ist der Sport des »Nun wollen wir doch einmal sehen, was sich alles machen läßt?!« wirklich frei von Leidenschaft?

»Wissen Sie«, sagt der recht erfolgreiche Rechts-Anwalt und zieht die Augenbraue hoch und meint das sogar vermutlich im Augenblick, in dem er's sagt, »wissen Sie, mit dem gesunden Rechtsempfinden und wie immer man das nennen mag – damit hat man sehr schlechte Erfahrungen gemacht. Erinnern Sie sich doch an die unselige Zeit – vor 45 –, was damals alles möglich war mit dem gesunden Rechtsempfinden.«

Und er hat nicht unrecht, der das sagt. Man senkt den Kopf. Man denkt sich, daß es also noch etwas Drittes geben müßte. Den ehrenwerten Platz zwischen den Stühlen. Man will ihn eben fragen, ob denn der Buchstabe wirklich nicht auch so ausgelegt werden könne, daß das Recht bei dem ist, was der Buchstabe *meint* – und nicht bei dem, was er eben durch Druck- und Satzkunst sagt ... Eben will man das ... Da fällt einem ein, daß man ja gar nicht weiß, wo der Vertreter des Rechts war und was er tat, als die von ihm gerügte Unsitte des gesunden Volks- und Rechtsempfindens im Schwange war! Denn – so denkt man und mag sich auch bei allergrößter Toleranz dieses Gedankens nicht erwehren – da ist ja wieder eine Vergangenheit, eine gefallene Entscheidung herangezogen worden, um eine Position zu untermauern. Da wird ja wieder der Kanal der Überlegung, der eigenen, allerdings genau zu erstellenden Meinung, zugeschüttet.

»Erinnern Sie sich, was da nicht schon für Unfug getrieben wurde??«

Ja – aber ebenfalls nach dem Buchstaben. Aber ebenfalls nach den Regeln, die da waren, mit denen man leben mußte, hinter denen man sich zu verschanzen in der Lage war. Die eben stärker waren als »man« selber.

Immer gibt es irgendwo einen Text, der zu berücksichtigen ist, auf den sich gut berufen läßt, der eben der Buchstabe ist, an den man sich ketten läßt und auch freiwillig kettet, weil's von vielem befreit und enthebt, was etwa Verantwortung sein könnte. Und womöglich Courage.

Was soll das? Moral? Verschlüsselung? Gefühlswaberei? Eigentlich nicht.

Es ist die Verblüffung darüber, daß eine Zeit, die die Freiheit des Wortes, der Meinung, der Meinungsbildung wie ihrer Äußerung so sehr vertritt und auch nach außen propagiert – daß eine Zeit, die den Segen des Widerspruchs und die Kraft, die daraus entstehen kann, allmählich begriffen zu haben scheint; daß eine Zeit, die es nachgerade unschick findet, an irgendeiner Fassade *nicht* zu kratzen – und dementsprechend auch schon einen schwunghaften Handel mit Fassadenkratzern und illustrierten Gebrauchsanweisungen hierzu eröffnet hat –, daß dieselbe lustvolle, schwungvolle, respektlose, angestrengt junge Zeit sich all diese Manifestationen des Umdenkens, Neudenkens, Neubeginns offensichtlich nur leistet, um nebenher zu bleiben, was sie seit eh und je war.

Schlitzohrig.

Noch immer wird dem geschlitztesten Ohr der größte Beifall gezollt. Noch immer ist die Vorsicht, ist die Taktik, ist der Umweg das zeitgemäße Mittel. Noch immer. Allerdings gibt man sich weniger treuherzig, um seine Ziele zu erreichen. Man lernt die Lüste des sportlichen Wettkampfs in Sachen Blabla kennen. Man freut sich, wenn man beim Lavieren entdeckt wird.

Man tauft um. Aber auch ein Transparentohr bleibt ein Schlitzohr.

5. September 1971

Heute ist der Drehtag
mit der Blondine

Heute ist der Drehtag mit der Blondine.
Die wurde sehr lange gesucht. Sie mußte schön sein, und zwar von so einer unbeschreibbaren Prächtigkeit! So eine Frau mußte das sein, daß, wenn einer *die* sein eigen nannte, sich alle anderen Männer giften sollten. »Warum gerade der ...? Wie ist denn *das* zugegangen, daß *der* ...?!«
So mußte sie sein, die Blondine.
Andererseits sollte sie auch wieder nicht zu außerirdisch sein, nein! Nicht so, daß jeder, der sie sah, sie für unwirklich und eben nur in Filmen vorkommend halten durfte. Nein, so auch nicht. Das wäre ja unfair. Und: Sie mußte einen wunderschönen Busen haben. Doch, das war gefordert. Die Szene im Film sah das vor. Nämlich so:
Ein Mann geht durch den Gang einer Wohnung, um jemanden zu besuchen. Er hat geläutet, ein anderer Mann öffnet, von dem er nicht vermutet, daß der in dieser Wohnung auch wohnt. Der wohnt aber auch. Und teilt mit, doch, die Dame, die der Herr besuchen wolle, wohne schon hier. Aber sie teile eben die Wohnung. Und hause dahinten, im letzten Zimmer im Gang. Also wandert der Besucher den Gang entlang, biegt um die Ecke, nein, falsch, *will* um die Ecke biegen, da muß er an einer offenstehenden Tür vorbei. Und in dem Zimmer, dessen Tür offensteht, da drin sieht er eine fremde Frau. Die Blondine. Und die probiert gerade ein Geschenk an, das sie offenbar eben bekommen hat. Einen altmodischen, seidenglänzenden, prachtvollen Büstenhalter. Was für ein feierliches Wort. Der Besucher ist verwirrt, weil diese Tür dort doch einfach so offensteht und weil im Zimmer diese fremde Dame vor dem Spiegel steht und diesen, Dings, diesen Dings da anprobiert ... und hat halt eben schon einen wundervoll klassischen, prallen, herzerfreuenden Bu-

sen. Doch, muß man sagen. Rubens hätte seine Freude gehabt. Fellini hätte aufgeseufzt ... ach, ganz Italien. Alle Männer, sofern nicht zu verschlafen, hätten ihr Glück nicht weggedrückt. Der Schöpfungsplan sieht eben herzbewegende Eigenschaften der Frauen vor.

Das Drehbuch plant nun nichts Heftiges mehr. Der Besucher, der sich in der Tür geirrt hat – oder genauer, der in die unbefangen offenstehende Tür hineingeblickt hat, ehe er auf dem Gang weitermarschiert –, dieser Besucher schluckt nun etwas verblüfft und desorientiert, sagt »pardon« und will eigentlich schon weiter. Weil er ja diese Dame nicht kennt. Und *die* auch nicht besuchen wollte. Nur: In seine Bewunderung der Pracht, die er beim besten Willen nicht übersehen kann, in diese Bewunderung mischt sich ein begreifbares Zögern. Dieses Zögern ärgert die Prachtvolle aber auch noch nicht. Aber wo denn. Sie schaut dem Zögerer fest in die Augen und sagt nur halblaut: »Is was?« Mehr nicht.

Wem in solcher Situation gerade ins Auge geblickt wird, wer bloß trocken gefragt wird, ob was sei – der empfiehlt sich eilig. Der tritt den Rückzug eher etwas ungeordnet an. Der ertappt nicht nur sein verdutztes Maul beim Stammeln; dessen Füße verspüren urplötzlich die Notwendigkeit, sich kompliziert zu verknoten.

Der Mann geht also weg. Die Prachtvolle bleibt allein zurück. Und wird vermutlich den – Dings, den seidenglänzenden, weiterprobieren.

Mehr ist nicht vorgesehen in der Szene.

Heute ist der Drehtag mit der Blondine.

Die mußte erst sorgfältig gesucht werden. Expertinnen des menschlichen Körperbaus waren ausgeschwärmt und waren zurückgekehrt mit relativierenden Meldungen. Was hieße denn schon »prächtig«?? fragten die Expertinnen. Da könne man so urteilen, aber auch so. Das sei ja nicht so leicht ... Schließlich und endlich. Wirkliche Pracht blühe im verborgenen.

Solche Sätze flossen den Expertinnen locker aus dem

Munde. Wenn man ihnen glauben wollte, war der Mensch zwar schön und wundervoll prächtig geplant – aber die Ausführung schien hauptsächlich aus Montagsmodellen zu bestehen. So zynisch gebärdeten sich die Expertinnen. Aber das taten sie vermutlich nur, um nach den umständlichen Schilderungen all der Hindernisse, die sich ihnen beim Suchen nach Schönheit in den Weg gestellt hätten, schließlich und endlich verkünden zu können: Ja, *eine* hätten sie gefunden. Diese eine entspreche nun aber wirklich allen Wünschen und Anforderungen und Träumen und sei die wirkliche, absolute Pracht! Punkt.

»Aber schon noch ein Mensch? Kein Wesen von einem anderen Stern?« fragte der Regisseur, schon ein bissel zaghaft.

»Sie werden ja sehen!« antworteten die Expertinnen, auf die er sich hatte verlassen wollen. Und Triumph wehte durchs Zimmer. Es gab keinen Widerspruch. Das Ziel der Klasse schien erreicht.

Heute ist der Drehtag mit der Blondine.

Ja, in diesem Zimmer wird die Prächtige stehen. Hier hängt der Spiegel, vor dem sie den neuen, satinglänzenden Dings – ja – anprobieren wird. Da werden die Scheinwerfer angebracht, damit man die Pracht auch sieht. So weit muß die Tür offenstehen, damit der Besucher, der den Gang entlangkommt, auch ins Zimmer blinzeln kann. Die Kamera – wo wird die Kamera? Nur ruhig Blut, auch die Kamera findet ihren logischen Platz. Nämlich – ah ja, natürlich –, nämlich draußen im Gang. Weil, sie muß ja durch die Tür – verstehst du ... Nur ruhig Blut.

Wo ist die Blondine? Bitte – Wo ist Fräulein ...?

Da kommt sie. Da ist sie ja. Ganz pünktlich. Und – doch, muß man schon sagen – wirklich ausnehmend angenehm zu betrachten. Ein richtiger Menschmensch. Das nennst du unirdisch? Blödsinn. Das ist von dieser Welt.

Die Prächtige lächelt eigentlich scheu in die Runde. Wer hätte das gedacht. Nicht verlegen – aber irgendwie scheu. Ungeheure Betriebsamkeit hebt an. Man bittet die Prachtvolle vor den Spiegel. Sie muß sich so rum und andersrum drehen, sie möge den Kopf bitte heben, sie solle doch die Schulter ein wengerl zurücknehmen, hier komme noch ein kleines Licht.

Die Prächtige hat natürlich noch ihren hübschen Pullover an. *Alle* haben auf einmal in dem Zimmer zu tun, in dem die Pracht sich gleich entfalten soll, auf einige unbefangene Sekunden. Einer muß unbedingt den Scheinwerfer halten. Einer muß noch eine kleine Maschine da seitlich bedienen. Einer muß am Ofen stehen, der blubbert vor lauter Feuer und muß irgendwie gebändigt werden, sonst schimpft der Ton. Mehrere Herren postieren sich hinter der Kamera, um kontrollierend, überwachend, prüfend tätig werden zu können. Wohlgemerkt: Herren, die nicht unbedingt hinter der Kamera postiert sein müßten. Aber wo denn.

Der Kameramann stellt ruhig die Entfernung ein, prüft das Licht und mißt es gleich auch ein bissel. Ihn kann kaum eine Pracht aus der Ruhe bringen, er ist Pracht jeglicher Art gewöhnt und ist doch nicht abgebrüht. Nein – nur gelassen.

Neun Herren haben furchtbar viel zu tun in einem engen Gang und einem kleinen Zimmer. Heute ist der Drehtag mit der Blondine.

Jetzt ist es gleich soweit. Die vielen Herren werden gebeten, sich zurückzuziehen. Ja. Bitte.

»Aber ich muß doch ... Glaubst du nicht, ich sollte ...«

Nein. Bitte. Ach du meine Güte. Der Mensch ist ein Mensch ist ein Mensch. Leise Traurigkeit weht durch den Gang. Der Assistent des Kameramannes – der ist freilich privilegiert. Und der Regisseur – na, der ja sowieso. Der darf natürlich. Die Welt ist falsch eingerichtet.

Denn jetzt wird endlich gedreht, und die Prächtige legt den Pullover ab, und zwar ohne jeden Aufwand, und sie ist natürlich schon wirklich sehr prächtig. Die Expertinnen haben nicht gelogen.

Die Prächtige hantiert mit dem seidigen Dings – na ja, eh klar, sie probiert, wie man den wohl anprobieren könnte. »Nein – nicht so«, murmelt der Regisseur, »vielleicht doch irgendwie anders ... eventuell ... meinen Sie nicht?«

Die Blondine lächelt scheu, probiert andersrum – nein, das ist's auch noch nicht. »Sie soll doch einfach ...«, sagt der Kameramann trocken. Und der Regisseur trabt zu ihr hin und schaut ihr fest in die Augen. »Sie könnten doch einfach ...«, meint er. »So?« fragt die Prächtige. »So?« fragt der Regisseur den Kameramann, denn der sieht's ja durch den Sucher und trachtet ein der Prächtigen würdiges Bild zu komponieren. »Geht schon«, antwortet der Kameramann. Das ist also wenig Bewunderung für diese Pracht. Aber es ist präzise. »So geht es«, sagt der Regisseur, und »Bitte geht doch weg«, sagt er auch noch, denn sieben Herren haben eben doch noch schrecklich viel zu tun im Hintergrund.

Und nach zehn Minuten ist alles zu Ende, die Prächtige zieht den Pullover wieder an und lächelt scheu. Und dann sagt sie: »Das muß ja ein sehr anständiger Film sein, wenn alle so aufgeregt sind.«

10. Februar 1985

Die Aproposzettel

»Machen Sie die Türe zu!!! Sie bringen mir den ganzen Donnerstag durcheinander! Türe zu!! Der Donnerstag! Verdammt noch einmal!!!«

Rief der erboste Herr. Oben auf einer Leiter stand er, unter die fleckige Decke gebückt, Zimmerdecke, versteht sich. Fleckig. Nicht so sehr, weil sie von Fliegen bespuckt worden, vielmehr fleckig, weil sie neu gepinselt, gefärbelt, getüncht, angehiaselt, *gemalt* war. Und was ein ehrenwerter Bauleiter ist anno '72, der scheucht den Maler schon heim, ehe dessen Werkmannsarbeit noch als Arbeit bezeichnet werden kann ... Aber wieso kommen Sie denn schon wieder ins Tausendste, ehe sie noch recht ins Hundertste gemündet sind? Also, was nun hatte der schreiende Herr oben auf der Leiter zu tun, hoch an der Zimmerdecke, die, meinetwegen, nicht so ganz prima vom Fachmann getroffen worden war – hä?

Das hab' ich den Herrn, der auf der Leiter wohnte und über einen durcheinandergebrachten Donnerstag klagte, auch gefragt. Wie ist eines Menschen Donnerstag durcheinanderzubringen? Durch Durchzug? Nur weil eine Türe aufgeht?

»Ich ordne ihn gerade«, sagte der Herr. »Es war ein ganz besonders fetter Tag, dieser Donnerstag. Ich hatte Glück. Oder Pech, das kommt ganz darauf an, wie Sie die Sache ansehen. Und die Ausbeute war üppig. Hier – sehen Sie nur!«

Und er hob mir, von oben auf seiner Leiter fachmännisch blinzelnd, zwei gerüttelte Handvoll Papier entgegen. Kleinpapier. Briefumschläge. Alte Briefe, die auf ihrer Rückseite noch einmal ein Krikelkrakel mit Blei-, Tinten- oder Kugelstift trugen. Kleine Notizblockzettel. Taschenkalenderseiten und einige der feierlichen, ganz besondere Feinheit ausstrahlenden Notizpapiere, die oben einen farbigen Balken tragen, je nach Temperament des Zettelbenützers einen roten oder grünen, zartblauen, violetten oder gar gelben –, und in diesem Balken dann den vollen und gewiß doch gewichtigen Namen des Lordzettelbenützers prunkend stehen haben. So daß gleich jedermann weiß: Achtung, hier notiert der Boß. Dekret. Verordnung. Hinweis. Meinungsäußerung. Aide memoire.

Solches Papier also, vermischtes, kleineres wie größeres, war der Donnerstag.

»Ja, und wie soll ich dieses Papier verstehen? Was bedeutet es denn? Wieso ordnen Sie den Donnerstag – und das schon heute? Heute kann sich aus dem Donnerstag doch noch etwas entwickeln. Den können Sie doch nicht schon oben unter die Decke stapeln. Daraus wird doch vielleicht noch was.« Sagte ich, der ich das Gute will und den Menschen daher gerne schlaue Ratschläge gebe.

»Daraus wird nichts!« sagte der Mann auf der Leiter, stopfte sich den Donnerstag in seine beiden Jackentaschen, wobei er fast die Leiter heruntergefallen wäre, fiel dann aber doch nicht, sondern kam. Immerhin herunter.

»Denn«, sagte er, kaum daß er unten war, mir einen Stuhl in die Kniekehlen, sich einen etwas weiter oben untergeschoben hatte –, »denn – ich sammle nämlich. Ich bin Sammler. Ich lasse mir geben. Ich erbitte. Ich nehme auch ganz einfach. Ich lasse bisweilen – das zwar ungern, aber andererseits eben doch –, ich lasse bisweilen auch mitgehen.«

»Was denn? Was denn nur?? Sie sprechen in Rätseln! Doch nicht etwa …«

»Doch! Etwa! Genau das, was Sie gesehen haben. Ich sammle Zettel.«

»Zettel??«

Er strahlte. Er war richtiggehend mit Seligkeit angeschwappt von oben bis unten. Sie troff ihm aus den Äuglein. Sogar die kleinen Finger zuckten leise in geheimnisvollen Rhythmen, die allerlei bedeuten konnten, jedenfalls aber Freudiges, jedenfalls aber Erregendes.

»Jawohl, Zettel! Sind Sie denn noch nie mit einem Menschen in wichtigem, in brennendem Gespräch gesessen? Haben Sie denn noch nie mit diesem Menschen wesentliche Daten, Namen, Punkte, Einzelheiten, Hinweise ausgetauscht? Noch nie? Haben Sie noch nie gesehen, daß, während Sie sprachen, die Stirn, die Wangen, die Mundwinkel des Gegenübers sich anspannten? Sich runzelten? Vorsprangen und wieder zurückzuckten? Daß Ihnen da offensichtlich einer angestrengt und aufmerksam zuhörte? Und während dieser Aufmerksamkeit: schien sich da das Interesse des Zuhörenden nicht noch immer mehr zu steigern? Griff er dann, das eine oder andere ›Jaja! Aha! Soso! Hmhm! Nur weiter! Jaaa?? Ich höre! Aaaber!!‹ ausstoßend – griff er sich da nicht eben so einen Zettel, einen Briefumschlag, ein Fuzerl irgendwas und notierte darauf groß Ihren Namen? Daneben einen Doppelpunkt von so doppelter Pünktigkeit, daß da nun freilich alles drin lag? Unterstrich er nicht diesen Ihren Namen auch noch einmal, zweimal gar, um dann noch die Stichworte hinzustechen, auf die es ihm in Zusammenhang mit diesem Gespräch und eben diesem so wichtigen Thema gerade ankam, wie? Das alles nie?

Oder: Trafen Sie denn noch nie einen Bold auf der Gasse, mit dem sich eine hurtige Zwiesprache ergab, hin, her, dann das obligate: ›Aber – ruuufen wir uns doch an! Wir müsssen uns anrufen!!‹ Rufen mit sieben U, müssen mit fünf bis sechs S. Und dann: ›Wie war doch gleich Ihre Nummer?‹ ›Ich steh' im Telephonbuch‹, antworten Sie. ›Neineineinnein – ich will Sie mir doch lieber – haben Sie mal vielleicht einen …‹ Ein Kugelhuber wechselt kurz den Besitzer, ein Freßzettel, ein alter Briefumschlag wird hervorgezerrt, die Nummer wird draufgemalt, der Name daneben, alles wird drei- bis viermal unterstrichen, als ob dadurch die Nummer sich irgendwie ändern, die Importanz tatsächlich in die Höhe hinaufgeschraubt würde, die sie zu erreichen vorgibt. Auf dem Briefumschlag stehen schon ganz andere Sachen. Etwa: Hemden abholen. Bei feineren Leuten: Hemden abholen lassen. Dann: Mizzi Geburtstag, Klammer auf: Blumen? Orchideen? Buch? Anzahlung Geschirrspülmaschine?

Weiters: Müller observieren! Abteilung 3, Mittwoch, siebzehn Uhr. Dann: Abendessen. Mit Sumperer!!! Drei Ausrufezeichen. Eine Telephonnummer daneben. Und mit einem anderen Stift, Blei, daneben eine Klammer, und in derselben steht: *Aber wo???* Darauf nun kommt Ihre Telephonnummer. Und alles verschwindet, zerwuzelt und strapaziert, in der Busentasche.

Vor allem aber eben: die Bürozettel. Die Gesprächszettel. Die Aproposzettel. Die Wichtigkeitszettel. Die Dasdarfichabernichtvergessenzettel. Die Momentnochmalbittezettel. Die Dasschreibichmirliebergleichhieraufzettel. Das sind die schönsten. Die lustigsten. Die fettesten. Denn davon gibt's viele. Die werden fast jungfräulich in irgendeinen Papierkorb gestürzt. Da klappert's nur so von Scherben, von ungewaschenem Geschirr, von unerledigter Dringlichkeit. Kaum ist der wichtige Gesprächspartner draußen, landet der Zettel bei starken Naturen gleich im Papierkorb; bei schwächeren, noch etwas mit Skrupel, sprich gutem Willen behaftet, kommt er erst einmal in eine Mappe: Zu erledigen. Donnerstag. Und bei den ganz seltenen Vögeln, denen, die's zu nix bringen, oder denen, die's wirklich zu was bringen, bei denen wird's auch erledigt. Das sind die ganz seltenen Zettel. Von denen gibt's wenige. Die werden hoch bezahlt.

Aber die anderen sind schon auch eine rechte Freude. Schauen Sie nur. Ein einziges Jahr. Und nur mein kleiner Bekanntenkreis. Alles Aufgeschriebene. Vorgenommene. Versprochene. Wichtiges. Unaufschiebbares. Alles unerledigt.«

»Aber«, sagte der Herr, und er bekam ein satanisches Glitzern in den Augen –, »aber ich – sammle die Zettel!!«

21. Mai 1972

Die Dame ist aus Plastik

Eine ziemlich widerliche Grausamkeit wird dem Menschen im allgemeinen nachgesagt. Nicht, was seine Haustiere anbelangt. Hund und Kätzlein haben es gut beim Menschen, sofern sie nur – willst du wohl, du Schlimmer – ordentlich folgen.

Nein, die Grausamkeit richtet sich gegen den Menschen. Den Mitmenschen. Genauer und deutlicher gezielt: gegen den unmittelbaren, ziemlich nahestehenden oder doch im engsten Umkreis lebenden Menschen. Gegen das Kind. Die Frau. Den Vater. Die Mutter. Die Schwiegermutter, sehr geehrte Herren. Den Chef. Den Angestellten. Den ... Und so weiter. Wir wissen schon, wie's gemeint ist. Und daß das irgendwie zu stimmen scheint. Wir würden's wahrscheinlich lieber nicht gleich Grausamkeit nennen, nicht gleich so gewichtig, freilich nicht, aber das ändert leider an den Tatsachen nicht allzuviel. Denn es handelt sich natürlich um allerhand, und zwar wirkliche Grausamkeiten.

Nur haben wir uns dran gewöhnt. Aber aufregen – aufregen tun wir uns jedesmal aufs neue. Aber wie! Da funktioniert die sogenannte Gewöhnung nicht.

Vor allem dann nicht, wenn wir die Betroffenen sind. Wenn sich's gegen uns richtet, was an Gemeinheit so freigemacht wurde. Dann sind wir weit weg von jeder Gewöhnung. Dann tut's uns weh. Dann schlucken wir essigsauer. Dann kommt's uns hoch. Dann ballen wir die Fäuste. Dann würden wir am liebsten ...

Wie wär's mit Auswandern?

Nach Japan zum Beispiel. In Japan kann man zum Beispiel ...

»Hören Sie mir bloß auf mit Japan! Die *Japaner!!* Die kennt man doch! Gnadenlose Burschen. Schon die kleinen Kinder werden in den Schulen zu erbarmungslosen Konkurrenten erzogen, da läßt keiner den anderen in Latein

ein bissel abschreiben, vielmehr ... hören S' mir mit den grausamen Japanern auf, den unbarmherzigen ...«

So der Volksmund des Auswanderers. Des auswanderungswilligen Einheimischen. Er weiß, wie es in der Welt zugeht. Er weiß, wo die Härten härter und auch, wo die Gemüter gemütlicher sind. Und deshalb ...

Bei Japan könnte der Auswanderungswillige sich täuschen. Der Japaner ist fortschrittlich. Er lernt schnell, der Japaner. Wo die Dinge sich im Grundsätzlichen nicht verändern lassen (Der Mensch ist halt des Menschen Feind, was soll man da machen?), da ersinnt er sich wenigstens so eine Art Therapie.

Und die geht so:

Kaum hat die japanische Ehefrau einmal nicht freundlich lächelnd dem Herrn ihres Hausstandes mit geziemender Unterwürfigkeit den leicht angewärmten – oder auch vorgekühlten, je nach Jahreszeit – Kimono gereicht, sondern in absolut fließendem Japanisch, eh klar, gemufft: Hol dir doch den Fetzen selber, herrschsüchtiger Lümmel, despotischer; kaum kommt so was über die Lippen der – zugegeben in dieser Weise absolut unüblich aufbegehrenden – Frau Gattin in Kyoto: na, da aber!! Da geht's rund. Da stürmt der Herr Gatte aber spornstreichs ins Nebenzimmer, und dort *haut* er der Gnädigen aber eins um die Ohren, was heißt eins, zwei und drei haut er ihr da und dort in die Konstruktion, und tobt und wütet und schäumt und rast, ein prächtiges Bild ungehemmter männlicher Wut! Das geht nicht lang, aber wo denn. Das geht nur so lang, bis die Gattin weinerlich und natürlich mit der gehörigen Unterwürfigkeit fleht: »Vergib mir bitte, schlag mich nicht, vergib mir bitte, schlag mich nicht!«

Wenn er aber dann immer noch weiterwütet, der frustrierte Herr Gemahl, wenn er immer noch tobt und schäumt, was macht die Dame dann? Sie winselt: »Vergib mir bitte, schlag mich nicht! Vergib mir bitte, schlag mich nicht!«

Das ist alles. Mehr jammert sie nicht. Immer nur das.

Da vergeht einem ja die rechte Wut. Da mag man ja gar nimmer so richtig aus voller Kehle und aus bebendem Bizeps. Aber wo! Wenn die immer bloß »Vergib mir bitte, schlag mich nicht!« heult.

Dabei ist das schon das Luxusmodell.

Die einfachere Frau sagt überhaupt nur: »Vergib mir bitte, vergib mir bitte, vergib mir bitte ...«

Die Dame ist aus Plastik. Sie trägt den Lieblingskimono der echten Gattin, sie hat, wenn es sich um ein Halbfertigmodell, sozusagen eine Maßfrau handelt, auch die absolut gleiche Frisur wie die echte Dame. Aus dem etwas starren, kräftigen Haar der Japanerinnen, das hierzulande die Damenperücken aus solchem Haar etwas fremdartig wirken läßt; dort aber, in Kyoto, ist das alles absolut angebracht. Die Plastikfrau hat zur Abwendung des Donnerwetters einen dieser hübschen kleinen, in diesem Fall stoßfest gelagerten Kassettenrecorder eingebaut, die mit nur leicht verzerrten Quäklauten die Bitte um Vergebung vorzutragen imstande sind. Besonders liebenswürdige – oder auch listige – Ehefrauen (das können Sie sich nun aussuchen, wofür Sie eine Dame halten, die zu solcher entäußernden Großzügigkeit imstande ist), besonders hingebungsvolle Frauen schenken ihren Wüterichen Kassetten, auf denen die Stimme der Gemahlin, die eigene, unverfälscht eigene, im persönlichen, wohlvertrauten Diskant jammernde Frau gespeichert ist. Das stachelt natürlich den Rachedurst des Wüterichs einerseits in ungeahnte Höhen und Tiefen, andererseits aber ist die Katharsis eine um so wirksamere. Das Einsehen und auch das Mitleid des Grausamen mögen früher einsetzen, wenn er die wirkliche Ehefrau aus dem geprügelten Plastikleib der Puppe ächzen hört.

Das geht natürlich nur beim Luxusmodell, daß man da so einfach die Kassetten auswechseln kann. Das einfachere Modell hat die Kassette mit einem – bzw. beim GL-Modell – mit zwei unwiderruflich fixierten Sätzen eingeschweißt. Etwa in Plastikhalshöhe.

Das Feinere war schon immer etwas teurer.

Grausamkeit, Rachsucht, Verzweiflung richten sich natürlich auch in Japan keineswegs nur gegen die Frau Gattin. Auch der Herr Gemahl kann in pflegeleichtem Plastik, garantiert umweltfreundlich, bestellt werden. Nur empfiehlt es sich, bei den archaischen Vorstellungen des japanischen Ehegatten von Begriffen wie »Gehorsam«, »Herr im Haus« oder auch ganz schlicht »Gebieter«, die Puppe des Hausherrn erst nach dessen Aufbruch in Richtung Arbeitsplatz aus dem Besenkammerl hervorzuholen. Aber dann! Dann mag sich auch die sehr geehrte Gattin über den Gebieter hermachen, daß die Fetzen fliegen.

Nein – die fliegen eben *nicht!* Weil es sehr stabile Puppen sind. Höchstens der Winteranzug des Ehemannes von vor sieben Jahren, den sie der Puppe angezogen hat, mag etwas mottenfroh sein. Dann kann's natürlich stauben ...

Stabil müssen die Puppen schon deswegen sein, weil man auch Polizisten in voller Montur kaufen kann. Ja, sogar Polizistinnen! Denen kann man auch die Meinung sagen, und man erfährt von ihnen in gepflegtem, absolut polizeiüblichem Dialekt der jeweiligen Gegend, daß man natürlich vollkommen im Recht sei und die erhobenen und womöglich mittels Strafzettel deponierten Beschuldigungen mit dem Ausdruck allergrößten Bedauerns selbstverständlich zurückgenommen würden. Solche Puppen müssen schon deswegen besonders stabil sein, weil mittlerweile viele Firmen in Tokio, um ein gutes Betriebsklima allerweil besorgt, Polizistinnen in der Nähe des Angestellteneingangs postieren. Bei der Parkplatznot in Tokio höchst angebracht. Und für die Firmen natürlich auch billiger, als etwa einen Firmenparkplatz anzulegen. Eine Plastikdame in Uniform kräftig allerhand zu heißen und sie dabei auch noch nachdrücklich watschen zu dürfen – das bringt erleichterte, entstreßte Mitarbeiter an den Arbeitsplatz.

Nein! Abbilder des sehr verehrten Herrn Firmenchefs,

des Herrn Direktors, werden in den Firmen noch nicht aufgestellt. Das könnte zu Mißverständnissen führen. Wer würde denn auch an der Gerechtigkeit des eigenen Vorgesetzten zweifeln, wer denn wohl? Man *kann* sich Vorgesetzte kaufen; sie sind etwas teurer, weil sie feierlich angezogen sein müssen, wie in Japan üblich. Aber man muß sie daheim aufstellen. Im Besenkammerl. Oder in der Garage, da mag er warten, der Herr Chef, bis auch mit ihm abgerechnet wird. Und er wird sich gepflegt entschuldigen.

Sonst – wehe ihm!

4. September 1988

Verkäuflich
ist ein alter Kraftwagen

Wo ist das Zentrum der Stadt? Was ist das Wichtigste in Wien? Wo kommen alle irgendwann vorbei, und zwar so bald wie möglich und so oft, wie's nur geht? Und: die Wohlhabenden, die, die sich was leisten können im Leben, die was übrig haben für den kleinen Überfluß?

Die Oper! Es muß die Oper sein! Die Wiener brauchen ihre Oper. Wenn sie schon nicht selber hingehen, so bringen sie doch ihre Gäste, ihre Geschäftsfreunde aus aller Welt dorthin. Die Oper muß die Mitte sein. Also müssen wir in die Nähe der Oper. Da kommen sie alle vorbei.

Ungefähr so müssen die Gedanken eines Menschen gewesen sein, der später am Abend mit einem Kleistertopf und ein paar hektographierten Zetteln, Papierbögen eigentlich, unweit der Oper anzutreffen war. Ja, auf dem Ring, die Häuser entlang, da, wo die Fußgänger gehen könnten, aber nicht gehen. Den Ring wird entlang*gefahren* – und zwar in eine Richtung, und das möglichst schnell.

Das weiß der mit dem Kleistertopf nur bedingt. Er ist nicht von hier, er sieht die Oper, da strahlt sie, und gewiß tönt es wunderschön, wenn man drin sitzen kann.

Er taucht den Pinsel ein und leimt die Wand und leimt seinen DIN-A4-Bogen und pappt ihn dann an das Haus schräg gegenüber der Oper. Und jetzt hat alles seine Richtigkeit.

Was steht auf dem kleinen Plakat?

»*Spezialität.*

Verkäuflich ist ein alter Kraftwagen, was ist *Velorex*-Cabriolet vom Typus. Dieses Auto ist in 1966 bei der tschechoslowakischen Autoindustrie herstellen. Das Auto hat originale verkehrerische Erlaubnis, Registriernummer und technische Prüfung bis 1992, und natürlich seine Tätigkeit vollkommen ist.

Sonstige Charakterzüge sind: Man kann das Dach, was ist Plane, ausöffnen.

Drei Rad.

Sein Gerüst ist mit Leder bedecklich. / Zwei Sitzenplatz. 350 cm^3.

Das Getriebe hat 2 Trakt. / Kettenfeuerzeug.

Ich werde Ihnen dieser Kraftwagen an Anhänger austransportieren und die Bedienung für Autos lehren.«

Punktum.

Mehr steht nicht auf dem Mauerinserat. Aber eine Photographie ist drauf, doch, allerdings mitsamt dem Text hektographiert, wie gesagt, aber das macht fast gar nichts. Das Velorex-Cabriolet ist zu sehen, samt dem Besitzer.

Beide haben ein imponierendes Äußeres. Das Cabriolet kommt wie ein überdimensionaler Beiwagen daher, oder auch wie ein ganz kleiner Zeppelin. Es will natürlich die Stromlinie erreichen – wägän Luftwiderstand, ist doch klar –, aber wie der Zeppelin schafft es die vorderen üppigen Rundungen bloß in Segmenten. Ein bissel Halbrund, und noch ein bissel Halbrund, und noch eins, Stück für Stück aneinandergefügt, gibt so eine segmentierte Zigarre. Darüber dann das Verdeck (»was ist Plane«) und ein kühnes Rad, das unterm Zeppelin hervorlugt und die Welt zu erobern trachtet.

Der Besitzer, dessen vollen Namen ich mir andächtig auf ein Zettelchen notierte, auch die Adresse habe ich, der Besitzer hat sich ganz nach Art des Velorex gekleidet. Auch sein Gerüst ist mit Leder bedecklich. Er hat artige Breeches, wie sie früher die Polizisten für feinere Gelegenheiten trugen, aber auch die Flieger, wenn sie des Nachts mit der Post über die Länder kurvten. Ja, seltsamerweise die Flieger hatten solche unten geknöpfelten Reithosen an. Und natürlich die Haube, die eng anliegende Lederhaube, übern ganzen Kopf gezogen, wegen Luftwiderstand, eh klar, ja?

Ein Mann wie ein Cabriolet. Mit Leder bedecklich. Und

diese zärtlich-stolze Hand, die auf dem Dach des Gefährten ruht, des Kraftwagens, was ist Velorex. Die rechte Hand hat er dem Cabriolet sozusagen um die Schulter gelegt. Und die linke stützt sich kokett in die Hüfte. Ja, der Hüftstütz ist bei photographierten Herrenfahrern eine weit verbreitete Haltung.

350 cm^3 ist kein Düsentriebwerk, nein, und daß das Getriebe zwei Trakt hat, ist doch auch irgendwie verständlich. Der Motor ist wohl gemeint, der braucht die zwei Takte, mögen sie denn auch als Trakte dastehen. Es ist billig, sich über die Fehler zu mokieren, die einer in einer ihm fremden Sprache macht. Man kann lächeln darüber, na meinetwegen, aber würde ich mein Cabriolet in tschechisch oder slowakisch oder ungarisch verkaufen müssen, ich stünde ganz schön blöd da. Samt Wörterbuch.

Andererseits: Wenn der Besitzer dessen, was ist Velorex vom Typus, doch ein Wörterbuch in der Dorfbibliothek ausgeborgt haben sollte – wie kommt er auf das Kettenfeuerzeug? Handelt es sich dabei um eine Sonderausstattung? Was hat eine Kette mit einem Feuerzeug zu tun? Hat man an einer Kette zu zerren – und schon kann man sich eine Zigarette anzünden? Oder handelt es sich gar um ein Ketten*fahr*zeug? Käme also auf Raupen daher, wie ein Panzer? Nein, eigentlich nicht, das Photo spricht dagegen. Sollte das ganze Cabriolet von einer Kette angetrieben werden, wie ein Fahrrad oder ein älteres Motorrad? Das könnte die Lösung sein. Aber spuckt es Feuer bei hurtelnder Fahrt? Ist man gefährdet? Muß der Feuerlöscher griffbereit liegen, wenn die 350 cm^3 aufheulen? Wer will das wissen?

Jedenfalls hat sich der in Leder Geschnürte jenseits der Grenze gedacht: Da drüben, in der Nähe der Oper, gehen sie hin und her, die Luxusmenschen, die schon alles haben, schnelle Limousinen mit getönten Scheiben und klimatisiertem Handschuhfach, sechzehn Ventile oder vierundzwanzig und zehnmal soviel Kubikzentimeter … Diese Menschen wollen in ihrem Überfluß aber nicht auf die Lust des Kaufens verzichten. Nein, sie wollen dann wenigstens Originelles anhäufen. Alte Automobile zum Beispiel, blitzende, deren Originalseitenspiegel sie ein Jahr lang hechelnd nachzujagen imstande sind, verchromte Auspuffrohre, Kühlerfiguren aus dem Jahr 1923 ... Das müßten doch Menschen sein, die ihre Schuppen auch mit meinem Cabriolet anräumen könnten. Wer alles hat, will immer noch was. Warum nicht ein Kraftfahrzeug, was ist Velorex Cabriolet vom Typus, drei Rad, man kann das Dach, was ist Plane, ausöffnen. Und das Gerüst ist mit Leder bedecklich.

In der Nähe der Oper müssen sich die kreuzen, die so was brauchen.

17. Februar 1991

Wunder in Rot und Rund

Die Dame sah irgendwie ein bisschen lächerlich aus. Auf Plakaten, auf Pin-up-Photos, also gut, mag ja sein, da ist so was gang und gäbe, da wird derlei hergezeigt und *so* hergezeigt. Aber hier, im Mehr-oder-weniger-Stehcafé, in dem die Arbeiter, die Tischler, die Elektriker, die Perückenmacher vorbeischauen, um wieder und immer einmal wieder ein paar schwarze Tropfen zu süffeln? Aber hier???

Da stand sie. An die Blechbudel gelehnt; in einem roten – was heißt roten? In einem knall-, aber schon explosionsknallroten Kleid. Wie sie *da* reingekommen war, gehörte gewiß zu den ungelösten Rätseln der Physik. Davon gibt's ja viele, die Welt ist voll davon, und erst das Weltall. Da haben noch ein paar Generationen dran zu kiefeln.

Jedoch das knallrote Wunder der physikalischen Gesetzmäßigkeiten: *Wie* war diese nachdrücklich Blonde in dieses Kleid gekommen? Einerseits schien's ihr wohl irgendwie zu passen, oder es war so gedacht, wie es sich präsentierte. Andererseits aber war's ihr doch mindestens um drei Nummern zu klein. Also mindestens. Zu eng auf jeden Fall.

Meine Herren, die *steckte* da aber auch drin! Das modellierte und formte, das folgte den von Mutter Natur eigenhändig und daher gewiß verschwenderisch gerundeten Kurven, weichen Hügeln und zärtlichen Tälern der rückwärtigen Seite des irgendwie *zu* prächtigen Prachtmodells. Und alles schien in den nächsten Minuten doch wohl zu platzen. Doch. Das konnte nicht sehr lange so zusammenhalten, Wunder der Physik hin, Mutter Natur her. Alles hat schließlich seine Grenzen!

Das Stehcafé war das Kantinenstehcafé eines großen Filmstudios. Cinecittà, Rom. Da läßt man sich nicht so leicht aus der Ruhe bringen durch ein Wunder der Physik. Andererseits ... na ja, andererseits ist man auch in Cinecittà Mensch. *Und* Italiener. Und wenn man sich auch nicht wirklich aus der Ruhe bringen läßt: ein bissel wie eine angenehme Beunruhigung, die muß schon drin sein dürfen. Doch doch.

Da stand sie. Da lehnte sie. Da rieb sie verschlafen mit dem einen Fuß den Knöchel des anderen. Beide hübschen Füße staken in hohen, *hohen*, das Bein und den Fuß angenehm formenden Stöckelschuhen. Irgendwie war das ganze rote, pralle Wunder ein wenig verschlafen. Eine blonde, rotverpackte Verschlafenheit. Aber das gehörte wohl dazu.

Da mußte man eben als Wecker tätig werden. Dachte sich der Beleuchter ganz offensichtlich, der da eben von der Kasse kam, mit seinem Zetterl in der Hand, für das er an der Budel seinen Kaffee bekommen würde. Er stand zwei Meter hinter der Erotikbombe. Das heißt: er blieb stehen. Nein, nicht wie angewurzelt, wie's in den Büchern immer so schön heißt. (Wieso eigentlich nicht *ein*gewurzelt?? Was heißt schon *an*gewurzelt? Sind das Luftwurzeln, die die in den Büchern meinen? Oder wie?)

Er blieb nicht wie angewurzelt und so weiter, der Beleuchter. Er blieb einfach stehen. Interessiert. Das wird man doch wohl noch dürfen. Oder? Er blickte kurz auf seinen Kassenzettel, wie um sich in Erinnerung zu rufen, was er denn nun eigentlich bezahlt hatte und gleich zu bestellen haben würde. Ah ja, Mineralwasser. Und einen Espresso. Alles klar.

Aber dann eben – Himmelfix noch einmal, das war aber schon *ziemlich* gut gerundet. Das wölbte sich einem ja geradezu entgegen. Und jetzt – also, bitte, übertreib doch nicht, Mädel –, jetzt wechselte das Kind das Standbein, knickte mit dem einen ein, nur wenig, und dadurch nun schwang der Hügel, der rotverpackte, prall und für so eine Vormittagsstunde sehr, aber schon *sehr* weiblich-verführsam; schwang durch diese Knickbewegung des Standbeines zum anderen hin, schwang und wogte, rundete, wölbte, hügelte, als tauchte ein Delphin in Zeitlupe aus einem Meer von halbgeschlagenem Obers – also *bitte!!*

Der Beleuchter nahm seinen Kassenzettel in die andere Hand. In die linke. Die rechte ließ er an sich entlangbaumeln. Aber – du mußt hinsehen, du mußt dir Zeit lassen, dann kannst du so was auch wirklich beobachten, dann erlebst du die verblüffendsten kleinen Augenblicke eines Vormittags, doch!! –, aber: diese am kräftigen Arm baumelnde Hand, die blieb nicht untätig. Die reagierte irgendwie automatisch. Da hatte der Beleuchter selbst gar nix dazuzutun. Nein, die Hand wußte ganz allein, was die Natur da forderte und einfach befahl! Sie formte sich, die Hand des Beleuchters. Ja, sie wurde ein Nest. Die Finger bogen sich zögernd, fast unmerklich, zu einem liebenswürdigen Gewölbe. Ein Körbchen. Ja. Da sollte irgendwas eingepackt werden. Da mußte doch was Nettes gelagert werden, in diesem kleinen Korb, zu dem die Männerhand wurde. Reflexe, Reflexe! Ganz von Mutter Natur hilfreich programmierte Reflexe. Und prompt. Aber promptissime!

Und die zwei Schritte, die noch zur Budel fehlten? Neben das Wunder aus Rot und Rund? Die tat der Beleuchter jetzt. Ganz wenig verlangsamt, aber immerhin.

Und die Hand? Und der Korb? Und der Hügel? Und das Tal des Rückenansatzes? Und …?

Die Hand kam, das Körbchen kam – und legte sich wie nebenbei, spielerisch, nur so, um sich abzustützen …

Legte sich auf die pralle, lederne, zugegeben: *weichlederne* Umhängetasche eines zweiten Beleuchters, der ebenfalls lehnte, seinen Espresso süffelte. Die Hand, das Körberl – *mußte* einfach wo hin. Und – nun ja, was hätte das für Komplikationen mit sich gebracht, nach sich gezogen, wäre sie wirklich auf Rot und Rund gelandet? Möglicherweise hätte er da eine kleinere Vormittags-auf-den-Mittag-hin-Watsche gefangen. Und was wäre dann mit seinem Ansehen gewesen – bei den Kollegen? Den Herren Mitbeleuchtern und so?!

Andererseits aber: Wenn sich nun der Hügel, der Doppelhügel, wohlig im Korb der heranschwebenden Männerhand zurechtgemümmelt hätte? Wenn's dem da ganz recht und vortrefflich gewesen wäre, dem Doppelhügel? Was dann?

Das Glück seiner Ehe? Der Aufschrei seiner hungrigen Kinder? Die Komplikationen der späten, zu späten abendlichen Heimkunft? Mamma mia!!

Aber so einfach konnte die herannahende Hand ja nun auch nicht einfach wieder rückgängig machen, was Mutter Natur so mildtätig eingeleitet hatte. Konnte sie einfach nicht, die Hand.

Und ob es jetzt der Beleuchter wußte, ob's ihm bewußt war und wurde oder auch nicht: seine Hand hatte sich auf die Reise begeben und *mußte* irgendwo landen. Ja!

Und so hatte der Mann das rote, gerundete prachtvolle Geschenk der Natur oder Wunder der Physik in Herz und Bauch und Kopf; seine Hand aber, von allen Gegebenheiten des Lebens zutiefst gezähmt und domestiziert, die Hand, ach, zu so einem deutlichen Korb geformt – landete auf der Lederumhängetasche des sehr geehrten Kollegen. Und lag da. Erschrocken. Enttäuscht wohl auch. Aber immerhin lag sie. Und hatte weiches Leder unter den Fingern. Und ... Und so weiter.

Das sind so die kleinen Freuden des Beobachters. Wie vom Turm des Flugplatzes aus. Das langsame Einschweben. Das Näher und Näher. Und dann brav geworden, vernünftig verkrümmt, Richtungsänderung. Schwebt ein bissel weiter links. Ist auch eine Landung. Muß ja eine Landung sein. Doch, doch. Sonst geht ja der Brennstoff aus. Aber eben eine ganz andere Landung. Auf dem Radar stimmt alles. Ist gelandet. Ruht. Aber welch ein Unterschied!

Und das Wunder der Physik? Weiß von alledem nix. Trinkt aus. Dreht sich. Schlägt die Augen auf. Schlägt die Augen nieder. Ich bin ein Kind. Was habt ihr bloß, ihr Männer ihr? Eine weiche Welle aus Rot und Rund und

Tal und Hügel schwingt sich hinaus. Trippelstöckeltrappeltrippel. Alles in Ordnung. Jeder geht an seine Arbeit. Das Wunder in Rot vermutlich ins Studio, wo sie einen verruchten Spot um einen verruchten Autoreifen drehen. Regenreifen. Schleudert nie. Hält die Spur. Alles in Ordnung.

Nur die Augen – die werden doch noch offen sein dürfen. Am Vormittag. So gegen halb elf.

23. Juli 1989

Muskelkleinkunst

Wenn in der Kunst Gewalt und böse Brutalität vorkommen sollen, dann sind die Künstler entweder selbst ganz brutale, böse Bolde, denen böse Brutalität eben einfach im Blut, in der Feder, im Pinsel, im Hirn, wer weiß wo noch steckt, je nachdem, was die Künstler halt so künsteln.

Wenn es sich aber um theatralische, vor allem um filmische Kunst handelt, dann erschallen, sobald Bosheit, Brutalität und so weiter notwendigerweise dargestellt werden müssen, erstens die Rufe der Leute, die gegen Brutalität schlechthin sind – und die haben natürlich recht, na klar; und zweitens – weil man ja zwar gegen was sein kann, es aber trotzdem gemacht und hergestellt werden muß –, zweitens erschallt der Ruf nach den Stuntmen.

Die Stuntmen sind gewiefte Herren, die vorgeben, es vorzüglich zu verstehen, Härte, gefährliche Aktionen, Schlägereien, Prügelszenen und Boxschlagabtäusche darzustellen. Und das so, daß es zwar atemberaubend auszusehen hat, in Wirklichkeit aber ganz harmlos ist.

Das weiß man. Jede Zeitung hat oft schon bewundernde Interviews mit diesen unerschrockenen Männern der Muskelkleinkunst gebracht. Auch das Fernsehen, das sich ihrer öfter bedienen muß, nahm sich der Schlag- und Prügelbolzen immer wieder in Bild und Ton an.

Ich kenne einige Herren, die lauthals verkünden, wie sehr sie doch gegen die Brutalität im Film und Funk seien und was sie alles dagegen zu tun empföhlen. Es ist immer schwer, gegen die Aussagen von Männern was zu sagen, die den Gemeinplatz weihevoll verkünden. Es ist eben einfach schön, wenn einer sagt, er sei gegen den Krieg. Und gegen den Alkohol. Und gegen das Nikotin. Und für den Männergesang a cappella zu viert, wie ihn Michael

Haydn erfunden hat, und für das häufigere Lesen von Musil Robert. Und für die Toleranz der Jugend gegenüber, und dies sogar trotz manchmal recht langer Haare, jawohl! Und so weiter.

Es ist schön, wenn einer für das Gute im Menschen ist. Nur – wenn der dann bei jeder Gelegenheit, die ihn den Beweis führen ließe, ob er's wohl ernst meinte, was er da herausröhrte oder predigte oder säuselte: wenn der dann bei jeder Gelegenheit in seiner persönlichen Einflußsphäre die allergemeinste Gemeinheit, die allerfeigste Feigheit (die nennt sich dann Menschenvernunft und Realitätssinn), die allerschofelste Hinterfotzigkeit an den Tag legt – ach, dann hab ich's noch lieber, wenn die Brutalität mit »Uff!« und »Arrgghh!« und »Wammmm!« gemimt wird, als mit Krawatte und auch im pflegeleichten Freizeitanzug tatsächlich begangen. Nämlich: hinterm Schreibtisch. Am Telephon.

Ja, also, um von der Weltverbesserung abzukommen: die Stuntmen.

Das sind die, die wirklich nur so tun, als ob. Die reiben auf und hauen dann nicht wirklich zu. Die springen an und drücken niemandes Brustkasten oder Kinnlade ein.

Gestern habe ich zwei kennengelernt. Der eine war sogar Mister Universum. Oder vielleicht ist er's sogar noch. Der andere war das nicht. Dafür hatte der sich einen Tatarenbart wachsen lassen: also schmafu nach unten gezirkelt und bedrohlich in die Abgründe weisend. Und außerdem hatte er sich noch eine scharfe Glatze rasieren lassen. So sah er schon recht deutlich aus.

Aber – der Mister Universum!

Der stellte sich so vor:

Er kam, mit dem Tatarenbärtigen, Glatzerten, ins Produktionsbüro, denn man hatte nach Stuntmen gefahndet. Donnerte ein dröhnendes Klopf Klopf Peng an die Tür und kam auch schon herein, wiegenden, ausladenden Schrittes.

Der Glatzerte hinterher.

»Sie suchen Stuntmen«, sagte er. »Ich bin Catcher und Stuntmen. Das ist mein Kollege.«

»Oh«, sagte der Produktionsleiter entzückt. »Oh. Wie fein. Was können Sie denn?«

Der Gewaltige sah ihn blinzelnd aus kleinen, beweglichen Äuglein an; dann streifte er blitzschnell Sakko und Hemmet ab und sagte nur: »Ich kann zuerst einmal das.«

»Das« war allerdings beeindruckend. Ein Brustkasten urweltlicher Ausmaße schoß weit in den Raum. Schultern wie rollende Floßhölzer. Bizepse wie die Osterbrote einer zwanzigköpfigen Familie. Ein Oberkörper, dem Wurzelstock einer zweihundertjährigen Eiche nicht unähnlich. Nur: alles rollte, schwoll an und ab, quoll hierhin und dahin, verschob sich, buckelte und vibrierte, denn der Gewaltige ließ spielen, was an ihm dran war, oder, wie die Bodybuilder sagen: er regalierte.

»Jaaa, fabelhaft. Wirklich. Und was ...«, ächzten die Filmleute beeindruckt, alles durchaus unbodyge, schmale Herren. »Und was können ...?«

»Ich bin Mister Universum«, sagte das Paket. »Ich kann Ihnen alles. Ich nehme mein Kollege und schmeiß ihm. Ich hau ihm mit Kopf an die Wand. Ich reib ihm Ohren. Ich reiß ihm an Beine, ich wirf ihm auf Boden und fall auf ihm drauf – aber nur einmal ...«

Der Glatzerte stand im Eckerl und nickte. Jedesmal nickte der selig, wenn aus dem Oberkörper eine neue Schilderung all der Unbill herausgesagt wurde, die ihm, dem tatarenbärtigen Glatzkopf, angetan werden sollte.

»Können Sie auch über einen Tisch fallen? Ich meine: im Kampf – über einen Tisch ...?« fragte der zuständige Mann, der es genau wissen wollte. Er *mußte* es genau wissen. So was, ein Fallen und Rutschen übern Tisch, kam im Drehbuch vor.

»Nicht so gern«, sagte Mister Universum. Grollend sagte er's. »Weil – mein Kollege ist bisserl begriffsstutzig. Der hat ja nicht meine Ausbildung. Sehr guter Mann, aber wirklich ein bisserl blöde. Und wenn ich *dem* schmeiße iber an Tisch ... na, ich weiß nicht ... na, sag selber?!« So Mister Universum zum glatzerten Tataren.

»Na ja«, meinte der nur traurig – und sah dabei aber ganz fürchterlich bedrohlich aus.

»Ja, aber Sie selber ... Sie könnten nicht ...«, fragten die Filmleute scheu.

»Ich??? Ich schmeiße. Ich falle nicht. Ich falle nur einmal. Höchstens. Ich bin Mister Universum. Ich schmeiße. Oder werfe.« Sagte Mister Universum. Und zog sein Hemd, verächtlich auf die blasse Riege vor sich blickend, wieder an. Später, im Studio, zog er es dann immer wieder aus, das Hemd. Denn im Studio gab es Photographen. Das hatte Mister Universum bald heraus. Er streifte immer wieder das Hemd ab, er zog immer wieder ein Fläschchen Sonnenöl aus der Hosentasche, ölte sich ein und »regalierte«. Er schlug wie der Pfau sein Rad – nur hatte er eben statt der Federn diesen maßlosen Oberkörper. Zuweilen griff sich Mister Universum auch einen vorbeihastenden Menschen, hob ihn ohne Anlaß kurz und fast zärtlich hoch, ließ ihn wieder sinken, schnellte dem Erstaunten, Entsetzten den Bizeps entgegen. Wassermelonengroß hüpfte und holperte ihm der am Arm herum. Es war schon erstaunlich.

Auch wurde Mister Universum in dunklen Ecken des riesigen Ateliers gesehen, wie er einsam hinter abgestellten Kulissenteilen, zwischen Kabelrollen und Scheinwerferstativen stand und still vor sich hin regalierte. Er beugte sich vor. Er peitschte ruckartig nach hinten. Er riß immer wieder die Arme hinauf und winkelte sie ab. Er sah sich selber aufs aufgeregt hüpfende Zwerchfell, das er blitzschnell wie eine Waffe vorschnellen lassen und einziehen konnte.

Der Glatzerte saß derweil traurig in einem Faltstuhl und wartete, daß er geschmissen würde. Oder gerissen. Oder gegen die Wand gerieben. Oder gar, was doch wirklich neu war für ihn, oder gar über den Tisch.

Es kam nicht dazu.

Mister Universum, beim zärtlichen Regalieren hinter einer besonders eng gebauten Dekoration, warf durch jähes Ausfahren der Schultermuskulatur einen Scheinwerfer um. Richtiger: ein Stativ. Dieses Stativ fiel dem Mister Universum auf den Fuß. Und brach ihm die große Zehe. Siebenmal!

Die Brutalität im Fernsehen konnte nicht stattfinden. In der großen Zehe war Mister Universum nämlich nicht trainiert.

21. Juni 1975

Die Ehre, die Ehre

Das war nicht in Palermo. Nein, gewiß nicht. Sizilien, ja, aber die Stadt war kleiner. Lärmend auch sie, lärmend von Ungeduld und Eile und dabei doch so verschlafen und träge ruhend in den späteren Mittagsstunden. Gela vielleicht? Agrigent?

Sizilien jedenfalls. Und vor wenigen Jahren, nicht so lange her, der Reisende erinnert es ganz gut. Weiß noch den Klang der Stadt am späten Abend. Und ihr Licht. Ihre Gerüche, vielfältig, verwirrend von süßlicher Betäubung, jäh in Ekel, ekelhaft übertriebenen Geruch nach Fäulnis und Verwesung umkippend.

Heiß, ja, Hitze natürlich. Das Zimmer in der Pension, mitten in der Stadt gelegen, zwar angenehm hoch. Steinboden, Fliesen, kompliziertes Schachbrett, vor anderthalb Jahrhunderten gelegt. Das kühlt die Füße. Aber der Reisende hatte vergessen, tagsüber die Läden zu schließen, altes Rezept der Sizilianer, aller Südländer, die Hitze gefälligst auszusperren. So hockte die Glut noch spät am Abend unter der hohen Decke des Zimmers, hatte sich selbst ins Eisen des ächzenden Bettes eingenistet, lastete im Waschbecken, in das nur ein träger Faden Wassers rinnen wollte.

Draußen schien ein wenig Kühle aufzukommen, nicht viel, aber doch so ein Luftzug. Also die hohen Fenster geöffnet, und ausgegangen, vielleicht noch eine Limonade zu trinken, die hier wirklich Limonade sein konnte, trübes, stark gesäuertes Zitronenwasser, mit einem Häufchen Puderzucker serviert sowie mit spärlichem Eis. Oder Mandelmilch, die die Sizilianer wie niemand anderer zubereiten. Die wirkliche Mandelmilch, allerdings, selten zu kaufen, aus geschabten, gemahlenen und dann gewässerten Mandeln, eingerührt nach einer Stunde in eisgekühlte Milch oder auch bloß Wasser, manchmal mit Orangenblütenwasser versetzt, manchmal mit einem Stangerl schwarzer Vanille; süß, natürlich auch das, von fast arabischer Süße, ein rechtes Haremsgetränk, die wollüstigen Gaumen der trägen Damen zu erfreuen. Das geben sie dir hier in Sizilien, in kleinen Buden, wespendurchschwirrten Konditoreien, noblen, schattigen Kaffeehäusern, an Straßenecken, in grell gestrichenen hölzernen Kiosken. Da aber nicht aus frisch gemahlenen Mandeln; aus Flaschen da, mit trübem, bitterlich nach gesüßter Seife schmeckendem Sirup. Grauslich. Und wunderbar, weil ...

Ja ... weil was?

Elf Uhr nachts. Genug Kirchen, genug verschlafene Glocken, um das in ungehörigen Zeitabständen zu melden. Eine Viertelstunde lang schlägt es in Gela – oder Agrigent? – elf Uhr nachts.

Ja, noch Verkehr. Autos suchen einander zu übertrumpfen. Die Herren haben sich, je jünger sie sich fühlen, desto unüberwindlicher auf ihre Motorräder geschwungen, Roller auch, grölen und hetzen knatternd und aufgeregt röhrend durch die Nacht, müssen ganz dringend um die nächste Straßenecke, verschwinden, bremsen da ab, kommen zurück, vielleicht ist da hinten doch noch ein besserer Weg, einer, der das Echo der hochtourigen Knatterbüchsen genüßlicher zurückwirft von den Hauswänden.

Da vorne ist ein Park. Nein, das ist übertrieben; eine kleine Ansammlung von Bäumen und staubigen Büschen. Beserlpark nennen sie das in Wien. Square in England. Ist dort aber weniger staubig, weil besprenkelt und bespritzt von städtischen Squarepflegern und -wässerern.

Kleiner Park also. Liegt da im Dunkel. Die Häuser ringsum dringen nicht durchs Laub der Eukalyptusbäume. Bloß ein bläuliches, weiß gleißendes Licht an einem der Mitte zugeordneten Teil des Parks. Grell, gemein das Licht. Zahnarztlicht, Wartesaallicht, aber auf Hauptbahnhöfen. Und natürlich die Schmetterlinge. Nachtfalter, haufenweise. Man ist noch zu weit weg, um die taumelnden Falter wahrzunehmen, man weiß sie aber, du wirst sie gleich erleben, sie taumeln haufenweise um jedes Licht hier. Und dann auch noch in einem Park, und dann auch noch um so grelles Licht, wie es eigentlich nur die Fischer vorne an ihren Booten aushängen, um die neugierigen, todessüchtigen Fische anzuziehen.

Musik im Park. Wehmütige, schluchzend scheppernde Musik. Tango. Bandonion und, weil in Sizilien, schrill die Nacht anklagende Klarinetten, Trompeten, Saxophone. Den Schmerz in den Nachthimmel hinaufjaulend ... Welchen Schmerz? Allen. Jeden. Viel tut weh. Und die Einsamkeit. Und das Meer. Und die Liebe. Amore. Amore mio.

Staub auch im Park. Überm Kies hebt sich eine taumelnde, wabernde Wolke, wechselt manchmal ihren Standort, paar Meter weiter links, paar Meter tiefer hinter die Büsche. Das Licht – ja, woher kommt es, das Licht, das die Wolke so sichtbar macht, seitlich und von unten anstrahlt? Aus einer Jukebox, Musikbüchse, einem Automaten, wuchtelig angequollen, mit allerhand Chrom und Messing aufgemotzt, wie der Kühler eines schweren amerikanischen Autos aus den Fünfzigern. Steht neben dem grün und gelb gestrichenen Kiosk, hinausgeschafft in den Park. Steht da auf dem Kies, leuchtet die Wolke aus Staub und Sand an. Dudelt seinen verzweifelten, schluchzenden, grellen Tango.

Und sie tanzen. Zwanzig Paare vielleicht. Im Kies des Parks, eng aneinander, umschlungene Hüften, zart gehaltene Hände. Schieben sich da hin und gleiten zurück. Ernsthafter Tanz das, kein Gelächter, kein Gekicher aufgeregter Mädchen, kein lautes Wort, nichts Indezentes. Ernsthafter Tanz, die Nähe des anderen fühlend, sich in den Tango einfädelnd, vor, langsam, schleifend, Sand und Staub aufwirbelnd, zurück wieder im aufsteigenden Staub. Keiner sieht den anderen an, alle blicken in irgendeine sehnsüchtig vermutete Ferne, sehen am Gesicht des Tänzers vorbei, wollen nur die Musik und die langsame

Bewegung. Zwanzig Paare, nachts, im Park in Gela, neben der Jukebox, im gemeinen Chirurgenlicht, aufgespießt vom Tango, umschwirrt von den hungrigen Nachtfaltern.

Alles Männer. Vierzig Männer. Oder achtunddreißig. In Anzügen. Ja, damals, vor ein paar Jahren, in gehörigen Anzügen. Krawatten. Ölig glänzend das krause, steife Haar. Brillantine. Ranzig und süßlich. Einander im Arm haltend. Ernsthaft. Tango.

Später dann, bei Aranciata und Limonata und Tropfen süßen Kaffees: Ja, Tanz *muß* sein. Nein. Mädchen nicht. Geht nicht. Die Mädchen werden zu Hause eingesperrt. Nie nachts auf der Straße. Kein Tanz. Eine Qual das. Anachronistisch. Wir leben hier wie im Iran. Jaa – bei euch! Manchmal – eine Touristin – aus eurem Land. Welche Freiheit! Wie müßt ihr glücklich sein! Tanzen, mit einem Mädchen, mit dem ihr auch sprechen könnt. Wir aber ...

Und eure Schwestern? Warum ladet ihr nicht eure Schwestern ein? Ihr habt doch gewiß ...

Was?? Unsere Schwestern? Mitten in der Nacht? Ausgehen? Und *tanzen?* Mit diesen Kerlen? Die würden sie ja zerreißen, wie wilde Tiere! No, Signore, meine Schwester kommt mir nicht hierher. Wir haben unsere Ehre. Wir sind ja nicht verrückt.

Die Nachtfalter suchen ihren Tod. Der Tango hat sich verwandelt in einen Slow. Die Aranciata ist ausgetrunken. Die Herren tanzen. Aneinander. Miteinander. Die harschen Sitten verfluchend. Aber die Ehre, die Ehre ...

Sommer 1991

Menschen auf Reisen

Wenn die schwache, trübe Lampe an der Decke aufleuchtet, wenn die Schranktüre aufquietscht und ein Geruch wie aus einem Grab herauskommt – Naphthalin ist das nicht, das wäre ja noch wunderbar, nein, das ist der Mief aus ungelüftetem Holz, aus kaltem Rauch, der seit Monaten und Jahren aus den Lungen irgendwelcher Reisenden fuhr und sich ins Holz, in die Vorhänge, in den Teppich einzunisten wünschte –; wenn die Heizung leise poltert und beharrlich einer Drosselung widersteht, wenn die Hitze sich pelzig auf die Zunge und aufs Hirn des eben eingetretenen Menschen legt: dann ist es wieder einmal soweit: Aus einem Menschen ist ein Mensch auf Reisen geworden, aus einem Leut ein Reisender.

Reisen sei schön, heißt es allenthalben, und das ist wahrscheinlich eine Behauptung der Wirte und Karawansereiverwalter. Reisen *ist* schön. Reisen läßt die Leute plötzlich einmal zwischendrin atmen, an der Straßenecke stehenbleiben, Untergrundbahn fahren, Obst auf der Gasse essen – und dazu muß die Gasse nicht in Venedig liegen oder sonstwo in südfruchtiger Gegend.

Nur: es wohnt sich bedrückend, es frühstückt sich auf bedenklich niederem Kulturstandard. Jedenfalls im allgemeinen Europa, mit Ausnahme der Schweiz sowie zu Teilen auch Englands, beides bezeichnenderweise eigenartige, individualistisch gestärkte Länder, die Gleichmacherei und der staatlich geförderten Nivellierung eher abhold. Wiewohl auch dort die Sitten lockerer, der Tee dünner zu werden beginnen.

Menschen auf Reisen. Das sind schon andere Leute, was? Das strafft sich, kaum daß es den Aeroport betreten hat, und das sinkt schon wieder in sich zusammen, wenn es hört, daß der Aeroplan Verspätung haben wird.

Sie sind gehetzt. Immer. Jedenfalls aber so lange, bis sie in ihrem Transportmittel, Zug, Omnibus, Paketboot, Flugzeug sitzen. Sie hasten und hecheln, schleppen viel zu schwere Koffer oder lassen sie schleppen, taumeln herum, mit einem leise irren Blick, immer bereit, ausgebeutet zu werden, immer bereit, sich ausgebeutet zu fühlen. Sie verfehlen die Anschlüsse. Sie hocken mit Magengrimmen auf ihren ächzenden Koffern. Oder sie umkreisen sie, spähend und sichernd, denn in der Fremde gibt es viele Diebe, heißt es, während sie von wackeren, allgegenwärtigen, tüchtigen Polizisten und ihren großen, blitzenden Kanonen bewacht werden.

Menschen auf Reisen. Gehen über Straßen, die sie nicht kennen, die sie aber zu kennen glauben. Menschen auf Reisen sind immer wieder verwirrt, enttäuscht, entsetzt, wenn sie dahin kommen, wo sie schon einmal waren – oder auch öfter, oder auch lange – und nicht alles wieder und noch immer so ist, wie sie es gewöhnt waren, wie sie es kennen. Nein, eben: kannten.

Menschen auf Reisen suchen dann plötzlich Häuser, Hausecken, Einbahnstraßen, die sie kannten. Suchen auch eines Tages irgendeine steile Straße, die zu irgendeiner Parkmauer hinführt, hinter der es bitter riecht, nach Laub und Herbst oder auch Winter und vor allem nach Spaziergängen und Zeit dazu.

Und wenn sie dann diese eine kleine, steile Straße gefunden haben, mit dem pompösen Namen irgendeines italienischen Freiheitskämpfers oder auch südamerikanischen Präsidenten und gewiß auch Ehrenbürgers, sic transit ..., dann suchen Menschen auf Reisen ein bestimmtes Haus, mit einem kleinen Turm und einem hölzernen Balkon und einem großen Garten, in dem sie geboren wurden, irgendwann einmal, nicht im Garten, vielmehr im Krankenhaus, wie sich's ziemt. Aber aufgewachsen sind sie da, in dem Garten unter den Stachelbeeren, die ihnen schon damals nicht schmeckten ... Und sie finden das Haus, aber es hat einen ganz kleinen Garten, denn man hat die Stachelbeerbüsche ausgerissen und ein großes Haus in den Garten gesetzt. Da hockt es nun und sieht aus wie die Verdauung des Vogels Roch, und die ist nicht schön!

Menschen auf Reisen treffen andere Menschen auf Reisen. Das sind die Touristen. Oder sind die Leute, die in Geschäften, immer irgendwelchen Geschäften, unterwegs sind. Und also auf Spesen leben. Etwas runder auftreten, etwas lockerer in die feinen Häuser einreiten, die nicht so ganz ihr Cadre sind, nicht so ganz ihr Maßanzug. Oder eigentlich doch, denn die feinen Häuser sind ja auf Spesen eingerichtet. Geben sich fein. Sind's nicht. Vermitteln dem Herrn Generalprokurator und seinem Möchtegernnachfolger das Gefühl, sie hätten die Hand am Puls der Zeit oder wo sie sie halt gern hätten, ihre Hände, die Generalprokuratoren.

Menschen auf Reisen haben einen leise irren Blick. Das kommt nicht nur vom Geruch der Hotelzimmerschränke. Das kommt nicht nur von den Hinterhöfen, in denen sie aufwachen, von den Brandmauern und frierenden Fliederbüschen darunter, Hinterhöfen, die ihnen nicht einleuchten, die aber die Kulisse ihres unruhigen Schlafs sind, denn vorneheraus dröhnt der zivilisierte Mensch im Automobil durch den Schlaf des Reisenden. Der irre Blick aber rührt von der Hitze her. Menschen auf Reisen kämpfen wacker und höchst vergeblich gegen die Hitze. Denn die Flugplätze heizen ihre Hallen zu heftig, die Gasthäuser sind überheizt, die Büros, in denen der Mensch auf Reisen zuweilen was zu regeln hat ... die Hotelzimmer vor allem, diese Schubladen aus Talmi und gehäckseltem, schmalportioniertem Schlaf: die sind wie ein heißes, stickiges Vakuum, leergepumpt von allem, was Luft heißen könnte, bißchen heißes Löschpapier statt dessen, das in die Lungen kriecht und aufsaugt, was da an Reserven wäre.

Menschen auf Reisen merken, daß die Welt nicht so sehr am Schmutz zugrunde geht als vielmehr an der Hitze. Genauer: sie *ist* deswegen verschmutzt, die Welt, weil sie überheizt ist. Überall tuckern und puffen und qualbern und feuern und kochen und dampfen irgendwelche Heizungen, große, dickbauchige Kessel und Öfen, irgendwo muß ja der verbrannte Qualm hin.

Die Hitze tötet die Welt, nicht der Dreck, denkt sich der Mensch auf Reisen und läutet dem mürrischen oder allzu freundlichen Zimmerkellner, denn resigniert hat er elf Minuten vor seinem Wasserhahn gestanden, aus dem es auch dann noch lau und übelriechend floß. Der Mensch auf Reisen bekommt selten Wasser zu trinken. Die Getränkeindustrie muß eigene Hotelwasserverstinkungs- und -erwärmungsanlagen liefern.

Menschen auf Reisen sind aber auch tolerant. Finden die Uniformen anderer Länder putzig, nicht nur lächerlich, finden auch die Fahnen anderer Länder pittoresk und nicht unbedingt anzuzweifeln, finden, daß diese anderen Fahnen leichter flattern, und haben da ja auch recht, namentlich in Frankreich, wo sie ein besonders windbewußtes Fahnentuch erzeugen, das beim geringsten »Puh« eines Ministerpräsidenten oder auch nur eines Generals zu flattern beginnt, ganz zu schweigen von der Blechmusik eines Veteranenvereins.

Menschen auf Reisen ... nein, immer sind sie nicht tolerant. Manchmal sind sie von einer eigensinnigen Güte der Welt gegenüber, verteilen Lob und Tadel, wo die Welt nicht immer anspringt. Menschen auf Reisen, ich kenne welche, tadeln das römische Bier, nennen es schlapp und nicht nach heimischer Art gebraut, und sagen anerkennend auf der Place de la Concorde, einem immerhin einigermaßen renommierten Platz: Dieser Brunnen steht auch in Graz. Sagen Sie. Und meinen es gut.

Menschen auf Reisen sehen allerdings manchmal auch Dinge, die sie zu Hause gar nimmer sehen. Leisten sich, langsamer zu gehen. Leisten sich, die Wurzel auch mal loszulassen und das Risiko der Entwurzelten einzugehen.

Manchmal trocknen die Wurzeln aus, manchmal nisten die Maulwürfe drin, manchmal wächst auch noch was dazu. Manchmal tut's den Bäumen gut, wenn sie in eine andere Sonne kommen, nein?

16. Januar 1972

Das Telephon
ist eine indiskrete Maschin'

Das kennt doch jeder. Das haben wir doch schon alle. Darüber sind wir doch auch. Bei der Gelegenheit hab' ich oft und oft. Gerade noch im letzten Augenblick.

Nämlich: Sie sprechen mit einem Menschen. Sie sagen ihm was. Sie, man denke, Sie fragen ihn womöglich was. Sie wollen noch gar nix Unziemliches von ihm, gar nix Eigennütziges. Keinen Kredit, kein Geschenk, keine Protektion. Nicht einmal eine Intervention. Was doch wirklich selten ist, in unseren von Kumpanei versulzten Zeiten.

Und Sie sprechen. Und fragen. Und sagen.

Und plötzlich wird Ihnen eine mehr oder weniger feuchte, mehr oder weniger fleischige und vor allem: mehr oder weniger saubere Hand aufs Ohr gedrückt. Nicht zart. Nicht liebevoll beruhigend. Nicht so, wie die Kinder dir plötzlich eine Muschel ans Ohr pressen, eine, die, von mir aus, noch leise stinkt nach ihrer ehemaligen Bewohnerin, noch bisserl Sand ins Ohr rieseln läßt von irgendeiner ehemals heißen Küste, und die nun fest und unbequem ans Ohr gedrückt wird – nicht ohne wispernd aufgefordert zu werden, doch einmal *ganz* still zu sein, psssst, *nein, nicht sprechen!!!!!* – und: Hörst du das Meer? Du? Hörst du's?

Und dann braust es ja wirklich. Und dann rudern ja die Galeeren, bei dir eine andere als bei mir, jedem ächzt die entgegen, die er kennt, und immer aus einem anderen Karthago. Und die Brandung ist wie im Baskenland, wo der Atlantik sich gar nicht nach Inklusivpreisen gebärdet und vor allem nicht nachsichtig mediterran. Und wenn die Muschel auch fast das halbe Ohr abreißt, so schartig ist sie und so nachdrücklich wird sie daraufgepreßt, drumherum gewetzt, ist man doch gern bereit, sich für eine kleine Sturmstärke samt Tanggeruch, nachmittags um viere zu Wien, einiges antun zu lassen. An *einem* Ohr. Wo man ja eh noch ein anderes hat.

Ja – aber eben: nicht so.

Vielmehr mit einem deutlichen »Plupp« fühlen Sie plötzlich eine unwillkommene Pfote auf ihrem wehrlosen Ohr. Und wenn sie den Telephonhörer wechseln, denken, da hätten Sie ja noch ein anderes Ohr, dann liegt da längst die leise schwitzende, die kohlepapierberußte, die nicht immer nach angenehmem, manchmal nach höchst odiosem Duftwasser miachtelnde Hand schon längst dort.

Bildlich gesprochen.

Ach ja. Natürlich, bildlich.

Aber trotzdem aufs unangenehmste, aufs allerunhöflichste, aufs sittenwidrigste doch gang und gäbe.

Nein?

Kaum daß gefragt, gesagt, sich vorgestellt wurde, macht es »Plupp« – und ich weiß: mein telephonisches Gegenüber hat die Hand auf das Mikrophon des Hörers gelegt, richtiger auf die Membrane, glaub' ich, und schickt sich an, meinen Anruf, mein beim Telephon Hereingekommensein mit irgendeinem Gegenüber zu besprechen. »Wummmununuwarbassazummun?« Höre ich. Und dann ein entferntes »Dillaadrummiunderiummm!«

Und da weiß ich's nun.

Und es ist ungefähr so, als hätte ich angeklopft an einer Türe, leise, scheu, wie man's halt so macht; und kaum hat einer – oder eine – »Herein« gemeldet, und kaum hat man seinen Gruß und seine Anfrage entlassen: flugs steht der – oder die – Angesprochene auf, geht zu einem zweiten im Zimmer wohnenden Menschen und beginnt mit dem (mit der) zu flüstern. Hinter vorgehaltener Hand. Wie im Amateurtheater. Flüsterflüster, Wisperwisper. Und man, und Sie, und du, und ich stehen da und bemühen sich, so zu wirken, als wäre das das Allernatürlichste, Höflichste, Sittigste der Welt. Denn gleich wird die Wisperei, das Geflüster aufhören, und die (oder der) Wispernde wird mit mir sprechen und die Meinung des Flüsterkomitees weitergeben.

Fein, was?

Oder aber, kaum bist du eingetreten ins Zimmer, kaum hast du gesagt, was es denn soll mit deinem Hiersein: da steht der (oder die) Angesprochene auf, greift sich zwei Gummipfropfen, wie der kundige Sporttaucher sie etwa zur Sommerszeit in seinen Inklusivpreisferien gern in den Gehörgang stoppelt, wenn er den wohlschmeckenden Tiefseebarsch oder die unpolitische Rotbarbe jagen und spießen will – greift sich also so einen Gummipfropf und rammt dir den ins wehrlose Ohr, ohne jeglichen Versuch eines auch nur äußerlich freundlichen: »Entschuldigen S' schon, aber es muß halt sein.« Aber nein, plopp, da klemmt der Gummi im Ohr, und die Welt manifestiert sich, so sie spricht, nur noch durch »Sruubbnumsdiaffgi? Hmundasrtebulniok!!«

Wie sagte doch der feine Herr, als er das internationale Wort, das mit K beginnt und ebenso unappetitlich ist wie die eben beschriebene Unsitte, nicht verwenden wollte? Er besann sich auf das nationale Wort und meinte: »Es ist zum Speiben!«

Und er hatte wahrlich recht!

Merkt euch, ihr Leute mit der feuchten Hand, ihr Leute mit dem feisten Handballen, ihr Leute mit den ungewaschenen Pfoten, ihr Leute mit den imaginären Gummipfropfen, so ihr eurem Nächsten telephonisch ins Ohr rammt: Derlei hinter vorgehaltener Hand Gesprochenes kann vom Gegenüber am Draht allemal als Lüge empfunden werden.

Ich jedenfalls weiß, wann immer mir ein Patschhändchen ans Ohr glupscht: jetzt beginnt da drüben einer zu lügen. Warum lügt der oder die? Ach – aus irgendeinem nichtigen Grund: weil der Mensch, der angerufen werden sollte, vielleicht bei einem Kaffee mit schlutziger Cremeschnitte hockt, in einem Kanditen- und Süßbackwarenverschleiß, anstatt auf der Konferenz, die so wichtig ist, daß man nur mit angehaltenem Atem flüstern darf. Da könnte ich jetzt noch viele Gründe aufzählen, Ihnen fielen noch manche dazu ein, und am Abend säßen wir noch beisammen und knirschten ob der groben Sitten am Telephon.

Wenn jemand mich jedenfalls anruft, und er bekommt eine Hand, eine zugegeben gewaschene solche, aufs Ohr geknallt, dann möge er wissen:

a) da bereitet wer einen Lug vor,

b) der bin ich sicher nicht selber,

c) der sollte das nicht tun. Und erwisch' ich ihn dabei, nehm' ich ihm's Rohr aus der Hand und flöte ein gutartiges »Ja, bitte« ins Bakelit.

Das ist weniger ein persönliches Bekenntnis als ein Merkblatt, das Angerufene sich und ihren Lieben zugestehen sollten und das bei der Redaktion gerne gegen einen angemessenen Unkostenbeitrag bezogen werden kann, wenn's wer noch nicht verstanden hätte.

Feine Leute telephonieren auch fein.

Noch feinere Leute telephonieren auch gar nicht. Wenn sie mit einem im Gespräche ruhen und zu einem Sinn und Ende kommen wollen. Dann wird höflich *nicht* telephoniert, auch nicht von den Damen vor seiner Schwelle verbunden. Die wiederum lügen auch nicht mit Schwitzehand und flüstern einander zu: »Issa do? Do is der Huba dran, maanst, soll i??« Sondern sie sagen: »Der Herr X spricht gerade mit dem und dem, wir würden Sie gerne zurückrufen, wenn wir das dürfen.« Oder so.

Der Bold, der sich hastig mit jedem Pleampel, und sei der noch so mafios, verbinden läßt und glücklich ist, wenn das Telephon röhrt und er seine Einmannshow abziehen kann – der Mann ist seiner Sache nicht sicher. Braucht Hartgummi und den Mief der kleinen, nahen Welt, um zu merken, alle Stunden wieder, daß er noch da ist. O Freude, er ist noch da.

Hugo von Hofmannsthal: »Das Telephon ist eine indiskrete Maschin'!«

Merke: Und verrät oft viel über einen, der telephoniert. Und nicht telephoniert. Und wie telephoniert.

7. Mai 1972

Zum Beispiel
Oberhofgärtneraspirant

Da reden sie von Einsparen und von Zurückschrauben der Ansprüche, und da reden sie von Budgetverringerung und Durchforstung der Ansprüche, die die einzelnen Ministerien stellen werden. Da reden sie und machen sich beliebt.

Und dann so was.

So machen sie sich *nicht* beliebt. *So* steigt keinerlei Popularität. So steigen die Ansprüche. Und die Unzufriedenheit.

Soweit die überhaupt noch steigen kann.

Und dann haben sie auch noch alle gelacht. Haben sie je ein so heiteres Parlament gesehen, wie an dem Tag, als sie abstimmten über die Abschaffung von circa sechshundert Amtstiteln? *Österreichischen* Amtstiteln?

Da ham sie alle gelacht. Auf – na, auf wessen Kosten wohl? Da waren sie sich einig, *einmal* waren sie sich – na, auch schon was. Und obwohl alles längst klar und deutlich und abgesprochen war, mußten sie noch alle mal ganz schnell zum Fenster hinaus. Mußten sie. Ja. Sagten, was eh schon jeder wußte: daß nämlich ein paar Titel möglicherweise nicht gestern erfunden worden sind. Auch schon was! *Diese* Erkenntnisse! Na so was!

Und sie lächelten. Die Herren Abgeordneten lächelten. Bei der Rede. Sie sprachen wie meistens in ein fast leeres Haus hinein, ein Hohes leeres Haus, aber die Redner schmunzelten. Sie waren sich der Beschmunzelbarkeit des Themas so bewußt. Hö, hö, hö – man war fortschrittlich und wollte es auch bitte zeigen.

Unklug!

Wie ganz und gar unklug! Wie wenig vorausschauend! Wie verschwenderisch! Das wird uns alle viel Geld kosten! Bald werden sie aufstehen und sich zusammenrotten in den langen Gängen ihrer Amtsgebäude, auf denen sonst die Petenten Parteien zu warten haben, bis die Amtsstunde anhebt und der Herr Referent die Parteien verkehren läßt. Dort, in diesen Gängen, die wir alle kennen, wird das Unheil sich zusammenballen, von dort aus, ja, ich weiß es, wird es seinen Lauf nehmen.

Und recht werden sie haben, wenn sie merken, daß sie eines Morgens, gar nicht hochmütig, nein, aber doch mit einem soliden, einem seriösen kleinen, mein Gott, ganz bescheidenen Titel, als Rückgratverstärkung eingearbeitet, ins Amt kommen – und nun haben sie ihn nicht mehr. Man soll das Rückgrat, man soll die schlichte Würde, man soll das edle Selbstverständnis unseres Beamtenstandes nicht geringachten. Und das tut man, indem man ihm den Titel herunterräumt.

Der Winter kommt. Und womit bedeckt er dann seine Blöße?

Wie?

Es war eine der listigsten Listen, die das weiland Kaiserhaus und seine Berater ersonnen hatten. Sie wußten, nur eine starke, selbstbewußte, treu ergebene und vor allem aber auch ein bißchen dankbare Beamtenschaft konnte das große, krause, von Pracht und Privilegien überwucherte Reich gouvernieren und in die allerhöchst genehmigten Bahnen lenken. Und da auch halten.

Wie erreicht man aber eine starke, selbstbewußte, treu ergebene und vor allem aber auch ein bißchen dankbare Beamtenschaft? Man setzt sie vor. Hast du zwei Männer, zwei hervorragende Gärtner etwa, in deinem Park – so wußte das Kaiserhaus seit eh und je –, so mach einen von ihnen zum Obergärtner. Noch besser, stell ihm in Aussicht, Obergärtner werden zu können, wenn ... ja, eben. Wenn er ein treuer, starker, selbstbewußter und vor allem auch ein bißchen dankbarer ... und so weiter.

Wie sollte der Gärtner aber glauben und vor allem durch diesen Glauben sich zu noch trefflicherer Gärtnerei angespornt fühlen, was man ihm da in Aussicht stellte?

Nun, da gab es eben zweierlei. Erstens einmal war da

das Wort des Kaisers. Vielleicht nicht ganz direkt sein eigenes, aber doch das Wort des Oberhofgartenmeisters, oder so. Das galt schon was, das Wort des Kaisers. Das wußte man doch. Das geht eben heute ein bißchen ab. Den Beamten, meine ich.

Und dann gab es eben den inaussichtstellenden Titel. Der Titel als Inaussichtstellung. Er wurde ein bißchen hochgehalten. Schnapp, spring, zappel, wenn du dich brav anstrengst, so wirst du ihn schon bekommen ...

So wurde der k. k. Oberhofgärtneraspirant geboren.

Aspiranten gab es viele. Sie lebten darauf hin. Sie atmeten, hechelten oder werkten in zufriedener Gelassenheit, denn schon einmal aspirierend eingestuft worden zu sein, hob das Ansehen. Man konnte bemerkt werden, man war eindeutig dem Herzen des Gottes näher als der, dem zu aspirieren verwehrt war. Oberhofgärtneraspirant hatte etwas von dem edlen Reiz kommender Genüsse an sich. Man sah sie schon blitzen. Man erhoffte sich, wußte sich im Stand der allerhöchsten Aufmerksamkeit, ja Gnade. So schön konnte gar kein Amt mehr sein wie die Aspiranz auf dasselbe.

Das wußte der Kaiser. Das wußten seine Consulenten. Darauf bauten sie das kleine Glück so vieler treuer Diener dieses Staates auf. Und:

Natürlich war die Aussicht, einmal aus dem Mezzanin der Würden aufzusteigen in den ersten Stock, nicht nur der treuen Ergebenheit förderlich, nicht nur der Stärke in der Pflichterfüllung, nicht nur gerade dem Quentchen Selbstbewußtsein, das dem Beamten die nötige Unnahbarkeit und Kaiserähnlichkeit verlieh, um den Petenten in Zucht und Zaum halten zu können in allerlei Amtsstuben und Eichämtern und Bezirksgerichten und Wachstuben; nicht nur dem bißchen Dankbarkeit förderlich, das den Aspiranten ja eben doch denen verpflichtete, die die Aspiranz und dann den endgültigen – ha! – Titel verleihen konnten; nein, nicht nur all das. Sondern es war auch billiger! Budgetsparend!

Einer, der was werden konnte, dem in Aussicht gestellt wurde, der schon so hieß, daß man wußte, er lebe auf die Beförderung hin – der war *bescheiden!!* Na klar!

Der waltete. Nämlich seines in Aussicht gestellten Amtes waltete er mit größter Umsicht und Genauigkeit. Der konnte schon mit den Aufgaben eines Obergärtners betraut werden, ohne es noch zu sein. Und worin – ach! – unterschied sich denn die Tätigkeit des Ober von der des Oberaspiranten? Wie?

Na eben!

Aber der Oberaspirant und der Ober – und wenn er auch nur ein Ober von zweien war, also einem einzigen Mitgärtner vorgetitelt –, der konnte schon so allerlei bewirken. Wo zweie werkelten, und einer war der Aspirant oder schon der Ober, da kam doch schon etwas mehr Zug in die Sache. Einer paßte auf. Einer leitete. Einer gab Obacht, daß. Und Obacht, daß *nicht.* Einer war interessiert daran, daß. Treu ergeben. Stark. Ein bißchen selbstbewußt. Und ein bißchen dankbar. Im Bewußtsein, einer privilegierten Gesellschaft anzugehören. Der Beamtenschaft eben. Drum auch die zweierlei Gerichte. Die Disziplinarkommission, der man sich zu stellen und deren Spruch man sich zu unterwerfen hatte, wenn man etwa ein Delikt gegen seine Beamtenehre begangen hatte. Hatte der Oberhofgärtneraspirant etwa eine Gartenschere mit nach Hause genommen, so wurde er von den Gerichten wegen Gartenscherenentwendung bestraft. Gut so. Aber dann mußte er ein zweites Mal vor die Disziplinarkommission treten und sich hier nicht nur wegen Entwendung der allerhöchsten Gartenschere verantworten, nein, sondern auch wegen des Flecks auf der Ehr'. Ein Oberhofgärtneraspirant – und klaut höchstdero Scheren? Wie denn das? Und der Bannstrahl, scharf und ätzend, zuckte aus dem Geäst einer just von ihm gestutzten Oleanderhecke auf ihn nieder.

Das soll alles nicht mehr sein? Keine doppelte Gerichtsbarkeit? Ja, wie wird es denn dann mit der Moral der Beamtenschaft bestellt sein? Etwa so wie mit der aller übrigen Staatsbürger? Nicht besser??? Na, servus, Herr Aspirant!

Alle Gärtner heißen Gärtner? Keiner wird wenigstens Baumscherenakzessist sein, Gartenkanzleioberoffizial? Nix?

Und – bitte – hat man sich darüber Rechenschaft gegeben, wie die Damen im Dienste des Bundes heißen, denen das Privileg verliehen wurde, ihren Mitmenschen beim Aufsuchen stiller Orte durch reinliche Bereitstellung dieser behilflich zu sein?

Wie sollen sie denn da mit Freude ihrem – na ja – doch aufopferungsvollen Amte gerecht werden? Was sagen sie, wenn man sie fragt, womit sie ihr Brot verdienen?

Nein, *das* sagen sie eben nicht. Bis jetzt konnten sie stolz aussprechen, was sie offiziell auch waren:

Stoffwechselmanipulantin.

4. Juni 1977

Sozusagen

Er muss jetzt was sagen. Antworten, *sozusagen*. Denn da wurde was gefragt. Wurde eigentlich ziemlich handfest, mehr noch: absolut genau gefragt. Und da wollen die eine Antwort, *sozusagen*. Er muß jetzt etwas darauf antworten, aber *sozusagen* nicht allzu genau, nicht allzu verbindlich *sozusagen*. Sonst könnte er zitiert werden in drei Wochen oder vier, und das könnte *sozusagen* unangenehm werden. Doch, könnte es. Heute muß man sich noch offenhalten für alle möglichen Varianten, *sozusagen*, da kann man sich noch nicht festlegen, denn Festlegen wäre möglicherweise das Ende, *sozusagen*, man weiß ja nie, wie die Dinge sich entwickeln können, und da äußerst man besser *sozusagen* als: wirklich etwas zu *sagen*.

So gehen die Reden. Ersatzworte, Ersatzsätze, Ersatzmeinungen, Vorgestanztes, von anderen, alerten Stanzern Vorgestanztes. Du siehst das prompt einsetzende Flirren in seinen Augen, das ist zwar bloß ein kleines Flackern; aber *das* will er unbedingt verbergen, das will er nicht zugeben, das darf ihm auf gar keinen Fall passieren, daß da wer bemerkt, wie er schwimmt. Er *muß* was sagen, aber er weiß nicht, was??! Er merkt auf einmal, daß es bloß Floskeln sind, die ihm da aus dem Hals kommen. Er redet neben seinen Gedanken her, er schwätzt ein Mäander von Wortgeklingel, *sozusagen* allgemein, *sozusagen* vergleichsweise, »im Sinne meiner Ausführungen bei unserem letzten Zusammentreffen, *sozusagen*, meine Damen und Herren«.

Nun geh ihm doch nicht so nah an den Pelz, *sozusagen*, laß ihn doch *sozusagen* leben, nimm's doch nicht so genau, er verspricht ja eh alles mögliche, und *sozusagen* meint er's ja auch, doch sozusagen schon. Ob er's *wirklich* meint, ob du ihn darauf in ein paar Wochen noch einmal ansprechen solltest, wenn er's beweisen müßte, was er da heute *sozusagen* leichthin plaudert – also, das laß lieber sein.

Ballastsprache. Verpackungsmaterial, um das herum gewickelt und gestopft und isolierend dazwischengelegt, was der Verpackungskünstler schützen will vorm Zerbrechen. Bloß keine Gefahren, bloß kein Risiko. *Sozusagen* in seinem eigenen Schatten gehen: wenn das bloß ginge.

Er redet schon los, bevor er noch weiß, was er eigentlich sagen will, *sozusagen*. Drum kann er nicht sagen: »Grün«, er sagt: »*Sozusagen* grün, *irgendwie*, wenn Sie wissen, was ich meine.« Das sagt er nämlich auch oft, anstelle von was Wirklichem: *Irgendwie* sagt er, *wenn Sie wissen, was ich meine*, sagt er.

Es ist schwer, mit ihm ein Gespräch zu führen. Es ist schwer, von ihm eine Antwort zu bekommen. Er dreht einen Hahn auf und läßt's einmal laufen. Überschwemmung *sozusagen*, eine Menge Flüssigkeit *sozusagen*, aber kein Trinkwasser. Kannst du *sozusagen* nicht trinken. Hast du nichts davon, *sozusagen*.

Warum sagt er's nicht so, wie er sich's denkt? Warum will er's nur *sozusagen* sagen? Wer hat ihm diesen Schaumstoff in die Gurgel gesteckt – und nun würgt er ihn heraus bei jeder Gelegenheit?!

Hört er's zu oft, das *sozusagen*? Ist er ein Schwamm, bloß ein Schwamm, der das tröpfchenweise aus sich herausholt, was er tagsüber in all den Stunden voll gegenseitigem Geschwätz auf den Weg geschüttet bekommen hat? Ziemliche Pfützen das. Muß man was tun gegen die nassen Füße. Aber was? Spritzt man halt auch mit Wortmüll um sich, *sozusagen*, stampft mit den Füßen *sozusagen* mitten in die Lacken. Das kommt ganz von selbst aus einem heraus, dieses *Sozusagen*, ist einfach da. Das machen sie doch alle, *sozusagen* alle, schieben so ein kleines Wort dazwischen, federn ab gegen irgendwelche Beschädigungen, die sie erleiden könnten.

Wollen sich nicht festlegen.

Wollen's nicht gewesen sein.

Haben was geredet. Aber haben eigentlich nichts gesagt. *Sozusagen.*

Schielen in sich rein. Wollen da nachsehen, was es etwa zu sagen gäbe. Sehen da drin aber nichts.

Er ist aber was gefragt worden! Man erwartet Antwort!

Oben läuft schon die Sprache. Oben, wo der Mund ist, redet es schon aus ihm heraus. Weiter unten versucht er derweil verzweifelt, in sich reinzuschauen, ob da irgendwas aufbewahrt wäre, das sich lohnen könnte, bekanntgegeben zu werden.

Oben spulen sich schon die Sprachbänder ab, blähen sich schon die Sprechblasen. *Sozusagen,* sagt er: Mit *Sozusagen* klebt er sein Porzellan, klebt er die unzusammenhängenden Landkarten seines Geredes zusammen. Klebt zusammen, wie er meint, stiftet aber Verwirrung, bloße durcheinandergequirlte Verwirrung, und keiner will ihm mehr zuhören.

Da gerät er ins Stottern. Da beginnt er zu flackern. Das will er nicht. *Sozusagen,* schiebt er nochmals nach, *sozusagen,* um am Ball zu bleiben. Aber der Ball ist längst weg, rollt da drüben in den Gully.

Und jetzt? Was macht er jetzt?

Er macht weiter. *Sozusagen* wie er's gelernt hat, *sozusagen*.

Das wäre ja noch schöner, nein? Wenn sein Amt, wenn seine Position von ihm verlangen, daß er sich äußert, wenn er ununterbrochen um Wortspenden gebeten wird, wenn man ihm nicht vom Pelz rückt, *sozusagen,* dann muß er. Dann macht er's eben.

Dann red't er halt.

Wenn du genauer wirst, wenn du noch einmal nachhakst, dann wird er sauer. Das weiß er schon selber, was er jetzt grad sagen will – und was nicht. Und wenn er's nicht selber weiß, so haben's ihm die Ratgeber vorher eingetrichtert und die Warnsignale aufgestellt. Also: nichts Genaues. Also: bloß allgemein. Grundsätzliches. Kann auch grundsätzlich Allgemeines sein. Darauf kommt's wirklich nicht an.

Er versucht zu schwimmen, *sozusagen*. Auf dem Trockenen zu schwimmen. Er versucht – manchmal versucht er's wirklich –, sich selber klarzuwerden über das, was er grad so sagt. Ist nicht immer leicht. Er hat's schon so oft gehört. Kann's eigentlich schon nimmer hören. Muß aber. Weil's aus dem Mund herauskommt, *sozusagen*. Er füllt seine Sätze ab.

Einmal war er, als Kind, in einer Metzgerei. Aber nicht vorne im Laden: er durfte in die Werkstatt, der Metzger war ein Verwandter seiner Mutter. Da durfte er zuschauen, wie sie Würste machten. Die konnten das, Würstemachen, war denen gar kein Problem. In unerwartet großen Trögen zerstampften sie das kleingeschnetzelte Fleisch, Fleischreste und Speck und Gewürze und sonst so Zeug. Aber dann kam's in eine Maschine und wurde durch ein Rohr in einen Darm gepreßt; wie eine Luftröhre war das Rohr. Und eine endlos lange, glitschige Wurst schob sich in den Darm. Der Darm wurde die Wurst, so lange der Darm halt war, und dann drehten sie die Würste zu einzelnen Kurzwürsten. Oder: hatte das auch eine Maschine gemacht? Die Stopfmaschine?

Jedenfalls, es war wie bei so einer Antwortrede. Bei so einer Pressekonferenz. Das Kleingemanschte kam in einen Darm. *Sozusagen*. Und wurde nachgestopft, *sozusagen*. Und dann *sozusagen* abgedreht, zu einzelnen Wurstspenden abgedreht, mit einem Knoten hinten und einem Knoten vorne, *sozusagen*. Die Wortwurst. Mit Füllmitteln. Quellmitteln. Wenn das ins Wasser kam, quoll es auf, und die Wurst sah ordentlich nach was aus. Damals, beim Metzger. Der ein Verwandter der Mutter war.

Später ist ihm das öfter noch eingefallen. Da kam er sich immer als Geheimnisträger vor, *sozusagen*, wenn einer ein paar Würstel bestellte oder eine Knackwurst mit Zwiebeln. In Essig und Öl. Er wußte alles, *sozusagen*, von den Würsten.

Sagte aber nichts.

Man soll den Leuten nicht den Appetit verderben.

Manchmal tut man es aber doch. *Sozusagen.* Weil man gar nicht anders kann. Weil man sonst nicht weiterwüßte. Also macht man halt weiter. Füllt. Läßt aufquellen. Wie die Metzger, *sozusagen.*

3. Mai 1992

Vor der Telephonzelle

Epaminondas arbeitet als Schuhmacher in der großen Stadt im Norden (Norden von Griechenland aus gesehen). Er steht hinter allerhand Maschinen und repariert die Schuhe ganz anders, als er das in Griechenland gelernt hat. Er näht keine Sohlen, er klebt. Er nagelt nicht mit Holzstiftchen, die gibt es in der ganzen Werkstatt nicht mehr. Er ist umgeben von nietenden, raspelnden, pressenden Maschinen. Kunststoffleim und Kunststoffsohlen stinken um ihn her. Es geht um die hurtige Reparatur von Wegwerfschuhen. Absätze werden – dddschscht, pennng, pfffft, pangpangpang – hinaufgedonnert, aus, fertig. Ein nächstes Mal gibt es nicht, so was hält der Wegwerfschuh höchstens einmal aus, dann soll gefälligst ein neuer gekauft werden.

Nicht bei Epaminondas, freilich. Der ist nicht Besitzer der Schuhreparaturwerkstatt, er steht nur hinter der Servicebar und leimt und preßt und raspelt. Es heißt wirklich »Servicebar.«

Einmal im Monat, manchmal schon alle drei Wochen, ruft Epaminondas zu Hause an. Er telephoniert. Seine Leute gehen dann ins Dorfcafé, das hat ein Telephon. Sie wissen, um welche Stunde Epaminondas anrufen wird. Sie versammeln sich, bestellen Kaffee oder Anisschnaps, sitzen geduldig, die Männer schwatzen mit den anderen Männern, die im Café seit Stunden sitzen und Brettspiele vor sich haben oder nur einfach die Welt durchbesprechen. Die Frauen reden leise miteinander (nur die Frauen, die zum Telephonieren gekommen sind; sonst sind keine Frauen im Kaffeehaus).

Epaminondas wollte um sechs Uhr abends anrufen; das ist die Zeit, zu der er aus der Schuhbar kommt. In der U-Bahn-Station gibt es acht Telephonzellen, von denen aus man ins Ausland telephonieren kann. Epaminondas hat genügend Hartgeld eingesteckt, denn Griechenland ist weit, und wenn die nördliche Post die Leute auf Plakaten ermuntert, »Ruf doch mal an ...«, dann weiß sie schon, warum ...

Epaminondas ist heute später dran. Es ist Viertel nach sechs. Er mußte bis zuletzt an einem Schuh herumkleben, der ganz und gar aus Plastik war und an dem kein Leim greifen wollte. Sieben Zellen von den acht sind besetzt, vor den Zellen warten mindestens fünfzehn Leute, und mindestens die Hälfte sind auch Griechen oder Türken oder Italiener. Epaminondas kennt ein paar von ihnen. Einer telephoniert jede Woche. Der verdient sehr gut, er arbeitet als Automechaniker bei einer Nobelmarke; sie sagen, wenn bei denen ein Auto auf den Werkstatthof einbiege, klingle die Kasse schon zum ersten Mal. Da muß wohl auch die Kasse des Kollegen öfter klingeln. Epaminondas muß jedesmal, wenn er diesen Mann telephonieren sieht, an das Hotel denken, das zu Hause für die Fremden gebaut wurde. Von dem Hotel sagen sie genau dasselbe: Wenn da einer durch die Tür geht, klingelt die Kassa schon zum zweitenmal; das erstemal schon, wenn einer vor dem Haus nur stehenbleibt. So reden sie zu Hause. Und keiner von seinen Leuten hat je dieses Hotel betreten, auch jetzt nicht, wo sie auf seinen Anruf warten. Das Café hat auch Telephon und ist darauf eingerichtet, daß man dort auf Anrufe aus dem Norden wartet.

Eine Telephonzelle ist frei. Vor ihr steht nur ein Mann, der aber nach rechts und nach links wittert, wann eine der sieben Zellen frei würde. Epaminondas geht auf ihn zu und fragt: »Ist kaputt diese?« Der Mann sieht ihn an, als sage Epaminondas etwas Ungehöriges, als erkundige er sich nach Dingen, die keine solche Erkundigung vertragen. Dann zuckt der Mann die Achseln. »Weiß nicht? Probieren Sie's halt ...« Epaminondas fragt noch einmal: »Aber – kein Mann in diese Zelle, *ist* kaputt, oder ist nicht?« »Ich weiß es nicht, Mann!!« sagt der andere. Und wischt in die Zelle Nummer drei, weil die eben frei wurde.

Epaminondas öffnet die leere Zelle. Der Gestank von vielen ausgedrückten Zigarettenstummeln hängt kalt und ekelhaft da drin, wie bei uns im Café, morgens, bevor es nach Kaffee riecht, denkt Epaminondas und steckt das erste Geldstück in den Automaten, nachdem er den Hörer abgenommen hat. Das heißt, er will stecken, aber das geht nicht, weil der Schlitz, durch den die Post ihre Defizite deckt, verstopft ist. Ein zu dickes Geldstück klemmt da, geht nicht rein, auch nicht mehr raus. Darum ist die Telephonzelle also leer.

Epaminondas hängt den Hörer wieder ein, geht vor die Zelle, späht nach links und nach rechts. Alle anderen Zellen sind nach wie vor besetzt, etwa dreizehn Menschen warten. Zu Hause werden sie jetzt schon einen zweiten Kaffee bestellt haben, den lassen sie über ein kleines Stückchen süßes Lumquat langsam hinunterrinnen, das schmeckt gut. Manchmal vermischt sich ein bißchen Satz mit dem restlichen, klebrigen Lumquat, dann kaut Epaminondas beides zu einem bittersüßen, knirschenden Klümpchen zusammen und schluckt es hinunter. Das gibt es hier nicht, im Norden. Wenn er nach Hause kommt, einmal im Jahr, geht er sehr bald, am ersten Morgen schon, ins Café. Und dann kaut er sich das Klümpchen.

Eine Frau geht an Epaminondas vorbei, groß, hager, mit einem Schirm und mit einer prallen Tasche, aus der schaut Porree heraus. Sie geht sehr schnell und schnurstracks auf die leere Zelle zu. »Kaputt, diese!« sagt Epaminondas. »Was sagen S'? Die ist kaputt?« fragt die Frau, ziemlich schnell und auch laut ... »Ja, diese kaputt, Frau!« sagt Epaminondas. Aber die Frau schwingt ihre pralle Tasche mit dem Porree und schnappt: »Das krieg' ich schon hin, die sind nicht immer kaputt. Das muaß ma halt auch können, telephonieren, guater Mann ...«, und verschwindet in der Zelle. Und nimmt ihr Geldbörsel, steckt eine Münze in den Schlitz, der ist aber verstopft, Epaminondas weiß es. Die Frau will es aber nicht wahrhaben und hämmert mit ihrem Geldstück auf dem Schlitz herum, aber das nützt nichts. Sie öffnet die Zelle von innen, bleibt mit Schirm und Porree hängen, reißt an beiden herum, zergelt, ruckt, zieht, zerrt, endlich hat die Tasche nur noch eine Henkel, und sie ist draußen. Epaminondas schaut in eine andere Richtung, er kennt das schon, sie glauben ihm nicht, ihm schon ganz gewiß nicht, aber er kann sich die achselzuckende Gleichgültigkeit der nördlichen Menschen noch immer nicht angewöhnen.

Jetzt kommt schon wieder einer auf die Zelle zu, ein Junge, vielleicht sechzehn Jahre, blond, lang aufgeschossen, beide Hände in den Hosentaschen. Eine nimmt er jetzt zögernd heraus, denn Telephonzellentüren öffnen sich doch noch nicht automatisch wie Flughafentüren, aber im Gesicht des daherschlurfenden Jungmannes malt sich tiefe Mißbilligung darüber, daß der Komfort so gering ist, daß man sogar die Telephonzellentüren selber ... »Kaputt, diese«, sagt Epaminondas. »Aber was ... das sagst du!« murrt der Blonde, ist schon in der Zelle verschwunden, will eine Münze in den Automaten stecken, das gelingt nicht. Jetzt nimmt er sogar die zweite Hand aus der Tasche, drischt mit aller Kraft, einer Kraft, die man nie in ihm vermutet hätte, auf den Automaten los ... umsonst. Kommt wieder heraus. Sieht Epaminondas da stehen. »Die ist ja kaputt!« sagt der blonde Knabe ganz verwundert. »Kaputt, diese!« bestätigt Epaminondas. Der Jüngling sagt was Gröberes, Überdeutliches, und geht seiner Wege. Sehr notwendig scheint ihm das Telephongespräch nicht zu sein. Wohl aber Epaminondas. Der sich unterdessen etwas weiter oben angestellt hat; er will ja nicht immer wieder derjenige sein, der mitteilen muß, diese Zelle sei kaputt; er weiß es ja, daß ihm nicht geglaubt wird. Was versteht so ein Ausländer schon von einer nördlichen Telephonzelle, nicht wahr ...?

Aber während er wartet, daß die Landsleute vor ihm, oder auch die Türken oder auch die Italiener, ihre Gespräche mit den heimischen Cafés oder Postämtern abwickeln, kann Epaminondas beobachten, was an der leeren, der unbrauchbaren Telephonzelle vor sich geht. Ein Mann mit grünem Hut und Mantel, mitsamt einem Hund, quetscht sich hinein, kommt gleich wieder heraus, steht da herum, äugt nach allen Seiten, geht nochmals hinein, nimmt ein Taschenmesser und versucht, das Posteigentum zu reparieren, was aber unmöglich ist. Steht dann wieder vor der Zelle, hält seinen Hund ganz kurz an der Leine, hat ein hochrotes Gesicht, Zorn oder Bedrängnis oder ganz einfach hoher Blutdruck. Dreimal zuckt er die Achseln, dreimal knurrt er, »woaß i nit, probieren S' es halt ...«, wenn ihn wer fragt, ob diese Zelle gestört sei, dreimal geht einer rein, kommt einer wieder raus, sieht sich hilfesuchend um, der nächste wartet schon, um sein Glück zu versuchen.

Epaminondas zieht seinen Notizkalender aus der Tasche und schreibt mit einem Filzstift auf eine Seite »Kaputt, diese«, reißt die Seite heraus, klebt sie mit einem Kaugummi an die Zelle. Und sieht in den nächsten fünf Minuten acht Menschen in die Zelle stolpern, die murren: »Können ja nicht einmal deutsch ... was heißt denn so was? Gar nix heißt das. Kaputt diese ...«

19. Dezember 1982

Wenn der Schauspieler zur Probe kommt

Wenn der Schauspieler zur Probe kommt und seinen Text nicht gelernt hat, heben alte, bewährte, komische Rituale an. Manchmal weiß der Schauspieler gar nicht, daß er längst das Ritual nachvollzieht, das vor ihm Hunderte Schauspieler auf zahllosen Bühnen morgens um Viertel nach zehn Uhr feierlich zelebriert haben.

Der Schauspieler hatte keine Zeit oder keine Kraft oder keine Lust oder keinen Kopf, seinen Text, seine Rolle zu lernen. Derlei fällt aber auf. Es ist schwer bis eigentlich sinnlos, mit zehn anderen Schauspielern eine Szene probieren zu wollen, wenn man nicht genau weiß, was man zu sagen hätte. Geht nicht ohne Text. Es gilt ja, diesen Text zu beleben, abzuklopfen, ihm eine neue Dimension, ein bißchen Geheimnis, ganz viel Liebe einzuhauchen. Aber ach, nicht wahr, was ist Liebe? Du kannst nicht »Kabale und Liebe« probieren, ohne zu wissen, wie die Worte gehen, die Schiller geschrieben hat. »Kabale und Liebe« ist von Schiller, nicht vom Regisseur Ruckenzucker oder vom Schauspieler Lockenschwärzer. Man muß, es klingt eigentlich ganz einfach, man müßte wissen, was man denn probieren will.

Das Ritual: Der Schauspieler Lockenschwärzer, keineswegs im Besitze seines Textes, erscheint auf der Probe. Vergewissert sich durch blitzschnelle Umfragen – »Habt ihr schon? Jaa?? Wirklich? *Alles?* Aber – *wann* denn???« –, daß seine Kollegen den Text zu beherrschen behaupten. Entsetzen beim Schauspieler Lockenschwärzer. Das wird eine für ihn ungemütliche Probe werden. Also muß er ...

»Lieber Lockenschwärzer ...«, ruft da schon der Regisseur Ruckenzucker, »lassen Sie uns das doch einmal ganz langsam und ruhig entwickeln. Gehen Sie doch bitte einmal hinüber, und kommen Sie bei der linken Tür herein.

Sie klopfen nicht an. Sie machen einfach die Tür auf und ...«

»Hab' schon verstanden«, ruft Lockenschwärzer. So wird es sich machen lassen. Der Regisseur hatte den rettenden Einfall mit der Tür. Ach, wenn er wüßte ...

Lockenschwärzer geht hurtig zur linken Tür, verschwindet hinter ihr. Die Kollegen sprechen die letzten Sätze vor Lockenschwärzers Auftritt – und jetzt müßte er kommen ... und da, tatsächlich, es klopft an der Tür.

»Bitte nicht klopfen, lieber Lockenschwärzer! Ich hatte gesagt, *nicht* klopfen, sondern nur eintreten. Ja?«

Die Tür öffnet sich, Lockenschwärzer schaut herein. »Verzeihung, lieber Ruckenzucker, ich hatte gedacht – weil doch die Höflichkeit ...«

»Nein, nicht klopfen. Er soll ganz unvermittelt eintreten, ganz unerwartet, man soll eigentlich fast ein bißchen erschrecken über seinen Eintritt ... verstehen Sie?«

»Aaah – *das* finde ich *sehr* gut ... daß die erschrecken, wenn ich komme. Ausgezeichnet! Tolle Idee, Ruckenzucker! Also – ich komme nochmals ...!«

Die anderen Schauspieler sprechen ihre Worte, das Stichwort Lockenschwärzers fällt. Lockenschwärzer stößt die Tür auf, heftig, jäh, pardauzend tritt er auf wie ein Kaschper aus der Kiste, Pffrruzzda, steht Lockenschwärzer in der Tür. Die Probendekoration bebt. Alles blickt erschrocken auf und zu Lockenschwärzer hin. Der strahlt.

»Nein – nicht sooo wild, lieber Lockenschwärzer!« ruft der Regisseur schon zart genervt auf die Bühne hinauf. »Da schrickt ja das ganze Haus zusammen, wenn Sie wie ein Rammbock hereindonnern. Ich meinte ...«

»Was sagten Sie? Das letzte habe ich nicht verstanden! Wie ein was?«

»Ein Rammbock! Da schrickt ja das ganze Haus zusammen ...«

»Ein Rammbock!!!« lacht Lockenschwärzer! »Köstlich! Was Sie immer für Vergleiche haben! Ein Rammbock ... Wenn ich das, oh, wenn ich das in der Kantine erzähle ...« Lockenschwärzer lacht sehr. Ruckenzucker lacht ein bißchen. Seine Vergleiche sind schon komischer gewesen, weiß Ruckenzucker. Die Kollegen lächeln nur ganz leicht. Das Ritual läuft. Sie sehen es.

»Ja, aber ... schrickt zusammen, das Haus schrickt zusammen, lieber Ruckenzucker ... Sie *sagten* doch, man solle bei meinem plötzlichen, bei meinem unvermuteten, bei meinem, ich will es einmal so sagen, bei meinem so unerwarteten wie durch den bis dahin geführten Spannungsbogen des Dramas geradezu notwendig gewordenen abrupten Auftritt ... daß dabei die Kollegen doch erschrecken *sollten* ... wie? Die sollen doch erschrecken – und deshalb habe ich ...«

Und Lockenschwärzer schließt noch einmal die unselige Tür seines ersten Auftritts, um sie gleich darauf noch rasanter, heftiger, scheppernder aufzustoßen. Lodernden Blicks steht er im Türrahmen, seine schwarzen Locken sträuben sich. Ist das ein Auftritt? scheint der ganze Mann zu fragen. Und seine geblähten Nüstern geben auch gleich die Antwort: bei Gott, jaa, das *ist* ein Auftritt! So tritt nur ein Lockenschwärzer auf. Und wenn er auftritt, dann steht wer da, dann weiß man, hier wird das Drama eine Verknotung erfahren oder eine Schürzung oder sonst irgend so einen Quatsch, von dem die Dramaturgen immer faseln. Jedenfalls wichtig wird's!

Da lodern die Augen Lockenschwärzers. Er hat schon ganz vergessen, daß er eigentlich seinen Text gar nicht kann, so begeistert ist er von seinem Auftritt.

»Jaaa – erschrecken sollen die, aber leise erschrecken, kalt erschrecken. Das Herz soll ihnen stille stehen, daß Sie nun plötzlich da stehen; aber so würden die Kollegen ja nur wegen übergroßer Geräuschentwicklung von den Stühlen fallen. Dezent, lieber Lockenschwärzer, dezent. *Bitte!*«

Lockenschwärzer läßt abermals seine vollmundige Lache ertönen. »Dezent ist meine Spezialität, lieber Ruckenzucker, wissen Sie doch! Ich hatte nur gedacht, weil Sie von Erschrecken sprachen ... Sie wollen also nicht heftigen Schreck, Sie wollen kaltes, jähes, stummes Entsetzen. Gut, ich mache das.«

»Ja – aber auch wieder nicht zu ...«, ruft Regisseur Ruckenzucker noch kläglich auf die Bühne hinauf. Lockenschwärzer winkt ab. »Ich *mache* das, alles klar, habe verstanden. Bitte Stichwort – und Achtung, ich werde kommen.«

Die Kollegen nehmen wieder ihre Plätze ein, leise grinsend oder auch ein bißchen voll ohnmächtiger Wut: sie sprechen die letzten Sätze vor Lockenschwärzers Auftritt. Das Stichwort fällt.

Und nichts geschieht.

Eine, zwei, drei Sekunden lang nichts. Dann aber, Ruckenzucker atmet eben tief ein, um »Auftritt!!!« zu brüllen, aber er muß nicht, denn die Türe ... ja, öffnet sich. Langsam erst, ganz langsam. Dann plötzlich ein Stückchen weiter, jäh und plötzlich, und dann wieder ganz, ganz langsam. Lockenschwärzers Kopf erscheint um den Türrahmen herumgewunden, auch das ganz langsam. Lockenschwärzer späht nach links, blinzelt, späht nach rechts, scheint die Kollegen auf der Bühne nicht zu bemerken, tritt dann vorsichtig ein, dreht sich blitzschnell nach der Tür um, durch die er eben kam, blickt bei der noch einmal hinaus, wie um festzustellen, ob ihn nicht ein Hündlein in die Hose beißen will, schließt dann die Türe blitzschnell – es scheint also doch ein Hund draußen gewesen zu sein, und zwar ein großer, denkt sich der verzweifelte Ruckenzucker –, kommt aber nicht weiter, denn Lockenschwärzer strahlt (nach einem düsteren Blick aufs Bühnengeschehen) zu Ruckenzucker hinunter: »So hatte ich mir das gedacht, in etwa ... Hab' ich Sie verstanden?«

»Nein!!! Nein – nicht ganz«, stöhnt erst, röchelt dann verzweifelt Ruckenzucker zu ihm hin, »das würde dem Auftritt viel, *viel* zu viel Bedeutung geben. Ich meinte ganz einfach: kommen Sie leise herein, bleiben Sie vielleicht den Bruchteil einer Sekunde im Türrahmen stehen und schließen Sie dann die Türe. Weder übertrieben laut noch übertrieben leise. Einfach nur schließen. Und stehen. Und dann sagen Sie Ihren Text. Ja?«

»Meinen ...« Lockenschwärzer schluckt. »Natürlich. Mach' ich. Also nur leise öffnen, *nur* einen Augenblick im Türrahmen stehen, nur leise stehen, dann nur leise schließen. Und ... und meinen ... Ja!«

Lockenschwärzer verschwindet wieder. Eine halbe, nein: dreiviertel Stunden vergingen seit Beginn der Probe. Die Kollegen beginnen wieder mit den letzten Sätzen, das Stichwort fällt, die Türe öffnet sich leise. Lockenschwärzer steht ganz einfach im Türrahmen, schließt leise die Tür hinter sich. Die Situation ist plötzlich spannend geworden, die Kollegen empfinden das, so muß der Auftritt vor sich gehen. Und Lockenschwärzer macht den Mund auf zu seinem ersten Satz ... sagt:

»Aber – glauben Sie nicht, ich sollte vielleicht durch die andere Tür kommen?«

5. Oktober 1980

Alarm

Die Strasse ist ganz still. Reglos, ohne Atem liegt sie da. Menschen? Sind nicht zu sehen. Automobile? Schon gar nicht. Die dürfen durch diese Straße nicht fahren, diese Straße ist zu schmal, sie wurde zur Fußgängerzone erklärt. Eine zeitgemäße Straße, ein Stolz der Stadtpolitiker. Viele Geschäfte liegen in der Straße, dicht an dicht. Alle alten, ehemaligen Gewölbe wurden ausgeräumt, zusammengefaßt, schick und putzig ausgebaut. Diese Straße ist eigentlich eine Gasse. Hier wurde immer gewohnt, und hier wurde auch immer gehandelt. Irgendwas verkauft.

Heute ist Sonntag, etwa halb elf in der Frühe, drum haben die Spatzen die Straße übernommen, drum verwalten die Tauben die Geschäfte. Aus einem (geöffneten) Fenster tönt laut, unnachgiebig fast, beharrlich, Gesang. Responsorien. Eine einzelne Männerstimme, Antworten, wieder Gesang. Der Gottesdienst wird im Radio übertragen.

Entweder liegt da oben einer, der ist krank und will die Luft der sonntags ruhig gebliebenen Gasse zu sich reinlassen. Der hört wohl auch noch irgendwie schlecht. Oder: er sitzt nebenan, im Nebenzimmer, frühstückt da, will aber *alles* haben: Kaffee *und* Kipferl *und* Gottesdienst *und* Luft! So dröhnt die Frömmigkeit halt ein bisserl durchs Quartier.

Noch ein Fenster steht offen, das geht in einen Hof, der hat weit aufgespannte Bögen zur Gasse hin. Da spielt wer Klavier. Freut sich seines Sonntags, hat Debussy hervorgeholt. Leistet sich den, will dem auf die Sprünge kommen, verwechselt aber Fleiß mit Tastendruck. Der will das laut hören, der will die Noten *und* sein Klavier beschwören und überzeugen, daß *er* ganz gewiß nicht nachgeben wird! Gedroschener, gehämmerter Debussy, ohne Pardon. Wer nicht hören will, muß fühlen!

Klavier aus einem Fenster am Sonntagmorgen – klingt

wie die Tonkulisse eins Films. Aber eine, die sich eigentlich kein Filmer mehr erlauben darf. Fehlen ja bloß noch die Tonleitern eines geschundenen Kindes.

Ist aber Debussy. Und zwar beharrlich.

Frühstück samt Gottesdienst sind zu Ende. Dieses Fenster klappt zu. Vorher schon waren die Gebete leiser geworden. Niemand muß mehr im Nebenzimmer essen und zuhören und sonst noch was tun.

Nur noch Debussy. Und die Spatzen, ganz und gar im Besitz der Gasse.

Aber jetzt schreien die auf, reißen ihren Flug in den Himmel, stürzen sich von unten nach oben, doch, die Schwerkraft ist aufgehoben, da ist ein Schreck in den Spatzen, der jagt sie in den Himmel. Was ist das für ein Schreck?

Ein Blöken, ein grölendes, dummes, penetrantes Blöken ist losgebrochen in den Sonntag der Gasse. Ein blödes, kälbernes Blöken. Ununterbrochen, hat eben erst angefangen, aber schon hat sich das ausgebreitet wie Öl übers Wasser, als habe der Sonntag selber zu blöken angefangen. Und sei nun schon stundenlang ein großes Geblöke. Und werde auch noch weiterblöken, in den Abend hinein, in die Nacht, in den Montag.

Was ist in diesen Tag gefahren?

Über einem hochgeschwungenen Barocktor blinkt ein Licht. Nein, das ist eigentlich kein Blinken, das blinzelt bloß, das ist nur eine etwas stärkere Glühbirne – und so was richtet halt gegen den Tag nicht viel aus, gegen den Tag und sein Licht. Die Glühbirne brennt hinter einer Milchglasscheibe, 30 × 30 Zentimeter ungefähr, da blinkt's und flackert's, die Glasscheibe wird immer nur ganz kurz ein bißchen heller und ist dann wieder flau vergilbt. Auf der Glasscheibe steht was. Da haben sie Buchstaben draufgemalt. Die Glühbirne beleuchtet den einprägsamen Satz: »Lift steckt, bitte Feuerwehr benachrichtigen. Oder Tel. Nr. 45 90 667.«

Ach so! Eine Alarmsirene; eine Hupe. *Die* blökt. Hinter

den Mauern des bröckligen Hauses (barock, wie gesagt) hätte ein Lift zu gleiten, auf oder nieder. Gleitet aber nicht. Streikt! Plötzlich hat der zu streiken begonnen, besinnt sich auf seinen Sonntag, bleibt stehen. Draußen blökt es.

Ein Fenster geht auf in der Gasse, gleich darauf ein zweites, dann noch drei, vier. Man beugt sich, man hängt sich geradezu heraus, man überprüft. Und will wissen, was denn und warum denn und wieso denn? Ausgerechnet am Sonntag!

Zwei Herren inspizieren die Straße. »Haben Sie eine Ahnung ...?« ruft der eine – und der andre schüttelt den Kopf. Nein, hat er nicht, keine Ahnung! Die Alarmblöke ist eine neue Errungenschaft des alten Hauses mit dem hohen Barocktor, so neu, daß die zwei Herren in ihren Fenstern sich die Ursache des Blökens gar nicht erklären können. Zu schwach funzelt die Glühbirne hinter der Milchglasscheibe, die Herren orten nicht den Text, der mindestens den Anruf der Nummer Soundso anregt sowie am liebsten gleich die Feuerwehr herbeiwünschte.

»Hallo!« ruft der eine Herr, klar erkennbar noch in eine Art wolkigen Pyjama gehüllt – er wollte einen langen Schlaf tun diesen Sonntag. »Hallo, Sie! Ruhe! Hören Sie auf zu hupen! Ruhe! Es ist Sonntag!« So vergebliche Rufe stößt die Pyjamawolke aus. Das Blöken ist widerlich, es bringt einen aus seiner Ruhe. Der Pyjama will nicht, daß am Sonntag in seiner Gasse geblökt wird! Debussy plus Gottesdienst, das mag man noch hinnehmen. Aber *das* ...

Unten schnalzen jetzt fast gleichzeitig zwei Haustüren auf. Eine Frau mit marillenfarbenem, rundem Hund sowie ein Knabe undefinierbarer Farbe erscheinen. Der Marillenfarbene beginnt sofort ein heiseres Gekläff gegen das Blöken auszuschütten, aber ach! Er hat viel weniger Beharrlichkeit als die Alarmhupe. Die blökt vollkommen ungerührt und wartet darauf, daß die Feuerwehr (oder der Inhaber der Telephonnummer 45 90 667) erscheinen. Daß die gefälligst das Notwendige einleiten. Den Lift entweder zum Gleiten bringen oder die Eingeklemmten befreien. Oder beides. – Bei dieser Gelegenheit aber jedenfalls die Hupe zum Schweigen bringen.

Der Knabe läuft gleich zum Barocktor, zeigt mit dem Finger auf die schwach auf-und-wieder-nicht-mehr-blinkende Glühbirne. Er kennt sich aus, der Knabe, das ist seine Gasse, die hat zwar wenig Sensationen zu verbergen, aber jetzt gibt's immerhin eine Alarmanlage. Die wendet sich (leider!) an niemanden Bestimmten, keiner kann (muß) sich persönlich angesprochen fühlen. Die Blökmaschine rechnet einfach so mit der Hilfsbereitschaft der Menschen. Ein Alarm mit Hoffnung: »Es wird schon wer kommen, einer wird sich doch wohl unser erbarmen, wir rufen einmal, wir lassen es blöken, gehen wir den Leuten in der Gasse bloß genug auf die Nerven, dann werden die schon was unternehmen.«

Noch zwei Damen sind auf die Gasse getreten. Und ein harmloser, echter Passant, einer, der wirklich nur vorüber wollte. Der durfte das nicht, nein, wurde nicht vorübergelassen, vielmehr in ein Gespräch verwickelt, mehr schon in einen Disput! Streitsucht kommt auf, wie schließlich »kommt man dazu: Was soll das denn eigentlich …? Wer hat denn das schon wieder …? Muß man sich denn so was …?«

Der Passant steht gebannt unter der Milchglasscheibe, liest, schüttelt den Kopf, lacht ein bisserl was, wird aber prompt wegen des erkennbar leichten Lachens gescholten. Mit Nachdruck weisen die Damen auf ihn hin als einen, der sich's offensichtlich leichtmachen könne. Einer, der durch nix, aber schon durch *gar nix* betroffen sei! Komme da einfach so durch die Gasse, am Sonntag, na klar. Zum Durchstrawanzen, zum Abschneiden, zum Herumflanieren, dazu sei sie offenbar gut, die Gasse (»unsere!«), das sehe man ja wieder einmal! Aber was eine wirkliche Ruhe sei, eine, auf die man am Sonntag wohl doch auch ein Anrecht habe – so eine Ruhe dürfe man wohl nicht mehr verlangen? Blöken, undefinierbares Blöken habe man zu ertragen. Und woher komme das denn überhaupt? Wenn der Passant schon nur so durchflaniere, da solle er sich doch einmal etwas eingliedern und solidarisch verhalten??!

Der Passant zeigt mit einem einzigen Daumen auf das Milchglasalarmschild.

Jäh schlägt der Zorn in teilnahmsloses Gejammer um. Ja, um Gottes willen, wie unverantwortlich! Wie kann die Behörde denn überhaupt gestatten, daß in einem Haus (noch dazu in einem so alten, so barocken!) ein Lift eingebaut werden darf? Wenn da nicht mindestens ein immerwährender Hausmeister oder ein Liftwart oder ein zur Handhabung des Lifts geschulter und befugter Vertrauensmann anwesend sei?! Wie, wie könne man sich denn (heutzutage!!) einfach auf den guten Willen der Vorüberkommenden verlassen?

Was denn, wenn alles ausgeflogen sei? Was denn, wenn ein seidiger Frühlingssonntag wäre? Was denn, wie denn, wenn keine Passanten gutwillig durch die Gasse kämen, um abzuschneiden, um durchzustreunen, um herumzuflanieren?! Das möchte ja dann einen Tag lang blöken! Derweil wären die Liftinsassen längst erstickt! Die Feuerwehr könnte nie erfahren, daß hier eine Ka – ta – stro – phe …!

Erst abends dann, im Fernsehen, würden die Brandräte es mit allen anderen bemerken. Denn das Fernsehen hätte natürlich seinen Wind bekommen, »die stierln ja in allem herum!«

Zwei weitere Männer, bloße Passanten auch sie, nicht etwa Experten, sind hinzugeschlendert. Die Gruppe debattiert. Erregt, eh klar! Weitere Fenster klappen auf. Und wieder zu. Rufe nach Ruhe (!!) werden immer lauter. Unerschütterlich blökt die Hupe, leuchtet das Milchglas, verkündet, daß hier was steckengeblieben sei, man möge bitte die Nummer 45 90 667 und/oder die Feuerwehr …

Die Gasse ist außer sich. Mitleid mit den Gefangenen.

Erregung über die unzumutbare (aber doch zugemutete!) Störung. Diskussion. Meinungsanprall.

Plötzlich hört die Hupe auf. Die Stimmen der angestrengt Erregten schnappen noch einmal nach – dann sind auch die still. Ein müder Mann war gekommen. Mit einem Schlüssel. (Der Bub hatte ja schließlich die richtige Nummer gewählt. Die Nummer des Alten!) Der Lift wurde geöffnet. Ohne weiteres.

Ein Kind kommt heraus. Weint ganz kurz. Lutscht sich dann an Gummibärchen fest. Die hatte der Alte, neben dem Schlüssel, in der Tasche.

Die Leute?

Waren *sehr* wütend! So konnte man mit ihren mitleidigen Erregungen nicht umspringen. Nicht am Sonntag! Da blökt es und blökt. Man sorgt sich. Und dann: Gummibärchen.

Die Leute waren richtig wütend.

Januar/Februar 1989

Das P funktioniert wieder

Das P funktioniert wieder. Das waren schlimme Wochen. Das P klemmte, sowohl das kleine wie auch das große. Na klar. Die beiden, das kleine und das große, liegen ja auf demselben Bügel. Derselben Taste. Hocken da übereinander. Warten, abgeschnalzt zu werden. Ppp! Wie Peng!

Und der Punkt. Der Punkt samt drüberhockendem Rufzeichen, der klemmte dermaßen definitiv, daß man ihn zu umgehen hatte, wollte man einen auch nur einigermaßen sinnvollen, angebünftelten Absatz zustande bringen, bei einem Brief etwa oder sonst was Geschriebenem. Aber umgehen Sie einmal den Punkt. Das sind so Reflexe, die einen Satz zu Ende gehen heißen. Dann nähert er sich seinem Schluß, dann weiß man, der Punkt klemmt aber doch, also schiebt man, Beistrich, um nur ja einen Punkt zu vermeiden Beistrich der einem nämlich Schwierigkeiten macht Beistrich die zu lösen nicht so simpel sind Beistrich denn mit einem Bleistift muß man entweder den Verklemmten wieder herausgraben aus seinem Versteck oder aber *Doppelpunkt:*

Man hat hinterher, mit möglichst schwarzem Stift und feiner Feder, einen Punkt nach dem anderen hinzumalen, was aber auch eine irgendwie blöde und entwürdigende Arbeit ist, denn irgendwie ist man wie gelähmt, frustriert, immer Beistrich dazwischen Beistrich wie Sie sich denken können Beistrich die Hand zuckt zum Punkt, und das Hirn sagt nein und ewig sind die Reflexe unterbunden und das schadet ja bekanntlich dem Nervenkostüm ganz erheblich, immer dieses Hinzucken der Hand, immer dieses *Nein* des Hirns und dann hinterher die hündische Nachmalerei der Punkte sowie der eher selten einzusetzenden Rufzeichen *Punkt*.

Das tut wohl! Rufzeichen! Das Rufzeichen geht auch wieder. Eh klar.

Noch gemeiner scheint aber so ein halb klemmendes P zu sein. Das läßt sich sogar mit bloßem Finger wieder herauskletzeln, doch! Manchmal schwerer, manchmal auch wieder leichter, und darin liegt die Verführung, nein: *lag* die Verführung, das P, das gute, eben *doch* zu gebrauchen, einzusetzen, abzurufen. Wie will einer Paul schreiben, wie soll Paris angesprochen werden, und auch über den Punkt kann einer nicht schreiben, wenn er kein P hat, um Punkt zu hämmern! Also schlägt man das P ganz leicht an, ganz lächerlich leicht, will ihm bloß nicht zu nahe treten, dem sehr geehrten P, nein, aber wie denn auch, nur ein bissel so antippen, und dann geht schon alles, aber ja doch ... und schrumms, klemmt das Luder dann doch wieder, und so hast du lauter halbweiche, bloß so angedeutete P's, große und kleine, oder ein paar hingedroschene, ganz spontan abgerufene Peters und Pauls, Pfefferminze und Paternoster, aber hast auch schwarzfettige Finger vom Wiederundwiederherausholen.

Wieso sind die Hebel verbogen? Wie kann das geschehen, daß bei einer fünfzig oder sechzig Jahren alten Schreibmaschine mit dem volksliedhaften Namen *Erika* sich plötzlich zwei Zähne, nein, nicht verabschieden, sondern einfach zur Seite biegen? Was für einen Druck hat da wer unlauter und absolut unbefugt ausgeübt, auf die gesamte Tastatur womöglich, wie?

Und dann weiter, und an so was denkt ja niemand: Wer ist schon heutzutage noch neugierig in den Computerservicestellen, einer 55jährigen Erika mit feiner Zange auf die Sprünge zu helfen, in ganzen 65 Sekunden, die das dauert, das P hinzubiegen, den Punkt um die Ecke zu locken? Was kann man für 65 Sekunden sowie den Einsatz einer kleinen Zange denn schon verlangen? Und weiters, wer *hat* denn auch nur so eine kleine Zange lagernd, wo's doch bloß noch Voll- oder Halbelektronisches zu warten gilt, sprich also: ganze Teile einfach auszutauschen, herauszuziehen, wegzuwerfen, neue einzubauen, den Computer, der die Fakturen schreibt, genüßlich anzuwerfen – und, hurrdiburr, irgendwas Geschmalzenes einzufordern? Also, mit der kleinen Flachzange geht das nicht, für 65 Sekunden kann man ja schließlich wohl eher schwerlich, wohl eigentlich doch kaum was Saftiges verlangen.

Also wird die 55jährige ungern aufgenommen. Also will man sich ihrer erst gar nicht, dann womöglich drei Wochen später annehmen.

Und nun das Gefecht. Und nun der Kniefall. Und nun die eindringliche Bitte, sich doch – womöglich! – der ältlichen Erika zu erbarmen. Und ihr mittels zweier Handgriffe die Zähne zu richten.

Die Fachleute schürzen verächtlich die Lippen. Sie zeigen ihre Goldzähne, ihre eigenen, die Fachleute, ja: beim leisen Grinsen werden die Goldzähne sichtbar. Die Fachleute lassen dich das Mitleid spüren, daß die bejahrte Erika deine Begleiterin ist und nicht der schnittige, steile Computer der jüngsten Generation, bei dem sich die Reparatur doch wenigstens ordentlich lohnt. Für den Reparateur. Die Fachleute ...

Aber dann ... Siehe da, aber dann gibt es einen alten Mann in der Maschinenwiederherstellungsmanufaktur, der hat ein Herz, und der hat vor allem das Wissen, wie man so einer alten Dame zu Leibe zu rücken hat. Mehr noch: Er hat ein wehmütiges Interesse. Ja, tatsächlich, das freut den alten Reparateur, nach langer Zeit wieder so eine richtige Fußgängermaschine in den Händen zu haben. Und als er dann erfährt, was die alte Erika schon alles, und wo sie schon überall, und unter welchen Bedingungen sie ihre Pflicht vorlaut klappernd erfüllt hat ... Für derlei hat der alte Maschinenmechaniker Verständnis. Mehr noch, geradezu eine scheue Zärtlichkeit überkommt ihn, er lacht leise glucksend in sich hinein. Er hat keine Goldzähne, die verächtlich strahlen könnten. Er hat eine kleine Liebe zu der alten Maschine, doch. Ein P muß sich doch hinbiegen lassen, ein definitiv klemmender Punkt samt Rufzeichen muß doch wieder seine abschließende, seine ausrufende Pflicht erfüllen können. Na, freilich werden diese kleinen, spitzflachen Zangen nicht mehr sehr oft gebraucht – aber da ist doch eine, aber damit könnte man doch ... und wird man ... und *hat* man auch schon prompt ... so! Alles wieder in Ordnung. Alles wieder schreibbereit. Hat genau 65 Sekunden gedauert. Und kann natürlich nicht bezahlt werden, weil ... mein Gott, was soll man da verlangen ... machen wir uns doch bitte nicht lächerlich.

Also *wie denn?*

Also ganz einfach und fröhlich. Der alte Mechaniker nimmt die Einladung zu einem Glas Wein im Bistro um die Ecke an, doch. Und dann sitzt man, und der Wein ist nicht besonders gut, kann man nicht sagen, aber sie haben einen Zwiebelkuchen in dem Bistro, ungesund am Abend, aber durchaus wunderbar schmeckend, durch den wird der Wein erträglich. Und so trinkt man ein zweites Glas und schließlich ein drittes. Und der alte Mann, der *so* alt gar nicht ist, erzählt von den vielen Jahren und den vielen Schreibmaschinen und daß er schon in Schanghai Schreibmaschinen unter den Fingern hatte, und zwar chinesische, natürlich, wie denn auch anders, und *das* nun ist eine ganz besondere Art von Schreibmaschine, weil nämlich die Mechanik der chinesischen Maschine auf Schriftzeichen basiert, die ja ungeheuer viel Information in ein einziges Zeichen packen und deshalb ... Solche Sachen weiß der alte Mann.

Und dann zeigt er dir ganz deutlich, wie sehr er sich nach solchen alten, für schnittige Computerverhökerer »altmodischen« Maschinen sehnt. Weil die ihn wirklich brauchen, wenn sie einmal streiken, weil da nicht einfach ganze Bausätze auszutauschen sind, sondern die Phantasie gefordert wird, wie man dem Übel, dem Gebrechen zu Leibe zu rücken hätte ...

»Es ist wie mit den Fußkratzern. Die Leute fahren bloß

noch. Keiner geht einmal bei Regen und nassem Boden durchs Gelände. Also wissen die Leute gar nicht mehr, was so ein Fußkratzer überhaupt ist, wie er früher an jedem Hauseingang zu finden war. Man konnte seine Füße, die voll Gatsch und dem einen oder anderen Hundedreck waren, abkratzen, das war das erste Stadium der Reinigung. Es klang ganz säuberlich, das Geschepper der Ledersohlen auf dem Eisen, wie eine kleine, saubere Glokke – und man war erst einmal das Ärgste los ... Heute landet das erste, das Ärgste gleich auf dem Teppich im Eingang ... weil's keine Fußabkratzeisen mehr gibt.«

Sagt der alte Mann, der die Schreibmaschine heilt. Das P heilt und auch wieder die Endung heilt: den *Punkt*.

28. Januar 1990

HIMBEERCREME

Das Kind wacht auf. Das Kind hat Hunger. Oder sagen wir einmal: Appetit. Einen »Gluscht«, wie die Schweizer sagen. Im Kühlschrank steht noch eine ganz bestimmte Himbeercreme, die sollte gestern abend nicht mehr aufgegessen werden. »Morgen ist auch noch ein Tag ...«, und so. Was halt Mütter sagen, wenn Kinder dringend noch Himbeercreme bräuchten. Streng war die Mutter, sogar laut wurde sie, sprach vom ewigen Verfressensein übersatter Kinder.

Also: Nacht. Draußen kein Ton. Alle Vögel schlafen, alle Katzen gehen lautlos ihrer Wege, nämlich nach den Mäusen. Das Kind steht auf, läßt seine Pantoffeln Pantoffeln sein. Jetzt gilt es, Schlaftrunkenheit mit Gluscht möglichst leise zu verbinden.

Das Kind schleicht die Stiege hinunter, oder schleicht durch den Gang und biegt zur Küche ein, je nach der Geographie des Hauses halt, in dem ein Kind und eine Himbeercreme ruhen sollten.

Unter der Küchentür schimmert Licht. Das Kind verharrt, ein nackter Kinderfuß bleibt in der Luft stehen. Nächtliche Salzsäule. Aber da rührt sich nichts. Kein Ton ist zu hören. Niemand ist in der Küche. Wer sollte denn auch ...? Der Bruder des Kindes ist bei der Großmutter. Nur die Eltern sind heute da. Und die Eltern schlafen. Eltern schlafen meistens. Wenn sie nicht »ausgehen«. Dann statzt sich die Mutter auf, mein Gott. Kleiderschrank auf, Kleiderschrank zu, als gälte es, die Welt zu erobern mit einem einzigen Kleid.

Der Vater statzt sich nicht auf. Der hält sich sowieso für unwiderstehlich. Der Vater bindet sich eine etwas feinere Krawatte um – oder das, was er dafür hält –, und das muß dann langen. Der Vater ... ach Gott, der Vater ...

Aber die Mutter ist perfekt. Die Mutter ist streng – auch mit sich selbst. Die Mutter ...

Das Kind drückt ganz leise die Klinke der Küchentür herunter – und schiebt die Tür auf –, und da klirrt etwas, und da fällt ein Löffel zu Boden, und ... und da sitzt die Mutter. Vor dem Kühlschrank sitzt sie.

Die Himbeercreme hat sie auf den Knien. Einen Finger schleckt sie ab. Die Mutter. Um zwei in der Nacht. »Morgen ist auch noch ein Tag ...«, hatte sie gesagt, streng, gestern abend. Aber Morgen ist mitten in der Nacht. Und die Mutter hat selber gerne Himbeercreme. Da schau her.

Und jetzt kommt's darauf an: Entweder ist das Kind ein hämisches Kind, ein verbittertes Kind, ein frustriertes Kind, wie man das heute zu nennen hat. Und die Mutter ist womöglich so, wie eben die Mutter eines *solchen* Kindes vermutlich sein wird: selber sauer, selber frustriert, wie man das heute zu nennen hat. Selber hämisch, wenn auch nicht dem Kind gegenüber, aber doch dem Geschäftspartner ihres Herrn Gatten – oder noch wahrscheinlicher, der Frau Gattin dieses Geschäftspartners gegenüber. Entweder haben Häme und Muff und Neid und Säure einen Platz in der Welt dieses Mütterleins und also auch ihres nachts um zwei »gluschtigen« Kindes. Dann wird die Mama dem Kind zuzischen: »Was machst *du* denn da? Was fällt dir eigentlich ein? Kinder haben nachts in der Küche nichts zu suchen. Mach sofort, daß du in dein Bett kommst ... Oder wolltest du etwa ...??!«

Und das Kind?

Und das Kind wird sein Muatterl anstarren, und das Kind wird die Galle spüren, die eigene Galle, die Kindergalle, die gibt's nämlich auch, grün und bitter spürt das Kind seine Galle hochsteigen, »quaatsch« macht die Gallenblase und schüttet und schüttet aus. Das Kind wird ganz blaß, ganz weiß im Gesicht, fast grün, seine Augen werden schmal. Das Kind fühlt einen Säbel in seiner Hand, das Kind sitzt auf dem Rücken eines wilden Pferdes, das Kind ist Dschingis-Khan, oder doch die Geliebte

Dschingis-Khans. Attacke, wir werden diese Feinde zerhauen und zerstückeln, ssssst geht der krumme Säbel auf die diebische weiße Frau nieder, die da nachts in den Schatz Dschingis-Khans eingebrochen ist und die Himbeercreme – frißt, ja *frißt*. Das ist das Wort, das dem Kind wütend und neidisch aus dem Mund zischt ...

»*Wieso frißt du die Himbeercreme???*«

Und dann hebt Mord und Totschlag an. »Wie sprichst du mit deiner Mutter??« Dieser Text.

Oder aber:

Na ja ... oder aber, da steht ein Kind in der Tür, im zu kurzen Nachthemd oder auch im zu langen Nachthemd, je nachdem, wie das Kostüm unserer Szene eben paßt oder gewünscht wird. Verschlafenes, »gluschtiges« Kind. In der Tür. Und die Mutter, ja, die gute Frau Mama. Im garantiert nicht zu kurzen – oder eben: absichtsvoll sehr kurzen – Nachthemd, nicht einmal einen Schlafrock übergeworfen, nicht einmal den schönen, neuen, japanischen Kimono, nix. Sondern »Gluscht« mitten in der Nacht, Muttergluscht, der klebrige Löffel am Boden und der Finger im Topf und allerhand Himbeercreme in den Mundwinkeln. Und da muß die Mutter losprusten. Und da giggelt das Kind ein hohes, zwitscherndes Lachen hinterher. Und da schauen sich Mutter und Tochter an und haben beide Gluscht und haben sich ertappt und wissen auf einmal ein ganzes Stück mehr voneinander. Aber das haben sie ja schon immer gewußt, klar. Das Kind weiß doch, daß die Mutter eine Naschkatze ist, eine Mama, die durchaus auch frech mit zweierlei Maß mißt, »quod licet Iovi non licet bovi«, aber das nun auf Kuhkalb und Minerva oder Pallas Athene umgemünzt, oder wie halt die Bildungssprüche so anwendbar sind unter Müttern und Töchtern.

Also Lachen. Also das Ertapptwordensein genießen. Also hocken sich beide in ihren zu kurzen oder zu langen oder perfekten Nachthemden hin und stecken wechselseitig den Finger in den Himbeergatsch und schlecken und schlürfen und grinsen und prusten, und der sehr geehrte Herr Vater wird halt eben keine Himbeeren mehr bekommen, sondern mit Kaffee vorliebnehmen müssen, wenn's ans Dessert geht.

So auch der Mensch.

Will sagen: unsere Väter. Unsere Mütter. Zu denen wir Kinder aufschauen beziehungsweise in ärgerlichem Respekt verharren beziehungsweise in zorniger Ohnmacht gehorchen sollen. Wenn sie nämlich qua Finanzamt zu uns herabgelangen.

Unsere Väter. Und Mütter. Die Bolliddigger. Und Bolliddiggerinnen. Die Menschen – nein, nicht draußen im Lande, sondern drinnen, im Hohen Haus. Wehe, wenn wir die bei der Himbeercreme ertappen. Tagsüber oder nachts. Ist ganz Wurscht.

Ahaaa ... so glimmt's in uns auf. Und so glimmt's vor allem bei den absolut keimfreien, vollkommen grundsauberen, durch und durch wohlwollenden und die Unwahrheit verabscheuenden Periodica auf. Ahaaa ...

Da lügt einer. Da schlabbert einer nachts an der Creme herum. Da sagt einer tagsüber, er wisse gar nicht, was Himbeercreme sei. Himbeer? Was ist Himbeer? Und dann aber ... In Wirklichkeit ...

Das tut uns wohl. Das tut der täglichen Zeitung aber gar nicht wohl. Die schäumt auf. Auch die Television legt den durch und durch sauberen Finger auf die Wunde, aus der der Himbeersaft quillt.

Und zweierlei Maß ist angesagt. Und wir wollen es weiter oben sauber haben. Und wir müssen doch verlangen dürfen, daß der, der die Maßstäbe vorgibt im Hohen Haus, durch den Beschluß der aberwitzigen Gesetze – »die sind ja blöd, wissen wir auch, sind unrealistisch, aber bolliddisch, verstehen Sie, wir müssen da rein bolliddisch, wählermäßig, wahlkampfmäßig, müssen wir das Gesetz eben so und nicht anders, ›duachbringen‹. Sonst wird man uns vorwerfen, wir dächten nicht an ... Aber natürlich ist es ein hirnrissiges Gesetz. Aber bobuläa ... Bolliddisch.«

Diese Gesetze. Die unsere Maßstäbe zu sein haben. Die man über uns herabkommen läßt. Die von unseren Vätern und unseren Müttern und unseren Verwaltern gemeinsam ausgekocht werden. Die machen es, daß wir zähneknirschend unsere Oberen nicht mit dem Finger in irgendeiner Creme ertappen wollen.

Weil die nämlich dann nicht lachen können. Mit denen kann man nicht – nein! Die beteuern, die Creme sei gar keine Creme. Vielmehr – na, sagen wir halt: eine Lebensmittelprobe. Sie unterzögen sich eben – unter einer gewissen salmonellären Lebensgefahr – einem Experiment. Unterzögen sie sich. Fürs Gemeinwohl.

Und das – und das müssen wir immer glauben. Oder lachen.

23. Mai 1993

Begegnung in der Werkshalle

Der höhere Herr kommt herein, in der Halle wird's still. Nicht wirklich still; das ginge gar nicht, die Maschine lärmt, der Kran fährt quer über die Halle hin, quer über den höheren Herrn hin auch. Das Feuer weiter hinten in der sehr langen Halle wird durch das fauchende Gebläse an heftigem Leben erhalten.

Es ist Krach genug in der Halle, aber trotzdem wird es ganz still. Weil nicht mehr gesprochen wird, weil die Arbeiter besonders konzentriert vor sich hin auf ihre Tätigkeiten blicken. Sie beobachten ihre eigenen Handgriffe, die sie doch so gut kennen. Die sie im Schlaf machen könnten. Sie bekommen ein eigenartig starres Gesicht. Sie lassen ihr Auge – ein Auge bloß, das rechte oder das linke, je nachdem, wo sie an der Arbeit sind –, lassen ein Auge so ein wenig seitwärts, ja, fast schielen lassen sie's. Unauffällig, so hoffen die Arbeiter, unauffällig behalten sie den höheren Herrn im Auge.

Sie wollen nicht, daß er mit ihnen spricht, sie schämen sich ihrer eigenen Verlegenheit. Sie haben ihre Sprecher, die Arbeiter. Die mit dem großen Maul. Sie haben sie gewählt, und die haben nun allerhand Macht. Wenigstens ein Teil der Vertreter, die für sie das Wort führen sollen, ist schon mit dem höheren Herrn in die Halle gekommen. Hat ihn draußen schon erwartet. Und die anderen, etwas weniger hohen, aber auch noch sehr geschmeidig wirkenden Herren, die mit dem höheren mitgehen.

Jedem von denen wurde ein Helm überreicht. Die haben wir im Schrank im Besucherzimmer, denkt der Arbeiter, der dem höheren Herrn jetzt am nächsten steht. Beim letzten Besuch eines Höheren war er, der Arbeiter, derjenige gewesen, der den Besuchern die Helme auszufolgen hatte. Gelbe Plastikhelme. Innen ein bisserl gepolstert. Ein paar sind auch orange, aber das hat nichts mit Rangunterschieden zu tun oder so was; nein, es sind nicht genug gelbe Helme da, wenn viel Besuch kommt. Also gibt man auch die alten aus, und die sind halt orange. Manchmal glauben die halbhohen höheren Herren, das seien die Helme für die höheren hohen, weil es von denen, die orange sind, weniger gibt. So müssen die höheren Hohen immer die ältesten Helme überstülpen, vor lauter Respekt – oder auch nur Liebedienerei ihrer Zugeher, ihrer Mitgeher, ihrer Vorauseiler, ihrer Hinterherträger, ihrer Ratgeber, ihrer Stellvertreter.

Der Arbeiter macht sein Gesicht ganz undurchsichtig. Nein, er will nicht angesprochen werden: Ich weiß, was der mich fragen wird: Was ich da mache, wird er wissen wollen. Wird er wissen zu wollen vorgeben. »Vorgeben« denkt der Arbeiter nicht; er denkt: Der wird so tun, als ob er. Was aber auf dasselbe hinausläuft. Er denkt weiter, der Arbeiter, und macht sein Gesicht noch undurchsichtiger. Er denkt weiter: Dann muß ich's ihm erklären. Dann wird er mir so halb über die Schulter schauen, dann wird er sagen: »Darf ich auch einmal probieren?« Und dann wird er sich ungeschickt anstellen, damit ich ihm helfen muß. Und dann werden die anderen mit den gelben Helmen, über den Krawattenhälsen Sonntagsgesichter, dann werden die anderen lachen, weil er sich so ungeschickt anstellt – und das will er ja. Und ich muß ihm dann helfen. Und dann wird er sagen: »Na servas, das ist ja ziemlich kompliziert. Wie lange machen S' das denn schon hier?« Und dann sage ich's ihm, und er fragt mich, wenn er's ganz genau machen will, ob ich eine Frau hab' und Kinder. »Was machen denn die? Ah, die sind aus dem Haus. Na, da sind S' ja aus dem Gröbsten raus. Gut. Da tut man sich leichter, gell ja? Mir geht's jetzt genauso.«

Und dann lachen die anderen, die mit den gelben Helmen, wieder, weil der Höhere gesagt hat, er sei jetzt auch aus dem Gröbsten heraus. Dabei kann man sich ja gar nicht vorstellen, daß der je im Gröbsten drin war, der Höhere aus der Hauptstadt. Vielleicht war er's auch einmal, kann schon sein. Aber sicher nicht so wie der Arbeiter. Vielleicht auf dem Parteitag, wenn die eigenen Leute einmal nicht so mitgezogen haben. Wenn sie ihm die gelbe Karte gezeigt haben oder wenn er von der anderen Ecke seiner eigenen Partei die Stolpersteine vor seiner Haustür vorfindet, am Abend spät, wenn er heimkommt. Kann schon sein, daß er dann wieder einmal in einem Gröberen drin ist, der Höhere. Vielleicht.

Aber die Arbeitslosigkeit, das Ausgesteuertwerden, die viel zu frühe Pension? Daß die Bude schließen muß, wo er seit dreißig Jahren gehackelt hat, das kann dem Höheren nicht, das konnte dem Höheren nie passieren. Und so weiß er nicht, daß man – kaum ist man aus dem Gröbsten raus – prompt wieder ins Allergröbste hineinfallen kann. Und wie man da noch einmal rauskommen soll, das können einem die Höheren nie sagen. Sind überhaupt ein ziemliches bissel hilflos, will dem Arbeiter scheinen, die Höheren.

Er lacht heut nicht viel, der Höhere. Er lacht sonst im Fernsehen öfter. Er steht da irgendwie ganz verdreht beim Hans und seiner Maschine. Der Hans natürlich, der strahlt. Der hat sich heut so scharf rasiert, daß seine Haut ganz rot geworden ist. So rasiert sich der Hans sonst nie. Dem haben sie sicher gesagt: »Paß auf, wir werden heut bei dir stehenbleiben, wenn der Höhere kommt. Deine Maschine ist noch jedesmal die gewesen, die die Höheren interessiert hat. Schon die Jahre zurück war es immer so. Also bitte!« Und da rasiert sich der, daß er glänzt wie eine eingeölte Sau. Dabei, wer ölt schon eine Sau? Das tut ja niemand. Die wird mit Kolophonium eingerieben, und die wird abgesengt. Und außerdem ist sie dann zwar glatt, aber dann ist sie auch tot. Was man vom Hans nicht grad behaupten kann. Der plaudert und schwätzt und macht sich wichtig mit dem Höheren, weil jetzt auch ein Photograph die beiden photographiert – na also. Da wird er eine Freud' haben, der Hans, kann er sich in der Zeitung anstaunen und der Mama zeigen, das Bild. Die klemmt sich's dann hinter den Spiegel, die Mama.

Na, und da ist ja auch schon das Fernsehen und filmt den Hans, wie er dem Höheren die Maschine erklärt und wie der Höhere sich prompt ungeschickt anstellt, wie er das immer macht. Und jetzt wird er wahrscheinlich sagen, der Höhere, daß der Hans jetzt wohl aus dem Gröbsten heraus sei. Und da nickt der Hans und gibt dem Höheren die Hand. Die wischt er sich aber vorher ordentlich an einem Lappen ab. Dabei ist der Hans aus gar nix heraus. Er hat noch lange an der Wohnung abzuzahlen, das hat er gestern noch erzählt in der Kantine. Aber der Hans will wahrscheinlich Betriebsrat werden, daß er gar so strahlt mit dem Höheren.

Warum lacht der immerzu? fragt sich der, der sich selber nie einen Höheren nennen würde, käme ihm gar nicht in den Sinn. Warum lacht der immer? Auch wenn er mir den Hebel und wenn er mir das Spindelgewinde erklärt. Das ist ja nicht so schwer zu verstehen. Aber er ist so glücklich, daß er da ein Spindelgewinde zu bedienen hat, daß ich nun ganz gewiß nicht verstehen kann, wie so was funktioniert. Ich versteh's aber, das ist nicht so schwer. Aber das darf ich ihm nicht zeigen. Ich muß mir das ganz genau erklären lassen. Jeder kann hier was anderes, das darf sich nicht mischen. Ich weiß eigentlich auch nicht recht, warum, aber es ist so. Jeder von uns kann was anderes. Die wären alle enttäuscht, wenn ich das zu schnell verstünde. Die sind vielleicht sowieso enttäuscht, weil ich ihnen nur mein Gesicht unter dem gelben Helm geben kann, und meine Hand. Die drücken sie ordentlich, das gehört auch dazu, und ich muß zurückdrücken. Ich hätte die weicheren Schuhe anziehen sollen, ich hätte nicht diesen Anzug anziehen sollen, das geschieht schon viel zu automatisch in der Früh. Zack! bin ich drin in diesem Hemd, in diesem Anzug, in diesen Schuhen. Hier hätte ich heute etwas anderes anziehen sollen, etwas Bequemeres, etwas Leichteres. Ich will mich aber nicht verkleiden, die Leut' kennen mich so. So habe ich mich ihnen angewöhnt, so hat's immer zu meinem Geschäft gehört, diese Anzüge gehören halt einmal dazu. Genügt schon, wenn sie mich auf den Wahlplakaten in allerhand Lustiges stecken, klar, so zieh' ich mich eh an, wenn ich daheim bin, wenn ich im Urlaub bin. Aber hier bin ich nicht im Urlaub. Aber vielleicht doch? Die wollen keinen Verkleideten sehen hier, aber vielleicht auch keinen allzu Angekleideten.

Dieser Helm drückt, er ist blöd, dieser Helm. Ich nehm' ihn ab – nein, ich muß ihn aufbehalten. Die anderen Kollegen sehen auch alle recht blöd aus damit, wie Kanarienvögel mit Amselleibern, oben gelb, unten schwarz mit Streifen. Nein, alle haben keine Streifen, ein paar denken, das stehe ihnen nicht zu. Blödsinn, solche Gedanken.

Der Mann in seinem blauen Anzug, in seinem verschmierten blauen Overall, lacht immer noch. Was mach' ich jetzt? Muß ich weiter? Ich geb' ihm jetzt die Hand. Ich muß weiter. Da hinten warten sie schon auf mich. Die wollen, daß ich ihnen was verspreche. Aber ich kann nichts versprechen, ich kann nur versuchen. »Ich muß das untersuchen lassen«, sag' ich ihnen.

Der lacht nicht, auf den ich jetzt zugehe. Was kann ich nur für diese Leute hier tun? Die erwarten etwas von mir. Jeder erwartet immerzu etwas von mir. Jetzt geb' ich ihm einmal die Hand.

»Und? Was machen Sie denn da?«

6. Juni 1993

Beim Schneckensuchen

Er wollte nicht auf dem Bahnhof ankommen. Er konnte sich das zu genau vorstellen, das langsame Näherkommen der Stadt, aus der er vor so langer Zeit weggehen mußte. Er wollte nicht die Lautsprecherstimmen hören, draußen, vor seinem Zugfenster. Die Lautsprecher, die auch nachts auf den Bahnsteigen quarren und das ordentliche Ein- und Ausfahren der Züge melden, das gehörige Warten vor dem Haltesignal, vor den Weichen, ehe die auf Weiterfahrt und also auf Zukunft klappen.

Er erinnerte sich an diese quarrenden Lautsprecher, die damals in gutturalen, Ordentlichkeit vortäuschenden Worten die Abfahrt des Zuges gemeldet hatten, nicht ohne fürsorglich dazu aufzufordern, vom »Bahnsteig zurückzutreten«, weil sonst ... Auch »gute Fahrt« hatten die Lautsprecher einem nachgerufen.

Später – ein halbes Jahr waren sie da schon in England, Birmingham hieß die Stadt –, ein halbes Jahr später kam die Nachricht. Der Bruder des Vaters, der Vater des Vaters, die Cousins: alle vier, mit denen er Fußball gespielt hatte im Türkenschanzpark – obwohl das doch streng verboten gewesen war auf dem Rasen –, alle waren sie aufgeladen worden auf die Güterzüge. Alle waren abgeholt worden, waren durch die Straßen geführt worden, an den Menschen vorbei, die zusahen. Niemand hatte einen Finger für sie gerührt, als sie zu den Sammelstellen gebracht wurden. Die Transporte waren alle abgegangen.

Dann, später, hatte man auf Umwegen eine Karte bekommen. Sie seien verstorben, die Abgeholten. Alle an Herzschlag.

Damals schrie die Mutter. Tagelang. Sie mußte in der Küche schreien, denn deren Fenster ging auf den Hinterhof. Der Vater wollte durch die Schmerzensschreie seiner Frau nicht auffallen. Auch in Birmingham nicht. Schmerz hatte man leise zu empfinden. Hier war man nur Gast, nicht sehr geliebt. Wenn auch nicht gefährdet, abgeholt zu werden.

Er wollte nicht mit dem Zug ankommen.

Im Flugzeug gaben sie ihm die Zeitungen. Die berichteten von den Reden und Statements und Vorträgen, die die Volksverwalter da und dort gehalten hatten. Von der »Würde« hatten sie darin gesprochen, auf die man sich doch endlich zu besinnen habe. Von der »Schande« sprachen sie, daß man sich dies und jenes bieten lassen müsse von – man denke! –, von Ausländern. Einmal müsse doch Schluß sein, hatten die Vortragenden vorgetragen und in Pressekonferenzen abgesondert.

In den Zeitungen gab es aber auch ein Inserat. Es wurden »Soldatenhelden-Medaillen« angeboten, mit diesen Worten. Das Inserat füllte die ganze Seite. Ein Reichsadler prangte darauf, wie ihn die Nazis '33 bis '45 verwendet hatten. Nur da, wo das Hakenkreuz in den Klauen des Adlers gesteckt hatte, da stak nun das Eiserne Kreuz. Der Unterschied war allerdings kaum zu merken. Das sollte auch so sein. Man hatte offensichtlich die Rechtsanwälte konsultiert und sich ein Tarnkäpplein übergestülpt. Der Text des Inserats war umfangreich. Er ging so:

»Stellvertretend für alle heldenhaften österreichischen Soldaten, welche zwischen 1939 und 1945 für ihr Heimatland kämpften, wurden die 27 legendären Träger des Ritterkreuzes mit Eichenlaub, Schwertern und Brillanten auf edles, unvergängliches Metall geprägt. Dazu die drei Wehrmachtsmedaillen Heer, Marine, Luftwaffe. Die Tapfersten der Tapferen boten großartige soldatische Leistungen, zeigten Opferbereitschaft und Zivilcourage und waren beispielhafte Heerführer. Ohne Möglichkeit, die politischen Entscheidungen beeinflussen zu können, erfüllten sie die ihnen auferlegten Pflichten vorbildlich, denn: ihr Glaube galt dem Vaterland. Mit der Herausgabe dieser Sammlung wurde dem Heldentum des österreichischen Soldaten ein würdiges und zeitlos schönes Denkmal gesetzt.«

Höchstens drei oder vier der in dem Inserat abgebildeten Männer, die das Eichenlaub um den Hals hatten, waren Österreicher. Das Inserat machte sie zu Stellvertretern aller Österreicher, die zwischen 1939 und 1945 für ihr »Heimatland« gekämpft hätten.

Der Mann sah auf die Zeitung. Man schrieb den 24. Mai 1987.

Auf einer Medaille starrte der SS-General Sepp Dietrich dumpf unter einer Pelzmütze hervor. In Österreich dürfen deutsche Offiziere des Nazi-Reichs als österreichische Offiziere bezeichnet werden, die zwischen '39 und '45 für ihr Heimatland gekämpft hätten. Das Inserat spielte schamlos und überdeutlich mit den Emotionen, von denen längst behauptet wurde, es gäbe sie doch gar nicht.

Das ist möglich. Heute.

Er landete draußen vor der Stadt. Polizisten mit umgehängten Maschinenpistolen auch auf diesem Flugplatz. Wie fast überall in der Welt. Er fuhr mit seinem Freund gleich in die Stadt, die er 1938 verlassen hatte. Eisenstadt im lieblichen Burgenland. Joseph Haydn hatte man mit dieser Stadt zu assoziieren. Er war froh, nicht zuerst nach Wien hineinfahren zu müssen. Das Land, das flache und das hügelige Land, die Kleinstadt – das alles würde die Begegnung allmählich geschehen lassen.

Sie kamen an, sie tranken eine Tasse Kaffee, mehr nicht.

Dann gingen sie, den Schlüssel zu holen. Den Schlüssel zum jüdischen Friedhof. Dort lagen die Großeltern, die noch vor 1938 gestorben waren und die man hierher umgebettet hatte. Es waren seine einzigen Verwandten, die er in Österreich besuchen konnte. Die Todeslager waren anderswo. Die Gräber in den Todeslagern sind keine Gräber. Die Rauchsäule aus dem Krematorium ist kein Grab – es sei denn, im Himmel, für eine Stunde.

Sie standen dann lange still, und das Herz klopfte ihnen, so verzweifelt, daß sie nicht wußten, wie sie sich noch weiterbewegen sollten. Wo nun noch hingehen? Was jetzt noch sagen?

Das Grab der Großeltern war da, aber der Grabstein war umgestürzt und zerbrochen. Dreiunddreißig andere Gräber auch, in Eisenstadt, im Mai 1987. Ausgerechnet.

Nein, keiner aus dem Ort sei es gewesen, soll der Bürgermeister gesagt haben in seinem ersten Schrecken. Er wisse nicht, wer, nein, natürlich nicht, aber keiner von da.

So ist es auch in der Zeitung gestanden.

Arbeiter richteten die Steine eben wieder auf. Ja, Kinder – so hatte man sehr bald darauf erfahren – seien es gewesen. Sieben- bis zehnjährige Kinder. Beim Schneckensuchen. Ja. Die hätten über dreißig Grabsteine umgestürzt. In einem Friedhof, der vor kurzer Zeit – so stand es auch in der Zeitung – wiedereröffnet worden war. Über dreißig Grabsteine. Beim Schneckensuchen.

Mag sein, die Sieben- bis Zehnjährigen entwickeln dort solch emsige Tatkraft. Mag sein, es war wieder ein Zufall, daß es der *jüdische* Friedhof war, auf dem die Schnecken durch Umstürzen von dreißig und mehr Steinen geerntet werden sollten. Mag sein, die Kinder – mein Gott! Kinder! – waren von weit her angereist, um nur ja nicht »von da« sein zu müssen. Viele Zufälle können sich ereignen. Tatkräftig und sehr schnell werden sie zuweilen aufgeklärt.

Aber was reden wir uns noch ein, wenn die Heldenmedaillen denen gewidmet werden und verscherbelt werden wollen, die den Eroberungskrieg der Nazis mit geführt haben und von denen nun behauptet werden darf – öffentlich –, sie hätten als österreichische Soldaten für ihr Heimatland gekämpft? Zwischen 1939 und 1945? Das Bewußtsein der Vergangenheit scheint so unerträglich zu sein, daß von den Unartikulierten immer und immer wieder heraufgeholt werden muß, was an Haß noch immer da ist. Auseinandersetzung kann nicht stattfinden. An unsere eigene Unmenschlichkeit soll sich nicht erinnert werden. (Diese Diktion ist wörtlich – Anmerkung des Schreibers.) Unsere Kinder haben nichts Arges getan. Das war kein ekelhafter, primitiver Todesrülpser auf dem jüdischen Friedhof. Das war Schneckenjagd. Da wurden halt zufällig dort über dreißig Grabsteine umgestürzt. Von den Kleinen. Weg, weg, weg – das war einmal, ist Vergangenheit. Einmal muß Schluß sein damit. Ewig diese Unterstellungen, ewig diese Verdächtigungen!

Warum sollten wir Trauerarbeit leisten, wenn auch unsere frei gewählten Vertreter Mühe haben, das Wort zu buchstabieren oder gar zu deuten? Wir? Wieso?

Weil wir uns keine Windungen mehr leisten können! Die »Obzwars« und die »Obwohls« und die »Andererseits« gehen jetzt nicht mehr. Wir müssen etwas deutlicher reagieren als bloß mit »nicht umhinzukönnen, zuzugeben, daß ...« Wir können uns nicht verstecken hinter den schwabbeligen Begriffen wie »möglicherweise«, »einige wenige«, »Ewiggestrige«.

Wir müssen unsere geistigen Tiefflieger laut und deutlich auf ihre geringe Flughöhe aufmerksam machen. Irgendwann werden auch unsere Kinder auf ein paar Schnecken zu verzichten haben. Irgendwann müssen wir merken, daß die Vermischung der Begriffe in unsere Seele fällt. Und da liegenbleibt. Irgendwann gibt es kein Drumherumschleimen und kein Versteckspiel mehr. Die Verachtung des Ekelhaften darf kein zweckdienliches Tabu mehr kennen. Wir müssen uns nicht alles gefallen lassen. Wir können uns nur selber achten, wenn wir uns selbst etwas abverlangen. Zum Beispiel Ehrlichkeit, bereuende Ehrlichkeit.

Keine Heldenmedaillen.

1987

Das stille Zimmer

Die Krähen waren verschwunden. Über Nacht mußten sie sich davongemacht haben, obwohl gerade heute nacht der Wind so jäh zu wehen begonnen hatte, daß er als Sturm, als ungeduldig an der Stadt zerrender, lärmender, wütender Sturm geendet hatte. Ob sich die Krähen dem in die Arme geworfen hatten? Oder ob er sie bloß weggewischt hatte aus den Gärten, von den Bäumen, aus der Stadt?

Der Morgen suchte sich zaghaft eine kleine Sonne hinter dem naß gebliebenen Grau. Es war still draußen, die Gerippe der Bäume warfen sich unmutig unter dem letzten Wind hin und her, stemmten sich gegen dieses Wehen, ließen sich doch wieder hineinfallen, gaben nicht nach, aber ließen sich doch nicht brechen.

Der Mächtige saß in seinem Stuhl neben dem aufgeschlagenen Bett. Sie hatten Decken um ihn herum gestopft, zwei Decken, verschiedenfarbige, eng um ihn herum geschlagen, unter ihn geschoben, in die Versenkungen des Polsterfauteuils gedrückt, gestopft. Gefangen wäre er sich vorgekommen in diesen Wursthäuten aus Wolle, die ihn prall umschlossen und ihm die Bewegungen verboten, unerträglich gefangen, hätte er bloß die Kraft gehabt zu derlei Abwehr und gesundem Ärger. Aber der Mächtige hatte seine ganze Kraft verbraucht, eben jetzt damit verbraucht, die anderen dazu zu bringen, ihn aus dem Bett zu heben, ihn in diesen Stuhl gleiten zu lassen, ihn ans Fenster zu rücken. Sollen sie doch die Decken stopfen, meinetwegen. Bewegungslosigkeit ist eine, der ewige Blick an die Zimmerdecke, weiß, mit dem gelblichen Fleck, ist eine andere Sache. Eine schlimmere.

Der Mächtige versucht den Kopf zu drehen. Auf dem kleinen Blechtisch neben seinem Bett lag ein dünner Stapel Papier. Mappen. Alle rot, alle mit drohendem Aufdruck. Aber schlank, nicht überquellend. Sie wollten ihm viel mehr auf den Blechtisch stapeln. Und: Sie wollten ihm auch gar nichts mehr bringen, unterbreiten, zur Unterschrift, zur letzten Entscheidung, zur Genehmigung. Viel mehr. Und eigentlich auch nichts.

Der Mächtige wußte, wie sie draußen beratschlagten. Ob sie ihm und was sie ihm denn bringen müßten. Sollten. Was er womöglich verlangen könnte ... Wonach er plötzlich zu fragen imstande wäre ... Der Mächtige hat noch die Macht – nein, falsch: Er *verkörpert* noch die Macht, wird in den Köpfen der Menschen zusammengeworfen mit der Macht, ist ein anderes Wort für die Macht, weil die Menschen sich's auch da leichtmachen und einem einmal Anerkannten in alle Ewigkeit untertan sein möchten, wenn der nur genug – ja, was eigentlich verbreitet? Furcht? Ehrfurcht? Angst? Autorität? Welche? Und wodurch erreicht? Wie gehalten?

Der Mächtige weiß das. Schon lange weiß er das. Er spürt auch die Vorsicht, mit der sie ihm begegnen. Auch früher waren sie nie unhöflich zu ihm, nein, gewiß nicht, aber sie gingen die Fragen, die anstanden, direkt an, unterbreiteten, schlugen vor, wogen die eine Information gegen die andere ab ... Das alles hielten sie jetzt mit sorgfältig vorgewiesener, mit genau demonstrierter Rücksicht und schonungsvoller Leisesprecherei von ihm ab – oder sie sprachen es gerade eben nur an ...

Dem Mächtigen fehlten die Krähen, die bisher draußen in dem fahlen Boden mit ihren kräftigen Schnäbeln nach – ja, wonach eigentlich? – gesucht hatten. Jeden Tag hatte er – gegen den Wunsch des Arztes – erzwungen, sitzen zu dürfen, wenigstens auf dieses kleine Stück Häuserumstandenen Gartens hinaussehen zu dürfen. Jeden Tag waren die Krähen da herumgegangen, manchmal träge ein, zwei flügelschlagunterstützte Sätze gehüpft. Selten wirklich fliegend. In Gruppen zuweilen Konferenzen abhaltend. Das Stück Garten geduldig nach Eßbarem absuchend. Irgendwie auch nie ganz erfolglos. Obwohl der Mächtige sich nicht erklären konnte, wie denn Nahrung in *diesem* Garten ...

Die Gedanken wurden ungenau, umwölkten sich. Schwäche kroch am Mächtigen hoch, die Schmerzen wurden wieder deutlicher. Was bedeuteten ihm die Krähen? Er wußte, daß draußen jetzt schon die Radioprogramme vorbereitet wurden. Allmählich wurden dem Land die dunkleren Vorhänge vorgezogen, wurde dem Volk ein ernsterer Hut aufgesetzt. Er kannte das. Andere Mächtige waren vor ihm so in einem letzten Zimmer verschwunden, wo sie ihre Macht nur noch auf dem Weg zwischen Bett und Stuhl ausüben konnten. Und draußen wurde derweil die Musik im Radio immer langsamer, von Tag zu Tag.

Der Mächtige dachte an seinen letzten Abend unter Menschen. Zwei Wochen war das her, eine kleine Gesellschaft eigentlich. Er war tief in einem Fauteuil vergraben gesessen und war nur schwer und unter Aufbietung aller Kräfte aus diesem Ding hochgekommen, wenn es galt, Frauen zu begrüßen. An diesem Abend hatte es zweimal einen Augenblick gegeben, an dem er sich mitten im Raum gesehen hatte, sich selber richtiggehend zugesehen, bemerkt hatte, wie allein er gewesen war, nachdem zuerst jeder an seinem Fauteuil die Reverenz erwiesen hatte ... Dann aber liefen die Gespräche anderswo, unwichtige, sinnlos erscheinende Konversation über die Qualität der Oper im letzten Jahr gegenüber vor zehn Jahren, über das Angebot der Konzertsaison in diesem Winter gegenüber ... Nonsens, sinnloses Blabla, aber sie redeten aufeinander ein und warteten offensichtlich auf ihren Tischnachbarn, dessentwegen sie ja eingeladen worden waren ... Oder auch nicht ... Vielleicht warteten sie bloß aufs Essen, ballten sich um Sitzgruppen, hielten sich an Gläsern fest, entblößten das Werk ihrer Zahnärzte, zogen die Augenbrauen hoch, neigten ihre Köpfe, lachten ihr eingekochtes, sterilisiertes Lachen, holten es heraus aus ihren Kellern, wo sie es verwahrt hielten, das Lachen ...

Und der Mächtige war im Zimmer gestanden und hatte *sich* gesehen. Und erkannt, bemerkt – todeskalt war diese Erkenntnis in ihm ausgeflossen, hatte seinen Hals steif werden lassen und die Wärme aus seinen Fingern verdrängt –, erkannt, wie allein er da mitten im Zimmer stand. Hatte die Bewegung seiner Augen gespürt, nur dieses Hin und Her seiner Augen, die Reibung der Augäpfel in ihren Höhlen, hatte diese Organe gespürt, die sich drehten und bewegten und Ausschau hielten, wohin er denn jetzt zu gehen hätte.

Der Mächtige hatte tatsächlich einen Augenblick lang überlegen müssen, warum er denn hier sei, und dann, wen er denn jetzt ansteuern, wem er zuhören, an wen er das Wort richten müsse – er, der Mächtige.

Das hatte nur wenige Sekunden gedauert an jenem Abend, dann war schon jemand da gewesen und hatte sich um ihn »gekümmert«. Der Mächtige wußte genau: Man hatte sich »gekümmert«. Und das war noch ein zweites Mal an jenem Abend geschehen. Man hatte sich ihm zugewendet – und hatte doch bis dahin immer gewartet und auch zu warten gehabt, wen er aufspießte mit seinem Auge.

Demselben Auge, das er jetzt auf die Reise geschickt hatte aus ganz anderem Grund und das seine Bewegungen in der Höhle so deutlich bewußt gemacht hatte.

Einige Tage später war er in das stille Zimmer gebracht worden, und die Ärzte begannen ihrerseits, Macht auszuüben und allzu oft die Zimmertüren zu bewegen und Apparate hereinrollen zu lassen und ihn in andere Stationen, unter immer noch genauere Apparate zu schicken.

Die Mappen, die Informationen, die Schriftstücke wurden dünner. Er wollte alles lesen, alles wissen. Aber nicht *so* viel. Eisenhower – den hatte er immer wegen seines beschränkten Geistes verachtet –, Eisenhower, hatte der nicht befohlen, alle Entschlüsse müßten ihm auf *einem* Blatt Papier vorbereitet werden? Auch das Vaterunser habe leicht Platz auf einer Seite. Also doch wohl auch alle

Argumente, die für, und alle, die gegen einen Entschluß sprechen könnten. Auf einer Seite. Eisenhower war eben primitiv, hatte der Mächtige immer gedacht. Jetzt sehnte er sich nach solchen Hilfen. Aber das konnten seine Leute nicht, die brauchten viele Seiten und umständliche Obzwars und Wiewohls und Andererseits.

Seine Leute – waren sie das wirklich?

Der Mächtige versuchte eine der roten Mappen mit dem Aufdruck »Geheim« zu erreichen, aber die zwei Wolldecken, die sie um ihn herum gestopft hatten, hinderten ihn daran. Er strengte sich an, versuchte, sich anzustrengen, aus dieser Wursthaut aus Fürsorglichkeit und Belästigung herauszukommen – es gelang ihm nicht.

Draußen im Garten trat ein Mann in einer Art Overall kurz hinter einem Baum hervor. Er blickte zu ihm, zu seinem Fenster herüber. Der Mächtige sah es, aber es bedeutete ihm nichts. Wahrscheinlich war es einer der Männer, die immer prompt da eintrafen, wo er sich aufzuhalten gezwungen war. Vor jedem Hotel waren sie auf den Reisen postiert gewesen, in jedem Zug waren sie mitgefahren, gegenüber seinem Haus saßen sie in geheimen Automobilen, jetzt standen sie hier im Spital. Wahrscheinlich hatten *sie* die Krähen vertrieben.

Der Mann war wieder hinter den Baum getreten. Draußen irrten Schneeflocken, wenige, zögernde, durch den Garten. Unentschlossen war dieser Schnee, er verbreitete nur Unruhe vor den Augen des Mächtigen. Den sehe ich jetzt noch, und dann wohl nichts mehr, dachte er. Er versuchte, einer Schneeflocke mit den Augen zu folgen. Sie taumelte ganz langsam, müde fast. Aber der Mächtige merkte: Sie war ihm zu schnell. Seine Augen fanden diesen Wunsch, der Schneeflocke zu folgen, unerheblich. Sie weigerten sich, verweigerten sich.

Später kamen die Krähen zurück. Aber der Mächtige sah sie nicht mehr.

11. Februar 1989

Verschlussache, kalt

Warum ist er da rein? Was hat er da gesucht?
Es gab dort nichts zu sehen. Es gab auch nichts zu finden. Nichts zu recherchieren, wie das andere, berufliche Wort heißt. Also etwa: noch einmal nachzusuchen, noch mal zu stierln. Nichts!

Er war kein Journalist, er war kein Zollbeamter, er war kein Eisenbahner. Ein Lehrer, ja. Ein ganz normaler (kann man auch sagen: ganz gewöhnlicher) Lehrer. Einmal soll er Kisch zitiert haben, Egon Erwin. Ob das in der Schule war, in seiner Klasse, oder zu Hause, am Mittagstisch oder seinem (sehr alten!) Vater gegenüber – ob da oder so oder anders oder wie? Dem mißt eigentlich niemand so besondere Bedeutung zu. Aber das Wort Kischs wird auf einmal öfter erwähnt, zitiert: »Jedes ›Eintritt verboten‹ lockt mich zum Eintritt.«

Das soll der Lehrer einmal, zweimal gesagt haben. Bei verschiedenen Gelegenheiten. Doch. Und er sei ja, dieser Neugierde wegen, auch schon einmal von der Polizei in Gewahrsam genommen worden. Eine Nacht Arrest. »Anhaltung« in einer Zelle, gleich neben der Wachstube, weil er etwas zu lange zugeschaut hätte und auch zu nahe herangetreten sei, bei einer ganz gewöhnlichen Führerscheinkontrolle. Da sei er nur gestanden damals; zugegeben: sehr dicht beim Amtshandelnden. Zu Fuß sei er unterwegs gewesen, dazugekommen sei er, zufällig.

Diese Geschichte wird gerne über ihn erzählt, und nur durch dieses Dastehen, durch das Nahe-Stehen, auf Tuchfühlung sozusagen, habe er damals den Beamten so maßlos irritiert. Maßlos, ja. Denn es sei staatliches Tuch gewesen, auf dessen Fühlung er gegangen sei, grünes Uniformtuch. So was will alleine amtshandeln und die Geschäfte führen, vielleicht in Begleitung eines zweiten

Beamten. Aber doch nicht mit dem Blick eines Passanten über die behördliche Schulter. Also wirklich nicht.

Soweit die Neugier. Die ihn schon immer begleitet haben soll.

Es hatte ihn wer gesehen, als er hineingegangen war. Und hatte nur die etwas umständliche Art des Hinein- und-wieder-Hinaus sonderbar gefunden. Sonst nichts Auffälliges.

Eine Frau. Ja. Gegenüber, auf der anderen Straßenseite, ziemlich weit weg. Die Geleise liegen ja auch noch dazwischen. Fenster hat sie geputzt, ist deswegen auf einem Schemel gestanden, auf dem Fensterbrett balancierend. Das, was immer als so gefährlich geschildert wird, wovor die Unfallversicherungen warnen: »Stellen Sie nie einen Stuhl auf das Fensterbrett, Statistiken beweisen ...«

Ja, beim Fensterputzen. Sie habe gar keine Gefahr empfunden – »schließlich hab' ich mich ja festgehalten«. Auch was den Mann da drüben anging. Der sei in seinem blauen Overall ganz unauffällig gewesen. Auf den Gedanken, der könnte da gar nicht dazugehören, sei sie nicht gekommen.

Nein, keinen Augenblick. Eine Aktenmappe habe der getragen, nein, keinen Koffer, das wäre ihr aufgefallen; was macht denn auch schließlich ein Bahnarbeiter mit einem Koffer? Wie?

Denn für einen Arbeiter hatte sie ihn gehalten, die Fensterputzerin, hatte nur einen zweiten Blick auf ihn verschwendet, weil der ein paarmal an der Tür des Waggons gerüttelt habe, als wisse er nicht ganz genau, ob die nun verschlossen war oder nicht ... Aber dann sei die Tür aufgegangen, und der sei da hinein und: Ruhe. Gar nix.

Die Frau hatte weiter den Lappen übers Fenster hingehen lassen und hatte sich auch immer festgehalten und nun nicht mehr auf die Straße geblickt, weil das Fenster ja sauber werden sollte.

Dann sei aber die Sonne gekommen, hat sie später ausgesagt, und eine Spiegelung (ja, Spiegelung!) sei entstanden. Da sei der Mann wieder sichtbar geworden, ohne daß sie sich habe umdrehen müssen.

In der Scheibe war er zu sehen, wie er wieder aus dem Waggon herauskam und den Zug entlangging, aber die Tür offen ließ. Und so zwei, drei Waggonlängen unterwegs war, dann wieder umdrehte, wieder zurück, wieder in den Waggon hinein. Dann seien die Bahnarbeiter gekommen, fremde Bahnarbeiter, die hatten da noch nie gearbeitet.

Den Zug gingen die entlang, prüften die Bremsen, schlossen die Türen der Güterwaggons, schauten auf den angeklebten Frachtbestimmungszetteln nach dem Bestimmungsort. Oder solches Zeug halt. Sie schlossen auch drei bloß halboffene Waggons. Darunter den gewissen: ja, den Kühlwaggon.

Dann sei der Zug abgefahren. Eigentlich sofort danach. Nein, gehört habe sie nichts. Keine Schreie. Auch kein Klopfen. Nichts! Immerhin – es lägen aber auch annähernd fünfzig bis sechzig Meter zwischen ihr und dem Geleise. Eine Straße, außerdem noch drei Schienenstränge. Gleichzeitig sei ein Güterzug vorbeigefahren. Nein, sonst nichts Auffälliges.

Sie habe dann aufgehört, das Fensterputzen nicht weiterbetrieben, weil Besuch gekommen sei, ja Besuch, Geburtstag oder so. Einen Mohnstrudel habe die Freundin mitgebracht. Deswegen überhaupt die Erinnerung an den Tag des Fensterputzens. Und an den Mann, der in den Kühlwaggon geschlüpft sei.

»Du wirst dir den Tod holen«, sagen die Mütter mit aufgeregten Stimmen, wenn die Kinder einen Pullover zuwenig anziehen. Daran erinnern wir uns alle ... diese Drohung aus Liebe: »Du wirst dir den Tod holen ...«
»Das wird übel ausgehen ...« Auch so eine Drohung. Dir selbst gegenüber. Hochgezogene Falten über den Augen, maulab gleitende, Elend und Freude am Elend signalisierende Mundwinkel. »Hör mal zu, paß mal auf, was du dir da sagst, wie du dir's holst, wie du die Wolken über dir

versammelst und die schwarzen Löcher im All ansteuerst ...«

Du wirst dir den Tod holen!!

Warum?

Na ja, das kann ich schon sagen. Das hängt mit dem abgefahrenen, weggezogenen, im Zug hängenden Kühlwaggon zusammen. Acht Stunden war der unterwegs, ohne Zwischenhalt. Es war Mai. Das ist wichtig in diesem Zusammenhang. Einen Drittel Maitag lang, acht Stunden, fuhr der Zug. Blieb dann stehen, sollte umrangiert werden, auseinandergenommen, neu zusammengestellt. Entladen und beladen. Und dazu haben sie, nach einer Stunde etwa, haben sie den Kühlwaggon geöffnet.

Also: neun Stunden insgesamt war der Mann drin gewesen. Denn er war drin, natürlich, die Frau auf dem Schemel auf dem Fensterbrett hatte richtig gesehen! Wenn sie auch erst viel später dazu befragt worden war, später, als die Recherchen begonnen hatten.

Der Mann im Overall, mit der Aktentasche (nur einen Schreibblock, einen Photoapparat und ein paar Socken hatte man da drin gefunden, das heißt die Socken nicht mehr, die hatte er sich über die Hände gezogen!), den Mann fand man so in dem Kühlwaggon: an der Wand lag er, zusammengekrümmt, embryonal. Ja, wie zurückgekrochen in den (kalten!) Leib seiner Mutter, lag er da. Die Socken, Baumwollsocken allerdings, weiße, über die Hände gezogen.

Ein Bleistift (gelb) lag auf dem metallenen Boden des Kühlwaggons, mit dem hatte er an die Wand geschrieben ... Das ist eine wahre Geschichte, das muß ich nicht beteuern, aber ich will es sagen, doch ... hatte er an die Wand geschrieben mit diesem Bleistift: »Ich sterbe. Vor Kälte. Es ist ...« Und viel weiter unten, da muß er schon am Boden gekauert sein, stand dann noch: »so kalt! Ich ster...«

Außentemperatur an diesem Tag war 19 Grad im Durchschnitt, mittags etwas höher, gegen Abend bissel weniger. 19 Grad plus. Außentemperatur.

Der, im Kühlwaggon, fast neun Stunden eingeschlossen, war erfroren.

Es gab überhaupt keinen Zweifel, daß der, den sie da eingeschlossen hatten, erfroren war. Er wurde untersucht, eine notwendige, weil vom Gesetz vorgeschriebene, aber natürlich ganz nutzlose Untersuchung.

Ja. Alles war so, wie man es vorzufinden erwarten mußte. Alle Symptome des Erfrierungstodes. Der schwächer gewordene, dann stillstehende Puls. Die Lungen. Das Herz. Die Haut, ja vor allem die Unterkühlung der Haut und der Fettpartien darunter. Das friedliche Lächeln. Blau.

19 Grad Außentemperatur.

Die Kühlanlage des Waggons war nicht eingeschaltet. Weil der Waggon leer war. Hatte nicht gekühlt werden müssen! Überhaupt nicht. 19 Grad außen. Die verschlossene Tür. Das Bewußtsein, eingeschlossen zu sein, gefangen, der Kälte, der logisch erwarteten, der notwendig geglaubten Kälte ausgesetzt. Angst. Die höher und höher kroch mitsamt der Kälte.

Die erwartete Kälte war der Tod. Den sich der Mann geholt hatte. Herbeigeholt. An sich heran gefürchtet.

November/Dezember 1988

LITERATURWETTBEWERB

IM SAAL IST ES HEISS, und die Luft ist so verbraucht wie feucht. Hundert Menschen sitzen im Saal, vielleicht sind's auch nur achtzig. Eben haben sie zu Mittag gegessen, Rindsschnitzel und sehr braune Sauce und Spiralnudeln und nassen Salat und Apfelstrudel; und gespritzten Wein haben sie getrunken, weil's doch Mittag ist, oder Apfelsaft oder kleine Biere. Der Geruch der Speisen hängt noch in den Kleidern der Menschen, dazu kommen all die Zigaretten, Zigarillos, Virginias und beschäftigungsintensiven Pfeifen, die von den Menschen zwischendrin und vor und nach den Rindsschnitzeln geraucht wurden. Und die Deos! Deren Nicht-Geruch-Geruch ist auch da. Zitronennah, pfefferminzähnlich, chemisch, aseptisch, körperfremd.

Einer sitzt vorne, an einem Tisch, und liest vor. Laut liest er, leiser wird er manchmal auch, intensiv versucht er zu sein, einfach versucht er zu sein, ehrlich versucht er zu sein, witzig versucht er zu sein, je nachdem. Er versucht sein Bestes, denn er hat gehört, es komme nicht nur auf den Inhalt seiner Geschichte, seines Kapitels, seiner Textprobe an, nein, natürlich auch auf den Vortrag. Auf das Wie. Verständlich das. Denn die hundert oder achtzig Menschen im Saal, Rindsschnitzel und Biere in der beginnenden Verdauung, und die Juroren, auch noch mal einige sieben oder neun, die hören nun schon den ganzen Tag Vorgelesenes, besser und schlechter Vorgelesenes. Das Licht im Saal ist grell, denn es gibt Plexiglaskuppeln. Da oben begehren zwei intensive Fliegen laut surrend und brummend gegen die Gefangenschaft auf. Müdigkeit droht, Schläfrigkeit könnte aufkommen, obwohl nach den Apfelstrudeln oder dazu natürlich Kaffee getrunken worden ist, der aber auf eigene Rechnung, während das Menü – jedenfalls für die Juroren, wahrscheinlich auch für die Vorlesenden – beigestellt wird. Alles inklusive. Mit einem Getränk.

Literaturwettbewerb heißt das. Einer liest vor, was viele sich anhören. Und ein paar wenige sagen dann hinterher, warum sie's gut oder schlecht fanden. Vielleicht auch *wie* gut oder *wie* schlecht. Am Ende werden Punkte verteilt. Nieten. Preise. Und vor allem: werden die Texte Lektoren gereicht. Oder Verlegern. Manchmal Lektoren *und* Verlegern. Selten in einer Person. Verleger lesen ja eher wenig, Verleger verlegen.

Nationale Wettbewerbe gibt es. Auch internationale. Manchmal genügt's, nur – ja, *nur* – ein Manuskript zu schicken und das von vielen oder in Wirklichkeit wahrscheinlich von viel weniger Lektoren lesen zu lassen, als man sich das gedacht hätte. Manchmal muß man – das sind dann schon die ganz feinen, die ganz internationalen Wettbewerbe –, muß man von dritten und vierten, ganz berühmten oder doch wenigstens sehr einflußreichen Schriftstellerkollegen vorgeschlagen, genannt, nominiert werden. Es können zuweilen auch Kritiker nominieren. Das ist dann schon gefährlicher, denn die nennen einen manchmal nur zum Schein. Nur, um einen anderen nicht nennen zu müssen.

Literaturwettbewerb. Das ist etwas anderes, als nur einen Preis zu gewinnen. Preise können über einen kommen wie das Manna in der Wüste. Oder wie ein alles zudeckendes buntes Tuch. Ruhm und Glorie, Hosianna und Bauchbinden um das erste, das zweite Buch – und aus. Wenn das Tuch zu bunt war, kann das Aus sehr grau sein.

Wettbewerb. Das ist Autorennfahren mit Worten. Das ist Vorlesen von Gedanken und Beschreibung. Das ist Lautwerden mit Leisem. Ist Gegenseitig-Antreten mit: »Wer kann echter, wer kann tiefer, wer kann kostbarer, wer kann kunstvoller, wer kann bitterer, wer kann – o Sehnsucht der Juroren und vor allem der Verleger –, wer kann anschaulicher und auch noch witziger, womöglich – wer kann es besser als ...«

Besser als. Nicht bloß gut. Nicht einmal nur so gut wie. Nein, einer muß mehr entsprechen als der andere.

Weltmeisterschaften hätten sie wahrscheinlich am liebsten. Nicht *die* – aber doch einige Verleger. Oder wenn sie sich klug auf das Machbare, das Heimische, das dankbar Stimmende verlegt haben beim Verlegen, dann wären ihnen vielleicht schon Nationalmeisterschaften angenehm. Dann könnte man ein klares Punktesystem festlegen, das ließe sich schon erfinden – aber ja, wieso denn ausgerechnet *das* nicht?? –, und nach diesem Punktesystem gäbe es klare Gruppensieger, von der Öffentlichkeit respektive den Brüsten der Öffentlichkeit – den Medien – hoffentlich emsig wahrgenommen und kommentiert. So wäre jeder, der überhaupt nur als Literaturkonsument in Frage käme, rechtzeitig vom hohen Punktestand und also auch Marktwert des neuen, des absolut letzten, des brandheißen Literaturpreisträgers informiert. Die Literaturweltmeisterschaft wäre eine, gewiß doch, völkerverbindende Angelegenheit. Man könnte sie in Straßburg veranstalten oder in Genf oder sonst einem von der Internationalität lebenden Städtchen. Ja, Wien, natürlich, wäre fast vergessen worden; will ja auch vom Duft der internationalen Wichtigkeit etwas mitnaschen. Die Weltmeisterschaft in Literatur – warum nicht in Wien?

Es könnte eine aufregende Sache werden, ein paar Wochen lang. Unsere Weltmeisterschaftsberichterstatter könnten vom Background der literarischen Szene berichten. Und da gäbe es schon was zu erzählen ... Und das alle Jahre wieder. Oder alle zwei Jahre? Das wäre schade? Wettbewerbe halten jung. Und machten fruchtbar. Hoffen jedenfalls die Verleger ... Denn zu schnell – leider – sind die Erfolge der letzten Jahre vergessen. Der so begabte, aus dem Nichts aufgetauchte Autor X ist gut für manche Hintergrundstory; wo er herkommt, wie er's eigenartig hatte, bis er zu Papier zu bringen imstande war, was nun, bald, dank hervorragendem Punktestand, der hochgeschätzte Verleger Y herausbringen wird. X-ens Buch erscheint, erfährt abermals deutliche Würdigung, nun schätzt man auch das, was X geschrieben hat, nicht nur X und seine interessante Jugend sowie seine absolut richtige Weltanschauung. Das Buch wird gerühmt. Es wird im Rundfunk vorgelesen. Vielleicht entsteht ein Film aufgrund des Buches? Bei manchen Büchern geht das, bei anderen geht das gar nicht. Was aber kein Hindernis ist. Wieso auch? Wenn einmal die Punkteanzahl gestimmt hat, dauert das Wohlwollen eine ganze Weile.

Dann kommt die nächste Meisterschaft. Ist X dabei? Startet er im Team, im Stall des Verlegers Y? Wie – X startet *nicht?* Ja, warum denn nicht? Der Verleger hüllt sich in so höfliches Schweigen, daß es mehr gar nicht braucht. X hat nichts Neues. X hat nicht den Gesetzen des Wettbewerbs entsprochen. X war nicht imstande, mitzuhalten, will sagen: mitzuspielen. Also konnte er auch nicht im Team aufgestellt werden. Nein. Ging nicht. X scheint out zu sein. Ja, out. Er hat nichts Neues. Doch, sein Buch hat nicht nur den Medien, nicht nur den Punkterichtern, sondern hat auch den Lesern etwas bedeutet. Es wurde nicht nur heftig zensiert, es wurde auch gelesen. Die Menschen hatten mit dem Buch von X etwas zu tun. Sie erzählten sich von dem Buch. Sie ließen sich von ihm betreffen. Und nun war X out ...

War sein Buch nicht mehr da? War es schlecht geworden? Ein Buch ist doch kein Glas Milch – es kann doch nicht sauer werden, dachte sich X, und X-ens Freunde dachten das auch. Aber sie vergaßen: Es war kein neues Buch. Es war schon da. Auch Dostojewski war schon da. Und Hamsun. Und Flaubert. Aber man sprach von ihnen wie von Napoleon. Den gab's auch. Jedenfalls, wenn eine neue Biographie erschienen war. Aber »in« war Hamsun nicht. »In« war Flaubert nicht. War Dostojewski »in«?

Der Sieger vom letzten Jahr muß wieder auf den Rundkurs. Er muß seinen Titel verteidigen. Sonst hätten die Wettbewerbe wenig Sinn. Aber X machte es sich schwer. Er dachte unverantwortlich lang nach. Das ärgerte die Produzenten. Und sie senkten den Daumen. Das konnten sie. Und das Wort »out« – das wußten sie zu übersetzen. Und taten das auch hurtig, wenn man sie verärgert hatte.

17. Juni 1982

Dem Künstler steht die Freiheit zu

Der Dialog zwischen den Politikern und den Künstlern: gibt's den, oder ist das ein Scheindialog? Es ist meistens ein Monolog. Der findet schulterklopfend statt – oder gar nicht. Manchmal, ganz selten, bei hochgerühmten Künstlern, fallen die Mächtigen in eine unbegreiflich devote Krümmung.

Die Beiläufigkeit unserer Existenz ist schändlich. Die Faulheit der öffentlichen Meinung ist unser Unglück. An beidem ist der Künstler selber beteiligt. Die Nische, in der der Künstler manchmal behätschelt wird, in die man ihn aber allemal drängt, ist eng, so eng, daß er selbst oft ekelhaft eindeutig um den besseren Platz kämpft, buhlt, beißt. Wer stillehält, scheint selber schuld zu sein, landet im Winkel, verbittert, verzweifelt. Oder er reiht sich schließlich genervt selbst in die Phalanx der Experten, der Darüber-Reder, der Befinder, der Schlaumeier ein, der Gewußt-Wos und Gewußt-Wies. Wir sind dabei, wir sind mittendrin. Jede Unverschämtheit, die wir dulden, jeder Bonze, vor dem wir uns bücken, weil wir diese Haltung für klug oder gar für ausgleichend halten – dabei schwächt derlei doch nur unser Kostbarstes, unser Rückgrat und verludert unser Blut –, jede dumme, simple, populistisch argumentierende Zeitung, der wir auch nur durch Kauf Unterstützung geben, die wir dulden: daran, an allem sind wir schuldhaft beteiligt. Wenn wir uns fürchten, wenn wir nicht in unsere Arbeit, in unseren verzweifelten Versuch des Lebens alle unsere Kraft und Liebe und Fürsorge fließen lassen.

Fellini, der spielerische, verzweifelte, heitere Fellini, der schlaue, träumende, kraftvolle, närrische, traurige Fellini sagte einmal: »Meine Lehre aus der Faschismus-Ära ist die, daß ich jede Art von Ideen, die sich auf griffige Formeln reduzieren lassen, zutiefst verabscheue. Mein

Engagement beschränkt sich auf die Dinge, die ich tue.«
Ein Satz, den sich die Kulturpolitiker – und nicht nur diese – zum Thema »Was können die Künstler denn für uns tun?« über ihren Schreibtisch nageln sollten und übers Nachtkastl, in Schönschrift. Fellini ist bloß ein Filmemacher; ja, was wär' denn das für eine Kunst, wie? Sehen Sie, und da sind wir schon mittendrin. Die Macht ist behäbig, sie genügt sich mittlerweile selbst. Sie ächzt unter dem Druck, den sie erzeugt hat. So sehr ist sie behäbig, daß sie sich ganz selbstverständlich als Maß aller Dinge nimmt. Was der Macht gefällt, ist schön, gut, wahr, positiv, volksnah. (Das verwechseln sie auch noch mit volkstümlich.) Die Macht, die Ersatzmonarchie, ermuntert den schlechten Geschmack durch ekelhaftes Vorbild. Sie ermöglicht den schlechten Geschmack, er ist ihr vertraut, sie sät ihn aus, alle Jahre wieder. Und wenn er sprießt und gedeiht und ins Kraut schießt, dann kniet sie sich flugs runter zum schlechten Geschmack, denn da ist ja eine Mehrheit, da müssen wir hin.

Die Macht möge sich gefälligst nicht anbiedern. Die Macht möge endlich die Courage haben, aus ihrer verknorpelten Haut zu schlüpfen. Die Kompetenzen, die sie sich angemästet hat, stehen ihr nicht zu. Sie hat nicht zu befinden über Kunst oder Nichtkunst, über brave und schlimme Künstler, über freche und hoffentlich volksnahe Kunst. Über Meinungsumfragen – diese Rosenkränze der Mächtigen, die sie geradezu süchtig nachplappern –, über Meinungsumfragen läßt sich Kunst und ihre Auswirkung nicht ausmachen. Die Kunst hat sich diesen hurtigen Ritualen zu versagen. Der Künstler, der wirklich riskiert, verweigert sich. Das verunsichert die Mächtigen, sie sind an Formeln gewöhnt.

Gegen die Angst in seiner Existenz hat der Künstler immer wieder angeschrieben, angemalt, Musik gemacht. Sein Schwäche konnte immer zu seiner Stärke werden. Sein Leben ist mühsam, schmerzensreich, geschüttelt, gebeutelt. Aus seiner Spannung, aus seiner Qual, aus seinem Leid an der Existenz mag sich etwas verdichten, was möglicherweise Kunst genannt werden kann. Der Unsichere wird der Weise, der Narr weiß mehr. Der Tänzer kennt den Weg, der Musiker sagt das Wort. Das Ungewußte ist die neue Wahrheit.

Das heißt aber: Risiko. Nicht das Gestammel bei Mondschein, nicht der Rülpser einer hübschen, aufblasbaren Genialität. Kunst ist nicht mondsüchtig, Kunst ist nicht gefällig. Kunst mag vom Leiden, aber aus täglicher Arbeit kommen. Aus dem kontinuierlichen, ungeschickten, rücksichtslosen Arbeiten. Geschicklichkeit ist nicht Kunst. Mag vielleicht braves, Wohnstuben schmückendes, Kirschholzregale füllendes Kunstgewerbe sein, ist allemal dabei meist erfolgreich. Die gewidmeten Exemplare dieses Kunstgewerbes stehen und hängen in vielen der seltsamen Stuben der Mächtigen. Soll sein.

Aber wer nimmt ihn ernst, den Quäler seiner selbst, wer hört ihm zu? Wer begreift, daß der Künstler spielerisch, ohne die Angst der Konvention, möglicherweise sogar – und das macht ihn ja gerade so verdächtig –, möglicherweise sogar in zusammenhängenden Sätzen, oder, verdammt noch mal, auch stammelnd, aber nie in aufgequollenen Floskeln präfabriziert dahergatschend; wer begreift denn endlich in diesem Land, das allenthalben nach Quellen und Ressourcen bohrt und schürfend versucht, daß der Künstler die mutigsten, die rücksichtslosesten und meinetwegen und Gott sei Dank die unausgewogensten und also lebendigsten Gedanken in unser Leben einbringen kann?

Der Künstler sollte sich ernst nehmen, er sollte das Anbiedern den Callgirls überlassen. Er sollte im korrumpierenden Umfeld mancher Publikationen nicht einmal eine Kontaktadresse aufgeben. Das bleibe den Huren überlassen.

Und die Mächtigen sollten in den Spiegel schauen. Immer wieder. Wenn sie merken, daß die Kummerfalten ihrer absoluten Ungewißheit in die Indifferenz des Aspikgesichtes überzuschmelzen beginnen, dann sollten sie wenigstens das kleinere Übel wählen. Dann noch lieber die Kümmernis, die Indifferenz des Aspikgesichts, das so viele sich zugelegt haben. Kummer in Aspik mit seiner weichlichen, klebrigen Flucht in die Arroganz, die ja allemal aus der Unsicherheit kommt. Der Humus eines Landes braucht seine Regenwürmer. Mag der Mächtige eines Landes ein Traktorist sein, ein vollautomatischer Motorpflug – der Regenwurm ist allemal der Künstler. Der Humus eines Landes – eines kleinen noch viel mehr als eines großen – kann ersticken. Eine kleine Nation, ob das Wort nun angenehm ist oder nicht, hat nicht so viele Regenwürmer. Das Laub der Zeitläufe fällt rasch, auch das der Legislaturperioden. Die neue Wirklichkeit – und das ist nun allemal die Kunst – kann nur entstehen, wenn dieses Laub in den Boden gezogen wird, verdaut wird, nicht bloß wieder ausgespien, sondern auf die natürlichste Weise in das verwandelt wird, was empfindliche Kindergärtnerinnen das »große Geschäft« nennen. Die Regenwürmer machen es nie, das wirklich große Geschäft, aber sie machen es aufs allerfruchtbarste. Wehe den Würmern, die sich füttern lassen, die den ausgelegten Köder schnappen! Die Maulwürfe fressen schnell, aber die Verdauung der Maulwürfe geht hastig und nebenbei. Selten noch schuf ein mächtiger Maulwurf neuen Humus. Die Maulwürfe kacken ihren Haufen in unfruchtbare Ecken. Wer der Macht nachläuft, den holt sie ein.

Ohne die Suchenden bei sich zu haben, neben sich zu wollen, zu brauchen, werden die mächtig Trappenden den Ausgang der Höhle nie finden. Ohne sich zu riskieren, werden die Künstler die Kunst verlernen. Dem Künstler steht die schamlose Freiheit der Kinder zu. Ein Kind hat nämlich als erstes bemerkt, woraus des Kaisers neue Kleider beschaffen waren.

Wir sind armselig, unser Gestammel kommt von weit. Unsere Stimme ist nicht wichtig. Mag sie denn immerhin lebendig sein. Denn – und damit möchte ich mich wie schon oft verneigen vor einem, den erschreckend viele Mächtige dieses Landes aufs erbärmlichste und hilfloseste besabbert und angebellt hatten, als derlei opportun erschien: Vom Tode her gesehen, sagt Thomas Bernhard, angesichts des Todes ist alles nichtig. Nichtig und lächerlich.

26. Februar 1989

Dank für Eberhard Fechner

Die Sonne wandert durch den Nussbaum. Eben war sie noch hinter dem tiefhängenden Ast südlich; jetzt hat sie den Baum halb umrundet und kommt von Norden. Eine Meise steigt in den Büschen auf und nieder und kommentiert das ununterbrochen, wie eine alte Frau, die mit sich redet, wenn sie der Katze zu trinken gibt oder den Besen ermahnt, er solle sich gefälligst nicht verstecken.

Keine Idylle, nein. Zeit, die verstreicht und die sich hindreht mit der Erde, und Gedanken über den kleinen Garten hin, zu Eberhard Fechner. Der ist tot, der ist vor zwei Tagen gestorben. Der saß vor ein paar Monaten noch hier, genau hier auf diesem Stuhl, an diesem Tisch, und lachte über die Meisen und roch am Koriander im Brot des Bäckers Meier. Keine Idylle. Kein »Gestern noch war er ...«, sondern einfach Sprachlosigkeit. Gedanken zu ihm hin, einem Freund, einem stillen, wirklichen. Gedanken zu einem, der sich freuen konnte – und das können wenige. Der leiden konnte und aus diesem Leiden den Unterschied zwischen Geschäftigkeit und Arbeit lebte, seit langem, seitdem er krank war an seinem Herzen.

Eberhard Fechner, der durch seine Filme Geschichte gemacht hat im deutschsprachigen Fernsehen, das gewiß. Und wenn Sie mir jetzt überhaupt noch zuhören bei diesen Gedanken an einen Freund, dann werden Sie den Namen Fechner mit Filmen wie »Klassenphoto« verbinden, wie »Damenstift«, »Erinnerung an Klara Heydebreck«, »Comedian Harmonists«, »Wolfskinder«, »Tadellöser und Wolff«, die Trilogie nach Kempowskis Romanen – Filmen, in denen allemal der Mensch mit seiner Not, seiner Hilflosigkeit, seiner Komik – auch der unfreiwilligen –, mit seiner Grausamkeit, seiner Leidensfähigkeit im Mittelpunkt stand. Der Mensch.

Ich habe ihm zu danken, dem Eberhard Fechner – und ich sag's jetzt einfach so und ohne Girlanden: Wir alle haben ihm danke zu sagen.

Dank für seine Phantasie. Dank für seine behutsame, aber unerschöpfbare Neugier. Dank für die Genauigkeit, mit der er nachschaute und roch und fragte und überprüfte und in Frage stellte. Sich selbst eingeschlossen in diese mitleidende Unbarmherzigkeit, mit der dieser Eberhard Fechner auslotete und den Grund ertastete und den Untergrund fand. Was er fand, was er erspürt hatte, zeigte er nicht platt und reaktionslos her. Jedesmal hob er seinen Fund in eine neue Wirklichkeit – durch den Filter seiner Persönlichkeit. Und das ist es ja wohl, was man Kunst nennt.

Nicht nur in seinen wunderbar anrührenden dokumentarischen Filmen, die manchmal leicht waren wie ein Spiel, das seinen Regeln nachging, Schritt für Schritt. Leicht, ja – und dabei gehen sie tief, diese Filme, kommen daher wie eine Spindel, die aus dem Himmel auftaucht und sich an uns vorbeidreht, verführerisch, saugend, in einen Grund sich bohrend, von dem wir gar nichts geahnt haben.

Nicht nur da, wo er der Wirklichkeit des Aufgefundenen den Glanz seines Herzens und seiner Meisterschaft zubilligte, nicht nur da; auch in seinen Spielfilmen spürten wir, wie er hingehört hatte, hingesehen, abgewartet, lachend (weinend vielleicht auch), strahlend jedenfalls, *bestrahlend*. Und das müssen sie wohl, die Regisseure, wenn sie Leben zurückbekommen wollen – für ihr eigenes Leben, das sie ja herzugeben haben. Stück für Stück für Stück mit jeder Arbeit, die sie durch eine oft langhin blutende Nabelschnur ernähren mußten. Und auch tatsächlich ernähren.

Die Kraft, die Eberhard Fechner hergab für das Besondere, für das Behutsame, für die verantwortungsvolle Genauigkeit seiner Arbeit – diese Kraft nahm er aus sich, aus seinem Herzen, und siehst du, auch so kann man sein

Herz erschöpfen. Und das ist nicht eine sinnlose Verschwendung.

Dabei war er behutsam. Unerbittlich in dem, was er als wesentlich erkannt hatte. Er konnte erkennen, offensichtlich erspüren und – ja – riechen, wie sich das sogenannte Wesentliche hinter den Büschen versteckt hält.

Er war genau, der Eberhard Fechner, wie ein Arzt genau zu sein hat. Oder ein Priester. Oder einer, der sich vor ein Orchester stellen muß und mit dem gemeinsam nun etwa Bach im Sinne hätte. Oder Mozart.

Wer da nicht genau sein kann, aber: unverkrampft dabei, aber: leicht, aber: heiter von innen her – und eben doch mit allem Gewicht –, der wäre allerdings ein Scharlatan. Einer mehr. *Noch* einer, der unser Bewußtsein durch eitle Sorglosigkeit verklebte und plaudernd kommentierte.

Der träumte ja! Gott sei Dank, ja! Der hatte das nicht verlernt, das Träumen. Er träumte, und wir wachten auf, und die Wirklichkeit war da und war geworden. Und hatte einen Sinn.

Seine Ernsthaftigkeit war gehärtet durch seine Verantwortung. Durch sein Bewußtsein und seine Kenntnis von Verantwortung. So war er nicht »angenehm« für so manchen Funktionär und Kunstverwalter. Er war nicht »nett«. O doch – er konnte wohl mit Menschen leben und mit Menschen umgehen. Aber er unterwand sich nicht in Geschicklichkeiten. Nie!

Deutschland und Österreich und auch die Schweiz haben Eberhard Fechner viel zu verdanken. Wissen diese Länder das? Wenn man je von Fernsehkultur in Deutschland sprechen konnte – und in Österreich, das ja fast alle Filme Fechners gezeigt hat –, wenn ja, dann waren Fechners Arbeiten ein tiefes Fundament, auf dem das Fernsehen nicht schlecht bauen konnte. Allerhand Hütten haben die auf diesen kostbaren Fundamenten und Grundmauern gebaut: achtlos hingeklotzte Prunkzelte, lieblos und zynisch zusammengeklebte Fertigteilfernsehbuden aus zweiter und dritter Hand. »Aber« – so sagten sie, wenn sie sich zu Rechtfertigungen aufplusterten –, »aaaber – wir haben doch auch den Fechner. Und wenn *solche* Filme nicht unseren Kulturauftrag erfüllen – was denn sonst??«

Ja, tatsächlich; den gab es eben auch: den Fechner. Auf so was konnte man sich berufen. Eine Vorzeignische. In der durfte er werkeln.

Eine einzige Arbeit will ich noch nennen, mit der Fechner ein Jahrhundertdokument geschaffen hat: der Majdanek-Prozeß. Diese Filme wurden zwar gezeigt – auf allen Kanälen –, aber zunächst einmal versteckten sie sie in Deutschland, unter allerhand schleimigen Argumenten erstickt, spätabends in den dritten Programmen, während auf den ersten und zweiten Schienen die wichtigen, blondgelockten Shows mühsam ins Keuchen kamen. Armselige Argumente würgten die Machthaber heraus, um diese Sendung zwar noch zu zeigen (»Kulturauftrag«, Ausrufezeichen!), aber eben doch so, daß nicht allzu viele mehr zusehen konnten, weil zu spät, weil zu abseits.

Majdanek-Prozeß! Danke, Eberhard, für Deine Filme über diesen Prozeß, der die Banalität, die bestialische Beiläufigkeit, das ganz Gewöhnliche, selbstverständlich Gewordene, sich selbst Genügende des Bösen zeigte. Das sorgfältige Morden der kleinen, engstirnigen, verklemmten und darum so grausamen, herzlich sentimentalen Spießbürger, die die Nazis in all ihren Verkleidungen immer waren. Und in all ihren forschen Verkleidungen auch heute noch sind und schon wieder zu sein versuchen.

Als man hierzulande noch »Wie bitte, was haben wir damit zu tun?« mauschelte, hat Theodor Heuss als Bundespräsident der damaligen deutschen Bundesrepublik das Wort von der kollektiven Scham, der notwendigen kollektiven Scham gefunden. Eberhard Fechner hat durch seine Filme über den Majdanek-Prozeß diese Scham wachgehalten.

Er war beschützt, der Fechner. Durch seine Lauterkeit. Er war beschützt durch seine Frau Jannet, die seine Geduld auf eine ungewöhnliche Weise zu der ihren gemacht hatte. Osmose der Geduld. Das gibt Sauerstoff.

Menschen wie Fechner sollten beschützt sein durch die, für die er arbeitete. Beschützt durch die, die seine Arbeit bestellten. Erschrocken begleiteten. Verwerten. Wieder verwerten. Noch einmal verkaufen. Abermals verwerten. Und sich dabei nicht ungern rühmen, daß *sie* ja einem wie Fechner Gelegenheit gegeben hätten. »Ohne unseren Auftrag hätte er ja nie ... oder?«

Ja, so kann man es auch sehen. Aber es ist die Pflicht der Kunstverwalter und die Pflicht der Machthaber und die Pflicht der auftraggebenden Hauptbuchführer: die zu schützen, denen Wärme zu geben, denen das gefährlich mühsame Leben des Erfindens, des Erträumens leichter zu machen! Die zu lieben – ja, ich traue mich das Wort auszusprechen –, denen Liebe entgegenzubringen, die ihnen ja all das erfinden und erarbeiten und finden und sammeln in ihrem Wald, was dann vorgewiesen und verhandelt werden kann.

Eberhard Fechner war so weit weg von der geschickten Hurerei unserer Tage – und so tief mittendrin in unserer Zeit.

Besonderer Mensch, lieber Eberhard –
Danke.

16. August 1992

NIEMANDSLÄNDER

Sie spricht ganz leise, die alte Frau. Ihre Stimmbänder müssen irgendwann einmal zu große Anstrengungen hinter sich gebracht haben. Die Erschöpfung, die nachher kam, währt dann wohl ein Leben lang.

Die Müdigkeit ihres Instruments nimmt aber nicht die Spannung aus der Stimme, nimmt eher alles Scharfe, alles, was je in einer Stimme kreischen kann oder scheppern oder kehlig quietschen.

Sie spricht leise, setzt sich nicht immer durch, wenn das Gespräch um sie herum ganz an die Oberfläche schwappt, also ohne Schaden laut wird, wie es halt zugeht, wenn einer dem anderen das, was er für das Zuckerstück einer Erzählung hält, wegschnappen will.

Dann geht die Stimme der alten Frau unter. Dann sieht sie nur noch zögernd von einem zum andern. Wartet auf eine kleine Pause oder wartet auch überhaupt. Hat keine Eile, was zu sagen, hört zu oder hört weg.

Dann sind die Zuckerln und Pointen gegessen und vergeudet, dann sind die kleinen Erschöpfungen im Gespräch. Dann beginnt sie wieder zu sprechen und legt mit der Behutsamkeit ihrer Stimme ihre Vermutungen und Bemerkungen vor.

Sie beginnt zu erzählen. Berichtet langsam und zögernd, aber ganz genau, und das Zögern gilt nicht dem Unvermögen, die Worte zu finden und die Erinnerung zu formulieren. Es gilt eher dem Thema und dem Inhalt ihres Berichts, dem sie sich in behutsamen Kreisen und Spiralen nähert. Wohl, um nicht zu schnell die Oberfläche zu durchstoßen.

Die alte Frau erzählt von einem Freund, den sie vor vielen Jahren kannte und den sie daran hinderte, sich selbst zu töten.

»Du hast ihn einfach erwischt, als er sich gerade ...«,

fragt einer im Zimmer, der das Zuhören nicht zu Ende bringen kann und hurtig sich selbst beweisen will, wie gut er beim Thema dabei ist, wie aufmerksam und wie begierig, die Sache voranzutreiben.

»Nein, erwischt hab' ich ihn nicht. Man kann nicht jemanden ›erwischen‹, wenn der sich gerade aus dem Leben herausnehmen will. Ich kam zu ihm, und er wußte nicht einmal, daß ich in der Stadt war. Ich kam zu ihm, und er hatte seinen erwünschten Tod auf zweierlei Weise an sich zu fesseln versucht. Er hatte alles getan, um diesen Tod sicher nicht entschlüpfen zu lassen. Mit der Umsicht und Genauigkeit eines schweizerischen Versicherungskaufmanns wollte der den Tod festbinden – und ich kam ihm dazwischen.«

Die Frau vermied es, den Dunst und das Tatütata dieses verhinderten Todes heraufzuschwätzen. Es ging nicht um die Einzelheiten.

Wie genau kann man und wie zufällig geschieht dann und was sagte der Arzt und wie schnell war man im Spital und was hatte der Freund denn eigentlich für Ursachen, und wie hatte er es anstellen wollen, sich zu verabschieden ...

Nichts von dem allen war in der Erzählung der alten Frau.

Nur, daß der Freund im Spital, als er in seinem Tod unterbrochen, aufgehalten, von ihm zurückgeholt und wieder ins Leben gelotst wurde, nur daß der Freund da, als er sie erkannte, unendlich traurig gefragt habe: »Warum hast du mich zurückgeholt? Warum hast du das zugelassen?«

Und sie, die Frau, habe sich Jahre hindurch gefragt, ob sie das Recht gehabt habe oder vielleicht sogar mehr als das Recht, diesen Mann sein Vorhaben nicht zu Ende führen zu lassen. Ob das überhaupt einen Sinn gebe, daß jeder eine Sache von einer, nämlich von seiner Seite aus, sehe, natürlich nur von seiner Seite aus, und trotzdem schon die Berechtigung verspüre, zu wissen, wo der andere hinwolle. Einzugreifen in Vorgänge und Ereignisse, die unwiederbringlich sein müßten – und banalisiert würden durch täppisches oder auch behutsam gemeintes Dazwischenfahren.

Sie habe den Mann dann allerdings viele Jahre später wiedergesehen, sagte die alte Frau mit ihrer leisen Stimme, und er scheine glücklich und notwendig zu leben.

Das war das Wort, das die alte Frau brauchte. »Der lebt ganz notwendig« – so sieht es jedenfalls aus.

Und jetzt könnte sie sich ja die Antwort geben, daß es richtig war und, wenn man sich so eine Überlegung erlaube, sogar gewollt und von woanders her gelenkt, daß sie gerade zu dem Zeitpunkt in die Stadt gekommen sei und an seiner Wohnung geläutet habe (denn damals habe keineswegs jedermann ein Telephon gehabt) und eingetreten sei, als sie bemerkt habe, daß die Tür gar nicht geschlossen war – und dann eben habe sie ihn gefunden.

Und trotzdem. Sie fühlte sich noch weniger sicher als früher, als sie nicht wußte, was aus ihm geworden war, weil der Krieg dazwischengekommen war.

»Das hast du mir nie ... Ich hab' jetzt die ganze Zeit nachgedacht und mich zu erinnern versucht, aber ich weiß jetzt: das hast du mir nie erzählt«, sagte der Mann der alten Frau.

Er schien ganz verwirrt, und irgend etwas war auch ein wenig aufgebracht und beunruhigt. Das waren doch immerhin Ereignisse in der Vergangenheit seiner Frau, die nicht alle Tage vorkamen, die er nicht so ohne weiteres vergessen haben konnte, weil so viel Ähnliches, Verwechselbares auch geschehen war.

Er schien sich ausgeschlossen zu fühlen aus einem Winkel, den seine Frau besaß und von dem sie wußte. Das Gesicht des Mannes war aufgebracht wie nie an dem Abend, ein Gewure von kleinen, unruhigen Rebhühnern ging über die Stirn und um die Augen herum. »Das hast du mir nie erzählt! Ich hab' diese Geschichte von dir heute zum erstenmal gehört und ...«

Ein Ehepaar. Eines, das alles voneinander zu wissen glaubte. Und das ganz ohne weiteres; mit Recht. Mit der Erfahrung, der eine. Der andere. Die beiden.

Die Geschichten, die sie gemeinsam. Die Geschichten, die er früher, vorher. Die Geschichten, die sie ... Damals ... als wir uns noch gar nicht, als wir uns erst ganz wenig ... Geschichten.

Die Ereignisse ihres Lebens, die, die mitteilbar waren – einander und dann noch einmal aus den Schränken und den Einmachgläsern der Erinnerung herausgeholt für andere. Die zitierten Geschichten, bei denen sie sich möglicherweise zuweilen die Stichworte lieferten, liebevoll einander erinnernd und draufbringend auf die beste Startposition, dann vielleicht auch eifernd: »Jetzt laß mich doch, immer willst du mir ... Also bitte, dann erzähl du ...« Die Ereignisse ihres Lebens, die mitteilbar und zitierbar waren, hießen »die Geschichten«. Die kannten sie voneinander.

Die alte Frau konnte mit ihrer leisen Stimme viele Geschichten auch sehr pointiert erzählen, ihnen unerwartete Wendungen abverlangen und so eine Kunst beherrschen, die in diesem Lande sehr begehrt und auch sehr geschätzt war.

Warum also nicht auch diese Geschichte? Warum kannte sie der Mann nicht? Ein bißchen Ratlosigkeit war in seinem Gesicht. Kränkung?

Nein, keine Kränkung.

Er erschrak eher, weil ihm wieder zu Bewußtsein gekommen war, daß da Niemandsländer in der alten Frau waren, die er nicht betreten hatte. Sie waren ihm nicht verboten. Sie standen nur nicht offen. Wenn es einen Schlüssel gab, dann hatte er ihn nicht. Und er wußte, und alle wußten plötzlich, die diesem kurzen, verwirrten Wortaustausch des alten Ehepaares zuhörten: auch wenn die alte Frau die »Geschichte« erzählt hätte, sie wäre nie eine Geschichte geworden. Der Schlüssel hätte in dem Augenblick nicht mehr gepaßt, in dem sie ihn freiwillig hergegeben hätte.

Die Gewißheit, vom anderen alles zu kennen. Der Anspruch, von ihm alles längst erfahren zu haben und neue Erfahrungen nur noch gemeinsam und aufeinander zu zu machen. Das war plötzlich nimmer so absolut gewiß, wie der Mann es offenbar als ganz sicher in seinem Besitz gewähnt hatte. *Alles* wußten sie nicht voneinander. Ohne etwas voreinander zu verheimlichen. Manchmal war die alte Frau im Niemandsland. Und weil ihre Stimme leise geworden war, hörte man nicht, was sie dort sprach. Und mit wem.

15. Februar 1981

WERNER SCHNEYDER

Der erste Lyrikband des prominenten Kabarettisten

Werner Schneyder
Reimzeit
128 Seiten
DM 29,80, öS 221,–, sfr 27,80
ISBN 3218-00609-0

Lyrisches voller Ideen,
Sprachwitz und Wein –
Momentaufnahmen
einer farbigen Existenz.

Erhältlich in jeder Buchhandlung!

Erzähler der Weltliteratur

Literarische Entdeckungsreisen

Günther Fetzer (Hrsg.)
Deutsche Erzähler des 20. Jahrhunderts
Günter Grass, Heinrich Böll, Ingeborg Bachmann, Martin Walser, Max Frisch, Jurek Becker u.v.a.
01/8707

01/8714

Günther Fetzer (Hrsg.)
Österreichische Erzähler des 20. Jahrhunderts
Robert Musil, Ingeborg Bachmann, Karl Kraus, Elias Canetti, Hilde Spiel, Peter Handke, Barbara Frischmuth u.v.a.
50/82

Manfred Kluge (Hrsg.)
Skandinavische Erzähler des 20. Jahrhunderts
Tania Blixen, Peter Høeg, Erik Fosnes Hansen, Lars Gustafsson, Selma Lagerlöf, Halldór Laxness, Knut Hamsun, Jostein Gaarder u.v.a.
01/8714

Jutta Ressel (Hrsg.)
Blühende Phantasie
Ein Lesebuch für Gartenfreunde
Doris Lessing, Alfred Döblin, Ruth Rendell, Paul Bowles, Marie Luise Kaschnitz, Italo Calvino u.v.a.
01/9887

Ernst M. Frank (Hrsg.)
Ostpreußen
Ein Lesebuch
Marie Luise Kaschnitz, Günter Grass, Marion Gräfin Dönhoff, Ernst Wiechert, Johannes Bobrowski, Arno Surminski u.v.a.
01/7965

Heyne-Taschenbücher

Erich Fromm

Schriften aus dem Nachlaß

Die nachgelassenen Schriften des großen Sozialpsychologen, Philosophen und Humanisten zeigen seinen gedanklichen Reichtum, sein immenses Einfühlungsvermögen und seine Fähigkeit zu scharfsinnigen Analysen.

Vom Haben zum Sein
Wege und Irrwege der Selbsterfahrung
19/5050

Von der Kunst des Zuhörens
Therapeutische Aspekte der Psychoanalyse
19/5051

Die Entdeckung des gesellschaftlichen Unbewußten
19/5052

Das jüdische Gesetz
Zur Soziologie des Diaspora-Judentums
19/5053

Ethik und Politik
Antworten auf aktuelle politische Fragen
19/5054

Die Pathologie der Normalität
Zur Wissenschaft vom Menschen
19/5055

Gesellschaft und Seele
Sozialpsychologie und psychoanalytische Praxis
19/5056

Humanismus als reale Utopie
Der Glaube an den Menschen
19/5057

Alle 8 Bände sind auch in einer Kassette lieferbar.

Heyne-Taschenbücher